UNIVERSITY OF NORTH CAROLINA AT CHAPEL HILL
DEPARTMENT OF ROMANCE LANGUAGES

NORTH CAROLINA STUDIES
IN THE ROMANCE LANGUAGES AND LITERATURES

Founder: URBAN TIGNER HOLMES
Editor: STIRLING HAIG

Distributed by:

UNIVERSITY OF NORTH CAROLINA PRESS
CHAPEL HILL
North Carolina 27514
U.S.A.

NORTH CAROLINA STUDIES IN THE
ROMANCE LANGUAGES AND LITERATURES
Number 220

GERMAIN NOUVEAU DIT HUMILIS:
ÉTUDE BIOGRAPHIQUE

GERMAIN NOUVEAU DIT HUMILIS:

ÉTUDE BIOGRAPHIQUE

PAR

ALEXANDRE L. AMPRIMOZ

CHAPEL HILL

NORTH CAROLINA STUDIES IN THE ROMANCE
LANGUAGES AND LITERATURES
U.N.C. DEPARTMENT OF ROMANCE LANGUAGES

1983

Library of Congress Cataloging in Publication Data

Amprimoz, Alexandre L., 1948-
  Germain Nouveau dit Humilis.

  (North Carolina studies in the Romance languages and literatures; no. 220).
  Bibliography: p. 195.
  1. Nouveau, Germain, 1851-1920. 2 Poets, French — 19th century Biography. I. Title. II. Series.

PQ2627.088Z55 1983   841.8 [B]   83-13201

I. S. B. N. 0-8078-9224-6

DEPÓSITO LEGAL: V. 2.597 - 1983   I.S.B.N. 84-499-6704-X
ARTES GRÁFICAS SOLER, S. A. - LA OLIVERETA, 28 - VALENCIA (18) - 1983

TABLE DES MATIÈRES

Abréviations	8
Avant-Propos	9
Introduction	11
I. Avant la rencontre de Rimbaud et Verlaine : l'enfance et les débuts parisiens de Germain Nouveau	15
II. La rencontre avec Rimbaud et Verlaine	35
III. L'Auteur de "La Doctrine de l'Amour" et le chroniqueur parisien	63
IV. Le Voyage au Liban	84
V. La Crise de 1891	116
VI. Avant le retour à Pourrières	132
VII. Les Dernières Années	165
Conclusion	178
Appendices	183
Bibliographie	195

ABRÉVIATIONS

OC Nouveau, Germain, et Lautréamont. *Œuvres complètes.* Édition établie, présentée et annotée par Pierre-Olivier Walzer. "Bibliothèque de la Pléiade". Paris: Gallimard, 1970.
N. B. Sauf en cas d'indication contraire, toute référence à cet ouvrage sera simplement suivie de sa pagination mise entre parenthèses.

OP I et OP II Nouveau, Germain. *Œuvres poétiques.* 2 vols. Édition établie par Jules Mouquet et Jacques Brenner. Paris: Gallimard, 1953 et 1955.

CGN *Cahier Germain Nouveau.* "Les Lettres modernes". Paris: Minard, 1967. Publié par la Société des Amis de Germain Nouveau.

FOR Forestier, Louis. *Germain Nouveau.* "Poètes d'aujourd'hui". Paris: Seghers, 1971.

LOP Lopez, Albert. *La Vie étrange d'Humilis (Germain Nouveau).* Bruges: Ed. Ch. Beyaert, s.d. [1928].

DGN Lovichi, Jacques, et Pierre-Olivier Walzer. *Dossier Germain Nouveau.* Neuchâtel: La Baconnière, 1971.

SMI Smith, F. R. "The Life and Works of Germain Nouveau." Diss. Oxford University 1965.

SOZ Sozzi, Giorgio P. *Germain Nouveau.* Urbino: Argalìa Editore, 1969.

SPA Spackey, Gary Merle. "Pilgrimage of Love: The Poetry of Germain Nouveau (1851-1920)." Diss. Yale University 1966.

VER Vérane, Léon. *Humilis, poète errant.* Paris: Bernard Grasset, 1929.

AVANT-PROPOS

Peintre et poète, disciple discret de Mallarmé, ami de Rimbaud et de Verlaine, Germain Nouveau (1851-1920) mena une vie de bohème tout en composant des poèmes d'inspiration soit religieuse, soit érotique. On a pu le croire excentrique, voire fou, mais il nous a légué une œuvre où voisinent la foi ardente et la fantaisie; une œuvre qui intéressera ceux qui savent encore se laisser toucher par la tendresse et se réfugier dans l'intimité de la poésie. En effet, s'il a plutôt été négligé par la critique académique, Germain Nouveau a joui de l'admiration d'André Breton, de Louis Aragon et de Paul Éluard pour ne citer que trois de ses plus illustres défenseurs. Une mise au point biographique et une présentation générale de l'œuvre du poète me semblent donc plus que justifiées.

On écrit difficilement une thèse sans soutien, mais pour transformer cet exercice littéraire et académique en aventure passionnée il faut être favorisé par le sort. C'est ainsi qu'en 1974 par un jour d'automne, le nom de Germain Nouveau fut prononcé par William Bush. Cela réveilla en moi l'intérêt qu'en tant qu'adolescent j'avais porté à ce grand poète encore aujourd'hui trop négligé. Plus qu'un directeur attentif, plus qu'un infatigable conseiller et plus qu'un rigoureux critique, William Bush, mon patron de thèse, fut le maître qui me permit d'approfondir la tradition spirituelle de Germain Nouveau.

Mais ce livre est le développement d'une partie d'une thèse et c'est en ce sens que je dois des remerciements à bien des collègues qui ont eu la gentillesse de répondre, au cours des années, à un certain nombre de questions. Je songe avant tout à l'association "Les Amis de Germain Nouveau" et en particulier à son président, le Doyen Louis Forestier, dont les écrits m'ont inspiré et dont les lettres m'ont encouragé. Je ne peux également oublier l'enthousiasme de la secrétaire de cette association, Mme Maïté Pin-Dabadie, qui m'a fourni les adresses de spécialistes indispensables à mes recherches. D'autres collègues savent aussi ce que je leur dois: C.A.E. Jensen, P.-O. Walzer, Léo A. Brodeur, Marc Eigeldinger, Michael Pakenham, Henri Tuchmaïer et James Sanders.

Je tiens également à signaler qu'une version antérieure d'une partie du premier chapitre a été publiée par *Studi Francesi* et qu'une version antérieure d'une partie du deuxième chapitre a été publiée par *La Revue de l'Université d'Ottawa*.

De 1975 à 1977 une subvention du Conseil des Arts du Canada m'a permis de compléter ma thèse. La copie finale de ce livre a été préparée grâce à un octroi du *Research Board of The University of Manitoba*.

Sans oublier les deux lecteurs qui sont restés anonymes, je voudrais aussi remercier mes éditeurs de *The University of North Carolina at Chapel Hill:* Edouard Morot-Sir dont les suggestions ont enrichi mon texte et Stirling Haig pour avoir si bien mené les dernières étapes.

Ma femme Jeannette a été, comme toujours, mon premier soutien et mon premier critique.

ALEXANDRE L. AMPRIMOZ
St. John's College
University of Manitoba

Winnipeg, le 20 juillet, 1983

INTRODUCTION

Germain Nouveau, dit Humilis, aurait difficilement accepté que les universitaires viennent compliquer sa profonde simplicité. Pour trahir le moins possible le poète et son œuvre nous n'aurons pour méthode que la sienne, formulée dès 1875 à l'âge de 24 ans:

> Plus rien de macabre, de bizarre, d'étrange (ces naïvetés se valent); mais le pur, le simple, le choisi; aller toujours à la plus grande lumière qui est le soleil! —Pouah! les lunes! [1]

Simplicité passée inaperçue? Nous ne sommes pas seuls à le penser: en 1967 Louis Forestier écrit, en présentant le *Cahier Germain Nouveau*, "De ces pages, contribution aux études à venir et non somme de nos connaissances, ressort, triomphante, la formule de Jean Paulhan: 'Germain Nouveau est encore à découvrir'" [2].

---

[1] Lettre à Jean Richepin, 27 juillet 1875 (827).
[2] CGN 4. Il s'agit d'un ensemble d'études qui a été très bien accueilli. Même les critiques les moins enthousiastes en ont reconnu l'utilité. Nous donnons à titre documentaire le compte rendu qui à notre avis fut le plus tiède:

> Jean Paulhan a dit de Germain Nouveau qu'il était "encore à découvrir"; peu d'œuvres de synthèse ont entrepris de faire le point sur lui, mais beaucoup de chercheurs, sérieux et passionnés, s'intéressent à lui; ils se sont groupés en une Société des amis de Germain Nouveau, et Louis Forestier, sous la direction de M. A. Ruff, rassemble ici des documents, des inédits, des études. Ainsi sont éclairées un peu mieux les années 1872 et 1877, ainsi que les rapports d'un écrivain protéiforme et encore mal mis en valeur. (*Bulletin critique du livre français*, Tome 23, No. 10 [octobre 1968], p. 800, No. 74517.)

Comment comprendre cette formule? Tout d'abord signalons que M. A. Ruff nous rappelle que la voix de Jean Paulhan n'est pas un phénomène unique:

> Et pourtant, lui [Nouveau] qui n'est même pas mentionné parmi les poètes mineurs de son temps, les rares voix qui proclament son nom le placent au premier rang, aux côtés de Rimbaud: "Non un épigone de Rimbaud —déclare Aragon—: son égal". Et Breton attache plus d'importance à la "conjonction exceptionnelle" Rimbaud-Nouveau qu'à la rencontre du même Rimbaud avec Verlaine [3].

Germain Nouveau reste à découvrir. L'état présent des études sur sa vie et sur son œuvre confirme cette impression. Le biographe

---

[3] CGN 5. En quelques lignes M. A. Ruff fait allusion à un ensemble d'études. Elles nous montrent clairement que s'il n'a pas retenu l'attention du grand public Germain Nouveau a retenu celle des grands poètes. Voici les principales études qui, nous pensons, soulignent l'exactitude des remarques de M. A. Ruff: Guillaume Apollinaire, *Le Flâneur des deux rives* (Paris: La Sirène, 1918); Louis Aragon, *Traité du style* (Paris: Gallimard, 1931); Louis Aragon, "De Baudelaire, Germain Nouveau ou Rimbaud, qui est le plus grand poète?" *Les Lettres Françaises*, No. 231 (7 octobre 1948); André Breton, *Flagrant Délit* (Paris: Thésée, 1949); André Breton, *La Clé des champs* (Paris: Éditions du Sagittaire, 1953); André Breton, "Rimbaud, Verlaine, Germain Nouveau, d'après des documents inédits", *Les Nouvelles Littéraires* (23 août 1924); André Breton, "Une des plus grandes aventures", *Arts*, No. 330 (26 octobre 1951); André Breton, "Savoir aimer suffit", *Medium*, nouvelle série, No. 1 (novembre 1953); André Breton, "Savoir aimer délivre", *Medium*, nouvelle série, No. 2 (février 1954); André Breton, "En vrac", *Brief*, No. 4 (15 février 1959).

Pour plus de précisions on se reportera à la thèse dactylographiée de Jacques Lovichi (sous la direction de M. A. Ruff): "Germain Nouveau précurseur du Surréalisme", Aix-en-Provence 1962. Notons cependant une petite imprécision de M. A. Ruff qui écrit: "Inutile de le chercher dans les anthologies — sauf celle d'Éluard..." (CGN 5). Pierre-Olivier Walzer, en se bornant aux plus significatives des anthologies, en compte 28 et souligne que l'*Anthologie de l'humour noir* (André Breton, 1940, 1966) fait naître Nouveau en 1852 (1395-7).

Une thèse assez récente, postérieure aux travaux de P. O. Walzer, reprend cette imprécision en faisant dire à M. A. Ruff beaucoup plus que ce qu'il impliquait:

> Except for Eluard's *Le meilleur choix de poèmes*, Nouveau's works are included in none of the anthologies of the time. Only rarely is he mentioned in the many critiques inspired by the French Symbolist movement. (Gerald Groves, "Germain Nouveau's *Valentines*: Introduction, Translation and Commentary", Diss. South Carolina 1972, pp. 1-2.)

ne peut que constater la confusion qui règne dans ce domaine et puiser ses renseignements au sein d'études dont la composante historique ne se présente jamais à l'état pur.

L'utilité des quelques éditions des œuvres d'Humilis est loin d'être négligeable, car l'établissement des textes est toujours accompagné de notes historiques. Dans ce domaine l'édition de la Pléiade est de très loin la plus complète et la mieux établie [4]. Louis Forestier a formulé ce jugement avant nous:

> Non seulement elle fournit un riche apparat critique, mais encore elle propose toute l'œuvre connue, correspondance comprise, de Nouveau. C'est à ce remarquable travail que nous nous référons constamment et avec gratitude. (FOR 167)

À ces travaux il faut ajouter deux ouvrages de documentation: le *Dossier Germain Nouveau* [5] et le *Cahier Germain Nouveau*, dont nous avons déjà souligné l'importance.

Quant aux biographies proprement dites elles sont trop romancées. Quelques thèses [6] et quelques articles récents [7] viennent rectifier certaines des nombreuses légendes divulguées par les premiers historiens de Nouveau. Mais il est clair qu'une mise au point biographique s'impose.

---

[4] Nous nous servons de l'abréviation OC pour cette édition qui contient pratiquement tous les résultats établis par les érudits avant 1970 et en fait une synthèse. Signalons aussi la nouvelle édition de Louis Forestier: Germain Nouveau, *La Doctrine de l'Amour, Valentines* (Paris: Gallimard, 1981). Cet ouvrage apporte un certain nombre de nouvelles précisions mais introduit quelques nouvelles erreurs, le bilan, cependant, en est des plus positifs.

[5] DGN. Il s'agit d'une collection de lettres et d'articles concernant Germain Nouveau. La plupart de ces documents étant d'accès assez difficile il est clair que l'ouvrage est d'une utilité remarquable. Nous regrettons cependant que le volume n'ait que 180 pages et que, comme l'iconographie qui le suit, il soit loin d'être complet.

[6] Lilia Aurili Gommellini, "L'Opera poetica di Germain Nouveau", Diss. Université de Pise 1966; André Saulnier, "Germain Nouveau, poète mystique", Diss. Université de Paris 1968; Gary Merle Spackey, "Pilgrimage of love: the poetry of Germain Nouveau", Diss. Yale University 1966 (SPA); Félix-J. Surette, O.F.M., "L'Inspiration religieuse de Nouveau", Diss. University Laval 1957.

[7] Louis Forestier, "Germain Nouveau et le mouvement décadent", *L'Esprit Créateur*, Vol. IX, No. 1 (printemps 1969), pp. 3-8; Giorgio Sozzi, "Germain Nouveau, un poète injustement oublié", *Arts et Livres de Provence*, No. 74 (1970).

I. AVANT LA RENCONTRE DE RIMBAUD ET VERLAINE: L'ENFANCE ET LES DÉBUTS PARISIENS DE GERMAIN NOUVEAU

Germain Nouveau vient au monde le 31 juillet 1851[1]. On est à l'aube du Second Empire. Le 2 décembre, lors du coup d'état, Charles Baudelaire assistera aux combats de rue sans se douter, peut-être, qu'une autre révolution vient de s'opérer en avril — poétique celle-là — avec la publication, dans *Le Messager de l'Assem-*

---

[1] Sans vouloir souligner toutes les erreurs que l'on trouve chez les critiques de Germain Nouveau nous ne pouvons passer sous silence certaines imprécisions. Cette tradition s'établit avec ses contemporains. Georges Le Cardonnel, par exemple, dans son article "Un poète méconnu: Germain Nouveau" (*Le Journal*, 13 octobre 1924) affirme qu'Humilis est né en 1856, ignore la date de sa mort et implique que le poète n'a rien écrit après 1881! Plus près de nous G. Spackey, dans sa thèse, se trompe sur le prénom et l'âge du père à la naissance du poète: *"François Nouveau was twenty four..."* (SPA 6). Plus incroyable encore est la faute de G. Groves qui affirme: "In 1850, just when the Second Empire in France was beginning, a fifty-five year old farmer by the name of Félician-Martin [sic] Nouveau married a girl thirty-nine years younger than he. She was Augustine-Alexandrine Silvy" (Op. cit., p. 3).

Fait remarquable: G. Groves travaille avec l'édition de P. O. Walzer qui, parmi d'autres documents, donne l'acte de naissance de Germain Nouveau. D'après ce qui précède il est clair qu'il nous faut reproduire ce certificat:

ACTE DE NAISSANCE

Du deux Août [sic] an mil huit cent cinquante-un, [sic] à quatre heures du soir
Acte de Naissance de Germain Marie Bernard Nouveau né à Pourrières le jour d'avant hier à dix heures du matin fils de Félicien Martin Nouveau
profession de propriétaire âgé de vingt-cinq ans
domicilié à Pourrières et de Marie Augustine Alexandrine Silvy son épouse âgée de dix-huit ans, domiciliée à Pourrières.

blée, de ses onze poèmes intitulés "Les Limbes". En effet, cet ensemble de pièces constitue l'embryon des futures *Fleurs du Mal* et est à l'origine d'une nouvelle vision qui laissera son impact sur les poètes à venir. Arthur Rimbaud n'est pas encore né, Paul Verlaine a sept ans, Stéphane Mallarmé en a neuf et Frédéric Mistral, qui vient de recevoir sa licence en droit de l'Université d'Aix, se prépare à jouer un rôle capital comme poète et comme animateur de la renaissance occitane. Le département du Var contribue à ce renouveau méridional avec Jean Aicard. À ce réveil littéraire participera également Pourrières : c'est là que le poète Germain Nouveau naît, c'est là qu'il retournera mourir.

Des six enfants qu'eurent Félicien-Martin Nouveau et Marie-Augustine-Alexandrine Silvy, seuls Germain et deux sœurs vécurent au-delà du berceau : Laurence-Alexandrine, née le 10 décembre 1855 et Marie-Pauline, née en 1857. Le poète évoquera plus tard la mort de cette dernière :

> Et Marie ? Un matin j'allai, triste, à sa chambre :
> Son corps semblait vêtu des neiges de Novembre ;
> Elle tremblait, c'était au fond du jeune lit
> Un soupir enfantin, qui vibre et qui pâlit. (394) [2]

Il a été vérifié que l'enfant à moi présenté est du sexe masculin.

Sur la déclaration à moi faite par Félicien Martin Nouveau, père de l'enfant, âgé de vingt-cinq ans, profession de propriétaire domicilié à Pourrières.

Premier témoin, François Bernard Nouveau, âgé de cinquante-un [sic] ans, profession de propriétaire domicilié à Pourrières. Second témoin, Joseph Silvy, âgé de trente-quatre ans, profession de marchand tailleur domicilié à Pourrières.

Constaté, suivant la loi, par moi Jean Siméon Menut, Maire de Pourrières remplissant les fonctions d'Officier public ; et lecture du présent acte a été donnée à la partie déclarante et aux témoins, qui ont signé avec moi. [Extrait du Registre des Actes de l'État Civil, Mairie de Pourrières, Arrondissement de Brignoles. Naissance n° 40.] (1029)

Ce document avait déjà été partiellement cité par Albert Lopez en 1928 (LOP 4-5).

[2] Ce que peut représenter la mort d'une sœur aimée pour un enfant-poète, nul saurait le dire — surtout quand cette mort vient après celle d'une mère chérie. Cette situation fut celle de Stéphane Mallarmé et de Germain Nouveau, auteurs que l'on n'a point l'habitude de rapprocher. Une telle comparaison serait assez banale si elle n'était faite entre deux poètes qui se sont connus, voire fréquentés ; si elle n'était basée sur les analogies de deux œuvres où la mort de l'être cher a laissé des traces

AVANT LA RENCONTRE DE RIMBAUD ET VERLAINE 17

Quant à Laurence-Alexandrine, elle sera un véritable réconfort pour Nouveau qui se souviendra de son amour et de sa protection: "Petite sœur, tu fus l'ardent et pur charbon / Jeté dans le fragile encensoir de ma vie" (396).

De 1856 à 1859 les jeunes parents tenteront leur fortune à Paris avec une fabrique de nougat. L'affaire sera loin d'être fructueuse et Félicien Nouveau se verra obligé de ramener sa famille à Pourrières³. Le poète évoquera plus tard avec nostalgie le Paris de ses tendres années:

---

profondes qui révèlent deux imaginations dont la parentée n'est point négligeable.

Cela fait déjà un certain temps que Charles Mauron a mis l'accent sur l'importance que la mort de Maria Mallarmé eut pour l'auteur d'*Igitur:* "Mallarmé a parlé vers sa vingtième année de la mort de sa sœur survenue cinq années auparavant, il y a vu alors un événement important de sa vie intérieure" (*Introduction à la psychanalyse de Mallarmé* [Neuchâtel: La Baconnière, 1968], p. 14).

³ Il n'est pas facile d'établir avec exactitude ce premier séjour du poète à Paris. Encore une fois, en écartant les fautes évidentes, comparons les chronologies les plus sérieuses:

    Louis Forestier (FOR 159-60):
1855, Naissance de Laurence.
1855-58, à Paris le père de Nouveau gère, sans succès, une fabrique de nougat.
1857, Naissance de Marie, sœur du poète.
1858, Mort à Pourrières de la mère de Germain Nouveau.
    P. O. Walzer (305):
10 décembre 1855 naissance de Laurence.
18 octobre 1859 mort de la mère du poète.
    Jules Mouquet et Jacques Brenner (OP 19):
La mère mourut de phtisie (18 octobre 1859). Mal remise de ses dernières couches, elle partit pour Paris où elle prit mal et traîna quelque temps.
    Quant à Lopez, il affirme (OP 9):
Dès sa rentrée à Pourrières, elle y mourut âgée de vingt-six ans.

En fait tous ces renseignements ne sont pas trop contradictoires.

Il est regrettable que d'excellentes études comme celle de Giorgio P. Sozzi passent cette question sous silence. Il semble logique que la famille soit allée à Paris vers la fin de l'été 1855 (quelques mois avant la naissance de Laurence) et soit retournée à Pourrières après la naissance de Marie (sans doute dès que l'état de la mère l'eût permis). Le retour serait alors situé au début de 1859 peut-être pour éviter "les froids hivers parisiens" (LOP 9) nous dit Lopez qui se trompe dans l'ordre de naissance des enfants. Quant à la mort de la mère, il semble bien que la date soit le 18 octobre 1859.

> Autrefois, dans mon enfance, c'était un luxe inouï de phénomènes, d'acrobates, de bateleurs, de charlatans, de montreurs de rats, de montreurs de riens.... [I]l est permis de regretter ce temps-là, quand la pépinière fleurissait encore, et que Bullier, dont on voit les verres de couleur et les almées de plâtre sur la façade, s'appelait la Closerie des Lilas. (459)

Le 18 octobre 1859, alors que l'enfant n'est âgé que de huit ans, sa mère Augustine meurt. Nouveau fera revivre son image comme celle de Marie dans un long poème intitulé "La Maison":

> ... [V]ois-tu la sainte et ses yeux creux
> Couvant l'amour en pleurs et la mort sous leurs franges?
> Cela se paie, avoir sa mère avec les anges! (394)

Le 25 janvier 1862 Félicien Nouveau se remarie avec Marie Roure [4]. C'est peut-être à cause de la lourde charge de ses trois enfants que le père se lance dans une nouvelle entreprise. Il s'associe avec un fabricant de pâtes alimentaires d'Aix. Les Nouveau habitent l'Hôtel d'Équilles en face de leur usine, située rue Espariat (305).

En 1863 le poète entre dans une phase importante de son enfance. Il fréquente le petit séminaire Saint-Stanislas où commence sa formation intellectuelle et religieuse. De cette période il nous reste une image — "Collégien en uniforme du petit séminaire Saint-Stanislas (1863-64)" — (DGN 149) qui représente un enfant dont le vif regard et la mine alerte laissent pourtant entrevoir une inquiétude contrastant avec l'allure sereine de l'adulte photographié à côté de lui, sans doute son père.

En 1863 c'est le mois d'août qui est fatal. Le 15 meurt Marie, la plus jeune des deux sœurs du poète et le 26 c'est le tour de son père.

> Ce père bien aimé était l'honneur même, il poussait si loin l'accomplissement de son devoir qu'il en mourut: un ouvrier de l'usine Augier fut atteint de la variole noire. "Mon devoir de maître, dit Félicien Nouveau, est de me rendre compte par moi-même que cet homme ne

---

[4] La date est donnée par P. O. Walzer (305) et par les auteurs des Œuvres poétiques (OP 19). Voir aussi Lopez (LOP 9).

manque de rien". On lui objecta, en vain, qu'il ne devait pas agir ainsi à cause de ses deux enfants sans mère. Il tint bon, se rendit près de l'ouvrier malade, contracta la variole et mourut quelques jours après. (LOP 13)

Ainsi, pendant qu'il reçoit une instruction des plus religieuses, trois morts marquent l'enfance de Germain Nouveau. Plus tard le poète portera en lui l'image du jeune orphelin:

> Quand ils viennent pour naître,
> Leur mère va mouri!
> Quand ils viennent pour rire,
> Leur père meurt aussi! (367)

Après la mort de Félicien Nouveau, son fils devient élève interne au petit séminaire Saint-Stanislas alors que sa fille Laurence est placée avec deux de ses tantes chez les Ursulines d'Aix. Ces faits pourraient justifier l'admiration du futur Humilis pour Dickens qui nous est rappelé par Christian Pons:

> Il ne nous appartient pas ici de trancher entre Taine et Nouveau. Mais le poète chrétien était sans doute mieux préparé que le rationaliste classique à aimer Dickens et la littérature anglaise [5].

L'orphelin de Pourrières serait donc apte, plus que tout autre, à comprendre les personnages de Dickens au-delà de toute rationalisation.

Les études au petit séminaire Saint-Stanislas se terminent en 1867 avec la participation de Nouveau à la retraite spirituelle réservée pour les élèves qui pensaient avoir la vocation religieuse [6]. Quel fut l'état d'esprit du futur poète pendant ces années-là? Une lettre, qu'il adressa à son oncle maternel Alexandre Silvy le 22 juillet 1866, éclaire un peu cette question:

---

[5] Christian Pons, "Nouveau et Dickens" dans CGN p. 63.
[6] En dehors des récits que nous offrent Vérane et Lopez nous ne savons pratiquement rien de ces années. Giorgio P. Sozzi donne 1867 comme date de la retraite (SOZ 12). P. O. Walzer, dans sa chronologie, place cet événement en 1866 (306). C'est sans doute une erreur puisque les documents et les lettres fournis par Walzer lui-même prouvent que la retraite eut lieu à la fin de l'année scolaire 66-67 (813-15 et 1275-76).

Petit Séminaire Saint-Stanislas.
Aix, le 22 juillet 1866.

Mon cher oncle,
 La dernière lettre que j'écris est pour vous, je crois terminer dignement ma correspondance. Je veux vous faire part de tous mes sentiments. Je pense que l'affection et l'intérêt que vous m'avez toujours témoignés, cette affection qui se traduit si souvent par des actes, mérite que je vous estime, que je vous aime, que je vous chérisse. Je remercie Dieu d'avoir placé dans ma famille un homme qui me tienne lieu de père, un homme qui, chargé d'une nombreuse famille, semble cependant ne plus la voir, et ne penser qu'à ceux qu'un sort malheureux a rendus orphelins. Ce dévouement, cet attachement ne mérite-t-il pas une affection à part? Oui, mon cher oncle, je tâche de vous le prouver constamment, et si, à la fin de cette année, j'obtiens quelques succès, ce sera à vous que je le devrai, après mon grand-père.

 Il n'y a donc plus que huit jours, c'est à dire [sic] jusqu'au 31, pour que, selon nos expressions écolières, les oiseaux sortent de la cage. Je dois l'avouer cependant, cette captivité n'était pas sans douceur, et la liberté sera-t-elle sans ennui? Je l'espère : à côté d'un si bon oncle, d'un si bonne tante, on coule toujours des jours heureux, et la joie d'être mêlé avec votre aimable famille, d'être frère et sœur avec vos fils et vos filles, semble nous promettre, à Laurence et à moi, un plaisir bien doux.

 Je voulais donc, ô mon cher et bien-aimé oncle, avant de quitter le séminaire, vous prouver encore mon affection et mon amour. Puissiez-vous croire ma reconnaissance bien sincère et recevoir les embrassements de

votre neveu affectueux.
G. Nouveau. (813) [7]

Cette lettre, que nous nous sommes permis de citer en entier parce qu'elle est unique en son genre, semble nous présenter un élève modèle. Cependant c'est en 1867, pendant la retraite déjà mentionnée, que Germain Nouveau aurait donné des signes de ce que l'on pourrait considérer une tendance précoce à l'ascétisme. Selon Léon Vérane, le futur poète, par un excès de zèle, ne toucha

---

[7] Une section de cette lettre a été citée la première fois par Albert Lopez (LOP 14-15).

pas de nourriture pendant plusieurs jours (VER 7-18). Il finit par alarmer ses supérieurs quand un beau matin ils le trouvèrent évanoui. Certains ont cru voir dans ce détail le signe flagrant de la genèse d'un déséquilibre, d'autres ont été plus nuancés [8], mais si l'on songe à l'enfance des saints, des grands mystiques, alors l'attitude de Nouveau peut s'expliquer. D'ailleurs, s'il fallait fournir des preuves sur l'état mental du poète, la lettre que nous venons de citer pourrait constituer une pièce à conviction impliquant la solidité et l'équilibre de son jeune auteur. Malheureusement la biographie de Léon Vérane est peu fiable; on ne peut donc garantir l'authenticité de cet épisode.

* * *

On entretenait dans sa famille la légende d'une illustre descendance. Le grand-père, Bernard Nouveau, prétendait appartenir à la famille de Jacques de Vèze et des seigneurs des Baux de Provence. Comme nous le fait remarquer Vérane, cette aristocratie est des plus anciennes:

> C'est à Balthazar, négus d'Ethiopie, arrière-petit-fils du mage du même nom et compagnon fidèle de l'empereur Théodore, que remontait l'illustre famille des Baux. (VER 25-26)

Ainsi c'est de ce noble ancêtre, dont l'arrière-grand-père s'était prosterné devant l'Enfant-Dieu, que Bernard Nouveau aurait hérité sa terre et son sang:

> Balthazar, accompagnant l'empereur à Lyon et passant près d'Arles, fut séduit par l'aspect sauvage d'une roche déchiquetée autour de laquelle tournoyaient des oiseaux de proie. Quelle belle assise pour une forteresse! (VER 25-26)

---

[8] C'est le cas de l'article de Howard Sutton "Germain Nouveau: Poet Vagabond and Saint": "It was during his fifteenth year, while a day student at the Catholic school of Saint-Stanislas in Aix, that Germain Nouveau first gave evidence of an ardent and unquiet inner life" (*The French Review*, Vol. XXXIII, No. 4 [Feb. 1960], p. 325). Cet article contient d'ailleurs beaucoup d'imprécisions, par exemple: "while a day student" tandis que Germain était bel et bien élève interne à l'époque.

Ces histoires se gravèrent sans doute dans l'esprit du futur poète qui signa plus tard certaines de ses œuvres du pseudonyme Duc de la Mésopotamie [9] et une de ses lettres du titre Cte de N. [10] Aussi, pensons-nous, il ne faut point voir en ces gestes de simples fantaisies, car vers la fin de sa vie Nouveau étudiera très sérieusement l'histoire des seigneurs de Pourrières, allant jusqu'à en énumérer la descendance du XVe au XVIIIe siècle [11]. Ce fait n'est d'ailleurs pas un cas isolé puisqu'au cours de ses séjours à Paris (1904-06) il consultera l'Encyclopédie du XIXe siècle en prenant note des armoiries et de la vie de deux nobles homonymes: Jérôme de Nouveau et Jacques Nouveau [12]. Il nous faut donc reconnaître que ces faits impliquent que la légende en question fait partie du bagage spirituel avec lequel le jeune poète montera à Paris. Ainsi, malgré les vicissitudes de la vie, l'exemple de la foi et de l'humilité des mages ne quittera pas la conscience du poète [13]. Ce mysticisme basé sur l'adoration du Christ est la composante spirituelle qui va s'approfondir pendant les dernières années de la formation méridionale. Parallèlement, de 1867 à 1872 Nouveau est engagé dans deux autres apprentissages: la littérature et l'art.

En octobre 1867 il entre au collège Bourbon à Aix (aujourd'hui Lycée Mignet). Après dix-neuf jours d'école il écrit à son oncle Alexandre Silvy pour lui faire part de sa vocation de peintre et de son désir de quitter le collège. Le jeune homme semble si déterminé que pour convaincre son oncle il s'appuie sur l'exemple de l'un des fondateurs de la manufacture des Gobelins: "Je ne serai pas le premier..." [14] Cependant l'oncle dut convaincre le

---

[9] Il s'agit des deux poèmes "Fille de ferme" et "Enchères" (403-4).
[10] Lettre à Ernest Delahaye, Paris, 13 septembre 1904 (929).
[11] Fait indiqué par Louis Forestier (FOR 12).
[12] Ibid.
[13] Faut-il voir ici le germe d'un souci d'identité qui sera plus tard poussé jusqu'à l'inquiétude, jusqu'à une angoisse semblable à celle de Gérard de Nerval? En effet, que de ressemblances avec "El Desdichado" que Dumas présentait ainsi dans *Le Mousquetaire* du 10 décembre 1853: "...[I]l est le sultan Ghera-Gherai, comte d'Abyssinie, duc d'Égypte, baron de Smyrne, et il m'écrit à moi qu'il croit son suzerain, pour me demander la permission de déclarer la guerre à l'empereur Nicholas." Cité par Jean Richer dans *Poésies et Souvenirs* (Paris: Gallimard, 1974), pp. 328-29.
[14] La démonstration de Germain est très vive: "Je ne serai pas le premier: on lit quelque part: 'Né en 1816, Monsieur Coomans fut élève

neveu de rester à. Aix, car à la fin de l'année, ce dernier se distinguera en dissertation française et en philosophie [15]. Pendant ses trois années de scolarité au collège Bourbon il obtient des prix en version latine, vers et narration latins, version grecque, rhétorique, et un premier prix de discours français (FOR 34-35). Quant à ses lectures, il avait sans doute assimilé tout ce qui était au programme : "De Voiture et de Chapelain, il héritera le goût du madrigal" (FOR 34). Mais nous ne savons pas tout de cette formation littéraire qui se fit peut-être autant pendant les étés à Pourrières que pendant les années scolaires à Aix. De cette période estudiantine il faut donc aussi retenir les vacances qui réunissaient Germain et sa sœur chez les grands-pères Silvy et Nouveau. Ces vacances ont été longuement évoquées, sans doute d'une manière un peu romancée [16]. Cependant, qu'elles furent heureuses et importantes pour la formation poétique de Germain, cela semble certain si l'on en croit un témoin, Léopold Silvy, le cousin du poète :

> Que vous dirai-je de Germain, selon votre désir : qu'il était mon aîné dans la famille : quoique plus jeune de quelques années, nous vivions tous deux, avec sa sœur et les miennes, auprès de mon grand-père Paul Silvy, et cela, seulement pendant une partie des grandes vacances. Germain déclamait des vers, causait très gentiment, aussi se dégageait-il de sa conversation, de ses saillies, un charme qui nous retenait tous auprès de lui [17].

Ces vers qu'il déclamait de qui étaient-ils? Vérane nous répond: Cros, Verlaine, Coppée et Mérat (VER 32-35). Est-il possible que ces plaquettes rares et récentes aient été vendues à Aix en 1870? Nouveau aurait-il eu connaissance de ces œuvres grâce à ses aînés Jean Aicard et Paul Alexis? Le 8 août 1870, il est reçu bachelier

---

au collège Louis-le Grand; mais dès l'âge de seize ans (c'est mon âge), il quitta le grec et le latin pour la peinture, exercice qui lui avait toujours souri, etc.' Changez le nom du personnage et du collège et c'est moi" (815).

[15] On trouve dans les notes biographiques des *Œuvres poétiques* (OP 20) : "Il obtient en philosophie le prix d'honneur et le premier prix de dissertation française".

[16] C'est le cas de Vérane (VER 24-39) et dans une moindre mesure celui de Lopez (LOP 15-24).

[17] Lettre de Léopold Silvy à Jules Mouquet (Saint Raphaël, le 5 juin 1947), dans DGN, pp. 137-39.

ès lettres par la Faculté d'Aix-en-Provence [18]. Mais à cette formation littéraire il faut ajouter l'élan artistique qui continue à se développer chez ce jeune Provençal tandis qu'il devient maître d'études au lycée de Marseille (aujourd'hui Lycée Thiers) [19].

Si l'on avait besoin de prouver que de 1867 à 1872 Germain Nouveau se livra à une activité artistique intense, il suffirait de signaler les deux prix de dessin que le futur poète obtint pendant cette période. En 1868 il reçoit un prix de dessin d'imitation au concours régional (LOP 24), puis en 1870 c'est au concours général qu'il se distingue (FOR 35). Mais c'est vers la terre provençale, vers Pourrières, près de cette montagne Sainte-Victoire, célébrée par les pinceaux de Paul Cézanne, qu'il faut se tourner pour comprendre la formation artistique de Germain Nouveau. Cette Provence, dont l'un de ses enfants venait de publier *Mireille* (1859), semait dans l'esprit de ses poètes la graine artistique tout en y nourrissant des racines mystiques et littéraires:

> Pour celui qui la comprend et qui l'aime, cette Provence est douce. Elle charme. Sa poésie sereine demeure. Le lyrisme qui s'en dégage prend aux collines parfumées le feu qui — tout le long du jour — les baise de sa caresse ardente. Mystique? Elle l'est, si l'on appelle mysticisme la tendance à la rêverie de ses habitants, les facultés imaginatives, la foi religieuse, le respect des traditions séculaires. (LOP 20)

---

[18] La date est précisée par P. O. Walzer (306). Avant lui les éditeurs des *Œuvres poétiques* plaçaient cet événement le 2 août 1870. Les autres textes sont plus vagues et donnent simplement la date: août 1870.

[19] La preuve de ce séjour de Germain Nouveau à Marseille a été apportée par Michael Pakenham dans son article "Sur l'*Album zutique*", *Mercure de France*, No. 1176 (août 1961), pp. 746-48.

Cet érudit nous donne en effet l'extrait des registres du Lycée Thiers (Marseille):

> Nom et prénom: *Nouveau Germain;*
> Date et lieu de naissance: *(rien).*
> Grade et diplômes: *Bachelier ès lettres;*
> Nominations antécédentes et antérieures: *Débutant;*
> Date d'entrée au Lycée: *1er 8bre 1871;*
> Nomination ministérielle et nominations successives au Lycée: *(rien);*
> Date de sortie du Lycée: *20 7bre 1872;*
> Destination nouvelle: *(rien).*

Ce document important est également reproduit par P. O. Walzer (1030).

C'est ainsi que vers la fin des vacances d'été de 1872, avec ce triple héritage et l'argent laissé par ses parents, Nouveau va se lancer dans ses débuts parisiens.

* * *

En 1872, vers la fin des vacances d'été, Germain Nouveau arrive à Paris. Il demeure 16 rue de Vaugirard, chez Mme Cordelle, une marchande de vins et de charbon, près du Luxembourg et de l'Odéon [20]. Ce jeune Provençal n'habite pas loin de l'École des beaux-arts; mais son attention se tourne surtout vers le Quartier latin où les poètes et les peintres sont sensibles, malgré les apparences, à la situation critique si bien résumée par Michael Pakenham:

> À cette date la France, mais surtout sa capitale, est encore tiraillée par les bouleversements politiques et économiques qui ont suivi la déclaration de guerre de Napoléon III à la Prusse de Guillaume Ier en juillet 1870. La guerre, le siège de Paris, la défaite, la Commune, la Semaine Sanglante, l'annexion de l'Alsace et de la Lorraine

---

[20] Reprenant le problème sur l'établissement de cette date, P. O. Walzer déclare: "Il se pose, à propos de l'arrivée de Germain Nouveau à Paris, un problème irritant, celui de sa collaboration à l'*Album zutique*" (306-7). D'ailleurs l'auteur des *Œuvres complètes* s'explique longuement sur cette question (777-82) en nous présentant la collaboration de Nouveau à l'*Album zutique* comme incertaine. Son analyse se base sur un certain nombre d'écrits devenus désormais classiques dans ce domaine: Pierre Matarasso et Henri Petitfils, "Rimbaud, Verlaine, Germain Nouveau et l'*Album zutique*", *Mercure de France*, Tome 342 (mai 1961), pp. 7-30; Michael Pakenham, "Sur l'*Album zutique*", *Mercure de France*, No. 1176 (août 1961), pp. 746-48; Pascal Pia, *Album zutique: Introduction, notes et commentaires* (Paris: Cercle du livre précieux, 1962).

Cependant P. O. Walzer ne semble pas donner assez d'importance à une étude récente qui, selon nous, résout "le problème irritant": "Michael Pakenham montre, avec le maximum de vraisemblance, que l'*Album zutique* fut certainement continué et complété, durant l'hiver de 1872-1873, par le groupe des Vivants (Richepin, Ponchon et leurs amis). Certaines pièces, anisi que Pascal Pia l'avait déjà fait observer, n'ont pu être composées avant août et septembre 1872" (781). Ce procédé n'est d'ailleurs pas inhabituel à Nouveau qui participe aussi après coup en 1875 à l'*Album de Nina de Villard* (1862-1868). Ceci a été prouvé par Louis Forestier dans le catalogue Coulet-Faure, l'essentiel est reproduit dans OC (1185-90).

> engendreront des psychoses nationales qui demanderont plusieurs générations pour disparaître [21].

Malgré les résidus d'un Empire déchu et l'indifférence des bourgeois qui en juin 1871 (tâchant déjà d'oublier la Commune) remplissent les cafés et les théâtres, mais surtout contre une censure politique des plus sévères, le jeune rédacteur Émile Blémont, aidé de Pierre Elzéar et Jean Aicard, fonde une revue hebdomadaire: *La Renaissance littéraire et artistique*. Le premier numéro paraît le 27 avril 1872 et la revue durera, malgré deux brèves interruptions, jusqu'au 3 mai 1874. *La Renaissance* fut sans doute l'une des plus importantes revues de cette période [22]. Dans le tableau de Fantin Latour *Un Coin de table* on reconnaît Verlaine et Rimbaud parmi les principaux collaborateurs de *La Renaissance* qui publia en effet les meilleurs poètes et écrivains de l'époque: Théophile Gautier, Charles Cros, Valade, Richepin, Mérat, Coppée, Mallarmé, Villiers de l'Isle-Adam, Sully Prudhomme, Heredia, Léon Dierx, Leconte de Lisle, Edmond de Goncourt, Ernest d'Hervilly, Daudet et Zola. Cependant, *La Renaissance* n'était pas l'unique manifestation de ce renouveau littéraire. En effet dès 1869 de jeunes artistes et hommes de lettres fréquentaient un salon qui, n'étant pas aussi austère que les autres, devint un des centres de la Bohème. Il s'agit de celui de Nina de Villard, au sujet duquel Louis Forestier a écrit:

> On sait ce que furent les soirées chez Nina — amères et douces, bizarres fêtes —, il suffit, pour les évoquer, de citer Verlaine. Leur plus grand charme était d'être accessibles à tout artiste, sans réserve, ni condition, sauf une. "Pas besoin d'un habit pour être reçu chez-moi", disait Nina, "un sonnet suffit" [23].

---

[21] Michael Pakenham, "Les Débuts parisiens de Germain Nouveau", dans CGN, p. 9.

[22] Kenneth Cornell affirme "the most interesting of the decade as far as poetry is concerned" (*The Symbolist Movement* [New Haven: Yale Univ. Press, 1951], p. 17).

[23] Les sonnets étaient écrits sur l'*Album de Nina de Villard*. Au sujet de cette dernière on peut consulter: Albert de Bersaucourt, *Au temps des Parnassiens: Nina de Villard et ses amis* (Paris: La Renaissance du livre, s.d. [1921]; Baude de Maurcelet, "La Vérité sur le salon de Nina de Villard", *Le Figaro*, 2-8 avril 1929.

Léon Valade forma un groupe composé d'habitués du Salon de Nina. Ils furent si bruyants le 14 janvier 1869 à l'Odéon que Barbey d'Aurevilly les qualifia de "tas de vilains bonshommes". L'expression dut plaire à Valade et l'on nomma les réunions mensuelles du groupe "Dîners des Vilains Bonshommes". Michael Pakenham a prouvé que les Vilains Bonshommes devaient avoir un album sans doute moins respectable que celui de Nina. L'album contenant probablement maintes parodies dut brûler pendant la Commune [24]. Après la Semaine Sanglante "Les Dîners des Vilains Bonshommes" furent réinstaurés. Cependant en août 1871 Valade invita Richepin, Ponchon et Bourget. Le deuxième dîner de cette nouvelle série est resté dans l'histoire littéraire : Rimbaud fait son apparition et secoue les assises parnassiennes. Cependant le futur auteur de la théorie de la voyance attire déjà un certain nombre de poètes et artistes : Keck, Penoutet, Mercier, Ernest Cabaner, Verlaine, Valade et Charles Cros. À l'instigation de Rimbaud en octobre 1871 ils forment les Zutistes. Leur carnet de bord est naturellement l'*Album zutique,* essentiellement parodique et vulgaire. Le quartier général des Zutistes est l'Hôtel des Étrangers, rue Racine. En 1871 il existe aussi le groupe de Richepin et ses amis "les Vivants". En 1873 on retrouve aux dîners des "Sansonnets" Richepin, Bouchor, Paul Arène, Raoul Gineste et Germain Nouveau. C'est dans ce milieu d'effervescence littéraire que l'enfant de Pourrières va commencer sa carrière poétique.

Il semblerait que Raoul Gineste ait introduit son compatriote Germain Nouveau dans les milieux littéraires de la capitale dès l'automne 1872. Ceci explique, peut-être, pourquoi, le 30 novembre de la même année, "Sonnet d'été", un texte du jeune Provençal, paraît dans *La Renaissance littéraire et artistique.* Quelques réflexions s'imposent au sujet de ce poème qui constitue, à notre connaissance la toute première publication de Germain Nouveau.

Il est rare que les premières œuvres d'un poète ne révèlent un certain nombre d'influences lisibles. Nouveau ne fait pas exception à cette règle, mais le rapport qui s'établit entre le poète et ses lectures ne peut être réduit à un simple procédé d'imitation. Le futur Humilis tâche avant tout de pénétrer l'œuvre de ses amis :

---

[24] Michael Pakenham, dans CGN, p. 11.

les vivants qui l'entourent, comme quelques grands artistes passés qui semblent le guider dans son évolution poétique. C'est donc avant tout par amitié que Nouveau écrit parfois 'comme' d'autres, pour se sentir solidaire des poètes de son temps, pour être dans le cercle intime des symbolistes.

Entrons dans ce rapport. En tant que débutant le jeune Provençal se révèle comme un poète au talent agile. Il peut nous charmer avec quelques vers d'un sonnet décasyllabique:

> Une blonde frêle en mignon peignoir
> Tirera des sons d'une mandoline,
> Et les blancs rideaux tout en mousseline
> Seront réfléchis par un grand miroir. (359)

Au-delà du rythme baudelairien et de quelques emprunts au lexique de Verlaine, Nouveau commence à s'affirmer: dès sa première publication il nous présente un univers intime: "Nous habiterons un discret boudoir" (359). Cette exclusivité se retrouve dans le langage que le poète établit dès le début comme articulation d'un espace privé, même sacré puisque le boudoir en question est "Toujours saturé d'une odeur divine" (359). C'est pour cela qu'il cultive les inversions comme "blancs rideaux" et "mignon peignoir". Le langage de l'intimité se veut un langage secret.

C'est également de 1872 que date le début de l'amitié entre Jean Richepin et Germain Nouveau. L'auteur de *La Chanson des gueux* évoquera d'ailleurs plus tard l'allure de son compagnon de jeunesse:

> De petite taille et le buste un peu long, les cheveux tombant en arrière jusque sur le collet du veston, découvrant bien l'oreille et se séparant également sur le front qu'ils cachaient en partie; des yeux d'Oriental; un nez légèrement busqué; les lèvres minces et la barbe assez courte frisant en deux pointes, —un type fréquent en cette Provence d'où Nouveau était venu à Paris pour faire de la littérature [25].

---

[25] Jean Richepin, "Germain Nouveau et Rimbaud: Souvenirs et papiers inédits", *La Revue de France* (1er janvier 1927). Article repris dans DGN, pp. 21-41. L'importance de cet article est soulignée par P. O. Walzer (DGN 17-19) qui nous rappelle que peu sont les compagnons qui prirent la peine d'écrire au sujet de Nouveau. Il nous indique, tout d'abord, que

Cette description s'accorde bien avec la photographie par Étienne Carjat qui a servi d'aide-mémoire à Richepin (DGN 21). Un passeport inédit, signalé par Louis Forestier, confirme les indications de Richepin: "front haut, yeux châtains, nez long, bouche moyenne, menton rond, visage allongé, teint naturel; taille: 1,57 m." (FOR 47).

Richepin semble également indiquer la faiblesse de caractère de son jeune ami: "Nouveau, nature faible, caractère exalté, d'une nervosité de femme sensuelle s'abandonnant à qui est fort" (DGN 28). Cette faiblesse de caractère n'est parfois que le symptôme d'une inquiétude plus génerale qui se trahit déjà, même dans des œuvres apparemment légères:

> Si nous étions morts quand nous étions mômes
> Dites-moi, serions-nous plus malheureux?
> À quoi donc nous sert de devenir hommes
> Si c'est pour souffrir des maux plus nombreux!
>
> Les petits plaisirs laissent désireux,
> Tous nos petits sous ne font pas des sommes
> Et c'est pour un X encor plus affreux
> Qu'il nous faut quitter le monde où nous sommes.
>
> Et nous avons beau nous mettre à genoux
> Et beau t'implorer, tu ne tends vers nous
> Jamais tes deux mains, Sainte Providence!
>
> —C'est pourquoi, crois-moi, pauvre genre humain,
> Chante et ris, sans trop croire au lendemain;
> Va, saute, Arlequin; danse, Pierrot, danse! (784-85)

Ce sonnet est l'une des contributions de Nouveau à l'*Album zutique*. Il est signé tout d'abord du nom du poète dont on veut se moquer, "Alfred de Musset", puis des initiales de son véritable auteur, "G. N."; il fait donc partie des plaisanteries zutiques et obéit aux règles du jeu. Cependant le contenu du poème n'est pas

---

Verlaine n'a inclu son ami ni dans les *Poètes maudits* ni dans *Les Hommes d'aujourd'hui*. Ensuite l'éditeur des *Œuvres complètes* affirme: "Rimbaud, de son côté, ni dans son œuvre ni dans sa correspondance, n'a cité le nom de Germain Nouveau" (DGN 17).

Nouveau serait aussi absent des écrits de Charles Cros, Villiers de l'Isle-Adam, Émile Blémont, Mallarmé, Valade et Mérat.

aussi léger et insignifiant que la plupart des autres pièces de l'*Album*. En effet le sonnet est précédé de la question "Dors-tu content, Voltaire?" que l'on trouve dans *Rolla* de Musset. Avec cette reprise d'ironie contre Voltaire le poème s'oriente vers des préoccupations religieuses et métaphysiques. Aussi le "X" en question représente non seulement l'inconnu mais également le signe de la Croix. D'ailleurs il y a presqu'un sentiment de désespoir chez le poète qui semble constater l'inutilité de sa prière à cette "Sainte Providence". Les noms d'Arlequin et Pierrot évoquent une tradition bien connue; le rire et l'ironie ne sont que des masques d'une souffrance intérieure: *"ridi Pagliaccio"*. Ainsi cette vie parisienne, où alternent la joie et l'inquiétude, continue pour Nouveau qui devient, comme la capitale, amer et doux à la fois.

En 1873 le poète continue à dépenser son héritage avec les Vivants[26]. Le soir il fréquente ce Café Tabourey qui avait été jadis hanté par Baudelaire:

> On se réunissait au Café Tabourey près de l'Odéon....
> On buvait force bocks ou absinthes dans la salle réservée "aux Messieurs peintres et poètes" embaumée d'intense tabagie.
> Par moments, des silences relatifs permettaient l'audition de quelque poème suivi, comme il convenait, de hurlements, cris d'animaux, choc des soucoupes sur les tables....
> Et par l'entrebâillement de la porte qui donnait sur la salle réservée, où l'on ne fumait pas, les jeunes énergumènes regardaient avec des rires fous, Barbey d'Aurevilly.... (LOP 30-32)

Le jeune poète prend ses repas chez Polydore ou chez Mongeon en compagnie de son ami Jean Richepin:

---

[26] G. P. Sozzi continue d'appeler "les Vivants" par le nom qu'avait le club de leurs prédécesseurs "les Vilains Bonshommes" qui furent eux-mêmes suivis par "les Zutistes" (SOZ 16). C'est que G. P. Sozzi prend trop à la lettre l'imprécision historique de Jean Richepin. Pourtant Sozzi est le premier à nous rappeler que déjà Marcel Coulon avait indiqué en 1929 ces fautes: "La Vie de Rimbaud et de son œuvre", *Mercure de France*, pp. 288-94. C'est encore l'article de Michael Pakenham (CGN 9-35) qui clarifie cette question.

Le Polydore dont il parle dans une des lettres qu'il m'adressait d'Angleterre un peu plus tard tenait une crémerie, à côté de l'Hôtel Corneille où l'on allait manger l'œuf sur le plat solitaire et pensif, car on pouvait, sans se faire toiser, y commander hardiment un œuf unique, qui, avec "deux de riz", constituait, pour une dizaine de sous, un *ordinaire* confortable [27].

Il fréquente aussi "l'atelier d'un vague peintre nommé Jolibois" [28]. Malgré cette vie active, la production littéraire de Nouveau en 1873 est loin d'être négligeable. Il s'agit bien sûr d'un ensemble d'œuvres de jeunesse où l'imitation des aînés n'exclut pas l'originalité du poète. Le 15 mars 1873, il publie dans *La Renaissance* le poème "Style Louis XV" qu'il signe du pseudonyme P. Néouvielle. Le 1er mai le poème est repris dans *L'Artiste* sous le titre "Fantaisies Parisiennes" signé toujours du même pseudonyme.

La deuxième de ces "Fantaisies Parisiennes" étonne le jeune poète qui suit une femme "au pas léger". Le rythme est aérien et rapide impliquant une cinématique qui évoque l'érotisme sans grande originalité:

> Feignant de soulever sa jupe,
> Un jeu dont on est toujours dupe;

---

[27] Jean Richepin ajoute: "Quand on avait assez de ce menu, rien n'était plus simple que de le varier: on faisait une infidélité à Polydore pour 'Chez Mongeon' — un nom prédestiné, semble-t-il — rue Saint-Jacques, où l'on nous servait des haricots rouges au lard à s'en lécher les doigts: *on en voyait la farce* pour une dizaine de sous également, y compris le pain presque à discrétion et une topette de vin pas méchant" (DGN 22-23).

[28] Jean Richepin ajoute: "On eût bien étonné celui-ci si on lui eût dit alors qu'un jour Paris lui serait odieux; qu'il préférait à l'asphalte ce petit village de pêcheurs, dans le Morbihan, où je le découvris beaucoup plus tard, pêcheur lui-même, vivant de sa pêche avec sa femme, à qui il offrait, deux fois par an, un voyage à Paris quand il avait pu économiser sur ce qui lui restait de petites rentes sérieusement écornées par la vie d'artiste. Et comme je lui demandais s'il ne regrettait pas Paris dans son trou, il me répondit qu'à chaque voyage, et bien qu'ils ne durassent qu'une huitaine de jours, il revenait dans ce trou avec ravissement, Paris lui apparaissant chaque fois un peu plus méprisable. Dame! la mer a tant de séduction et sait si bien garder ceux qu'elle prend!" (DGN 25). C'est dans l'atelier de Jolibois que Nouveau se lie également avec Ponchon, Forain, Mercier et Gretz.

> . . .
> Et des mouvements qu'on dirait,
>
> À voir, avec le vol des manches,
> Le tangage amoureux des hanches
> Ravis aux goélettes blanches;
>
> . . .
> Cette fée au pas plein de grâce,
> . . . . (361-62)

Le poète finit par perdre de vue la belle inconnue sans savoir si son but était le "Plaisir" ou le "Devoir" (362). Déjà ici l'on se rend compte que l'imaginaire chez Nouveau est difficilement dissociable de ses préoccupations éthiques.

C'est également dans *La Renaissance* que le 19 avril 1873 paraît sa première nouvelle : "La Petite Baronne" (433-36). C'est une nouvelle que P. O. Walzer qualifie à juste titre "d'assez banale" (1211). Voici l'histoire en quelques mots. Raoul quitte une femme dont l'amour lui semble trop ennuyeux. Un mois plus tard le narrateur voit les anciens amants "raccommodés". Raoul raconte ensuite que, pris de remords, il se lance à la poursuite de celle qu'il n'avait pas su apprécier et qui a quitté Paris. Après avoir parcouru la France, il trouve enfin la petite baronne à Nice. L'histoire finit avec la réconciliation des amants. Malgré tout, Nouveau se montre capable de saisir certains rythmes de la vie. Le portrait de l'amant fiévreux ne manque pas de charmes:

> À Grenoble, personne encore. Alors je me mis à faire le tour de la France, allant, courant, tournant sous le fouet de ce désir implacable, que je commençai cependant à m'expliquer. J'allai à Bordeaux, qu'elle aimait beaucoup, à Bagnères, où elle avait passé la dernière saison, à Nice, sa ville favorite après Paris. Je déjeunais ici, je dînais là, je ne couchais pas toujours où j'avais dîné. Pendant un mois les hôtels de mainte et mainte cité eurent le spectacle d'un monsieur qui entrait d'un air sombre, faisait des questions mystérieuses, ne mangeait pas du même appétit que les autres voyageurs, et se promenait à grand bruit, dans sa chambre, au lieu de dormir. Car je l'aimais, je le comprenais enfin, éperdument. Il me semblait toujours la voir s'envoler ironiquement devant moi, en retournant la tête d'un air qui disait: "Imbécile! mérite-moi maintenant!" (435)

Le 1ᵉʳ mai on trouve aussi dans *L'Artiste* le poème "Fin d'automne". Enfin le 24 mai paraît dans *La Renaissance* la première pièce signée Germain Nouveau [29]. Il s'agit d' "Un Peu de musique" où se fait sentir l'écho de Baudelaire :

> Et sous la feuillée ombreuse
> Où le jour mourant résiste,
> Tourne, se lasse, et persiste
> Une valse langoureuse. (364) [30]

Le 15 juin *La Renaissance* publie un autre poème de Nouveau, "Retour".

Nouveau passera l'été près de la forêt de Fontainebleau à Marlotte. De là il adressera une lettre à Léon Valade (815-16) en lui faisant part de ses occupations et de ses sentiments. On y trouve à la fois l'admiration et l'ennui de la campagne. Aussi la vie libertine n'est pas exclue de ces vacances :

> Je fais des vers, et je me trouve un peu soûl tous les soirs ; que voulez-vous de plus ?
> Soûl ? direz-vous, pourquoi ? Dam ! avec Vana, il est difficile, tant cette fille aime la noce, de se coucher avec toute sa raison. (816)

Malgré cette évidente légèreté Nouveau inclut un poème dans la lettre où la lecture de Villon est déjà mentionnée :

---

[29] C'est Jean Richepin qui poussa Nouveau à ne pas utiliser de pseudonyme : "J'étais furieux, il y avait matière ! Et je lui fis comprendre à quoi il s'exposait s'il ne se nommait pas par son nom, qui était à faire envie" (DGN 23).

[30] En note, P. O. Walzer se contente de signaler "un souvenir de Baudelaire" (1173). Il signale ainsi un rapprochement entre "Un Peu de musique" de Nouveau et "Harmonie du soir" de Baudelaire. Mais la confrontation des deux textes en dit bien plus. En effet en dehors des termes "valse", "tourne" et "langoureux" qui sont communs aux deux poèmes il faut noter que les deux textes décrivent un crépuscule semblable, un moment implicitement inquiétant. Chez Nouveau la lune "monte", chez Baudelaire "Le soleil s'est noyé dans son sang qui se fige" ; mais le mot "triste" est présent dans les deux textes et si Baudelaire entend un "violon" Nouveau, lui, écoute "le guitariste". Une analyse comparative de ces deux textes reste à faire, mais cela n'entre pas dans le cadre de la présente étude.

> Ce matin, —mes souliers sont encor verts de mousse—
> J'ai couru par le bois en déclamant Villon;
> Et j'ai vu des terreurs blanches de papillon
> Pour ma coiffe trouée et pour ma pipe rousse. (370)

Le 14 septembre *La Renaissance* publie "En Forêt", puis le 30 novembre, "Les Chercheurs". À tout cela il faut ajouter les trois pièces que Nouveau avait adressées à Richepin et que celui-ci ne publia qu'en 1927: "Les Malchanceux", "Chanson du mendiant" et "Sans verte étoile"[31]. Nous n'en sommes donc qu'aux débuts littéraires du jeune Provençal qui n'a pas encore subi ni l'influence de L'Époux Infernal ni celle de La Vierge Folle.

---

[31] Jean Richepin, Op. cit.

II. LA RENCONTRE AVEC RIMBAUD ET VERLAINE

C'est en 1874, année qui voit se réaliser la première exposition des Impressionnistes, que Nouveau se serait lié avec "l'homme aux semelles de vent", c'est-à-dire le Rimbaud qui vient d'écrire et faire imprimer *Une Saison en enfer*.

La célèbre rencontre a lieu au Café Tabourey où Arthur Rimbaud n'est que de passage, car il a déjà son billet pour Londres. Germain Nouveau décide sur le champ d'accompagner l'auteur du "Bateau ivre". Nous pensons, comme P. O. Walzer, que ce départ précipité eut lieu au début de mars 1874 (307). Cependant beaucoup de critiques se sont penchés sur cette question. Certains, comme Robert Montal, placent cette rencontre le 1er novembre 1873 [1]. Ils reprennent ainsi l'erreur d'Ernest Delahaye qui, dans sa préface aux *Valentines*, situe l'événement "vers la fin de 1873" et indique que les deux poètes partent pour l'Angleterre le jour après leur rencontre. Mais Nouveau écrit à Jean Richepin le 26 mars 1874:

> J'ai quitté Paris au moment où je m'y attendais le moins. Je suis maintenant, comme tu vois, avec Rimbaud.... Je suis parti tellement à l'impromptu que j'ai emporté la clé de ma chambre où j'ai laissé des papiers *que* je ne voudrais pas *qu*'ils s'égarassent. (817-18)

Dans la même enveloppe il y avait une lettre de Rimbaud que Richepin a malheureusement perdue. Il est clair que ces lettres tendraient à prouver que Rimbaud et Nouveau viennent d'arriver

---

[1] Robert Montal, "De Rimbaud à Germain Nouveau", *Nos Lettres* No. 1-2 (janvier-février 1956), pp. 19-26.

à Londres. Auraient-ils attendu quatre mois avant d'écrire? Difficilement, puisque Nouveau, dans sa lettre, décrit ses activités du premier et du second soir dans la capitale anglaise. Aussi "les petites commissions", qu'il demande à Richepin de faire de sa part, sont bien celles d'un homme qui vient de quitter Paris:

> Tu serais bien gentil d'aller avertir Mme Cordelle, marchande de vins, 16, rue de Vaugirard, de mon départ, et de te faire donner tous mes papiers, que je te *confie en toute amitié*....
> Tu serais tout aussi-z'-aimable de passer chez Long, et d'avertir aussi; mais là, en disant que je reviendrai bientôt. (818)

Le contenu de cette lettre aurait donc tendance à prouver que la date du 1er novembre 1873 serait fausse. Aussi, comme nous le rappelle P. O. Walzer, c'est le 4 avril que les deux amis signent, en même temps, le registre du British Museum pour obtenir leur carte de lecteur (307). S'ils étaient arrivés en novembre auraient-ils attendu jusqu'au mois d'avril pour faire cette démarche? Peu probable car, comme le montre V. P. Underwood, cela aurait été contraire à l'habitude de Rimbaud [2]. De plus, si l'on se souvient que, malgré la production remarquable de Nouveau en 1874, il n'y a que "Rêve claustral" et "La Sourieuse" qui sont publiés cette année-là, et que la date en est le 1er avril; il nous semble probable que Nouveau ait donné avant son départ ces pièces à Charles Cros pour insertion dans *La Revue du Monde Nouveau*. Cependant dans sa thèse complémentaire sur cette publication (Université de Paris, dactylographiée, pp. 65-69), Louis Forestier nous rappelle les problèmes posés par ces contributions et conclut: "Nous croyons donc qu'un intermédiaire a transmis à la *Revue* le poème de Nouveau". En général, les rimbaldiens placent la date de cette rencontre en 1874 [3]. Tout ceci tend bien à prouver que la date du

---

[2] V. P. Underwood, "Rimbaud et l'Angleterre", *Revue de Littérature Comparée*, 29e année, No. 1 (janvier-mars 1955), pp. 5-35. Article très intéressant où l'auteur montre en particulier qu'apprendre l'Anglais et lire au British Museum étaient pour Rimbaud et Verlaine des activités très sérieuses. Voir aussi du même auteur l'étude plus complète: *Rimbaud et l'Angleterre* (Paris: Nizet, 1976), 396 pages.

[3] Dans sa récente édition des *Œuvres complètes*, Antoine Adam (Paris: Gallimard, 1972) écrit dans sa chronologie "1874: Vers le 25 mars, il

fameux tête-à-tête du Tabourey est mars 1874. Ceci étant établi, une deuxième question se pose : les deux poètes se connaissaient-ils avant cette date?

Léon Vérane, qui place cette rencontre "un soir de printemps en l'année 1873" (VER 51), nous raconte la scène d'une manière très poétique impliquant, très clairement, que les deux jeunes hommes ne se connaissaient pas avant cette mémorable soirée. Albert Lopez reprend aussi l'histoire d'Ernest Delahaye et s'accorde avec Vérane (LOP 35-36). Mais à la question "les deux poètes se connaissaient-ils avant la rencontre du Tabourey?" les critiques sont loin de répondre d'un manière uniforme. Ce problème est d'ailleurs relié à celui de la collaboration de Nouveau à l'*Album zutique*. Les érudits qui placent cette rencontre en 1873 (Robert Montal, Jean-Marie Carré, Henri Matarasso et Pierre Petitfils) ont négligé les arguments que nous venons de donner plus haut. Rappelons que Michael Pakenham démontre que la collaboration de Nouveau à l'*Album zutique* fut faite après coup (CGN 9-35). On peut alors se demander: aurait-il pu y avoir deux rencontres? Jean Richepin laisserait entendre qu'il y eut même fréquentation :

> L'énergique, l'intrépide et le génial Rimbaud, —beaucoup plus célèbre encore, à cette époque, par son aventure avec Verlaine que par ses œuvres, — avait bientôt pris un visible ascendant sur Nouveau, nature faible, caractère exalté, d'une nervosité de femme sensuelle s'abandonnant à qui est fort.
>
> Ce ne fut, cependant pas sans surprise que n'ayant plus aperçu Nouveau depuis quelque temps, ni chez moi, ni chez Jolibois, ni nulle part où l'on se rencontrait d'ordinaire, pas plus d'ailleurs que Rimbaud, je reçus la lettre que voici.... (DGN 29-30)

Mais Jean Richepin a-t-il oublié qu'à cette époque Rimbaud avait été mis en quarantaine par les autres poètes pour des raisons qu'il rappelle pourtant sans embarras? Comment Nouveau aurait-il

---

part pour Londres avec Germain Nouveau. Le 26 mars, ils sont à Londres" (p. XLIV). L'édition de Suzanne Bernard: Rimbaud, *Œuvres* (Paris: Garnier, 1960) donne: "1874: janvier-mars. Rimbaud qui a renoué connaissance récemment avec Germain Nouveau, s'est rendu avec lui en Angleterre..." (p. X).

pu fréquenter Rimbaud et rester ami avec les Vivants? Carjat aurait-il pris la photo de Nouveau sachant que ce dernier était le compagnon du même Rimbaud qui avait voulu le tuer "pour avoir fait des mauvais vers?" Nous pensons donc que si les deux poètes se connaissaient avant mars 1874 ils étaient loin d'être amis à l'époque.

Il est difficile d'interpréter cette rencontre et les critiques ont souvent parlé "d'enlèvement", puis de "drôle de ménage" et sont allés même jusqu'à suggérer un rapport homosexuel, car Nouveau n'ignorait pas qu'il partait pour l'aventure avec L'Époux Infernal, celui-là même qui avait perdu La Vierge Folle. Mais il nous semble, comme l'indique Louis Forestier, que les raisons du jeune Provençal auraient pu être beaucoup plus métaphysiques que l'on a voulu le croire:

> Ses premiers poèmes le montrent, en effet, désemparé, hésitant sur la route à suivre, tout à la recherche de lui-même. Il est en pur état de vacance de l'être. Il fait l'expérience, spirituelle et physique, d'une angoisse et d'un déchirement. Comment ne pas deviner, en Rimbaud, malgré sa jeunesse, l'homme qui apporte les solutions? (FOR 65)

Ainsi le 26 mars les deux poètes sont à Londres au 178, Stamford Street, Waterloo Road S.E. Encore une fois il semble que l'on ait établi des légendes au sujet des métiers exercés par les deux poètes. V. P. Underwood s'est attaqué à ce problème, élucidant les imprécisions des biographes Vérane et Lopez ainsi que les mystifications de Nouveau lui-même:

> Leur logeuse, que Nouveau appelle Mme Polichinelle se nomme en réalité Stephens....
> On raconte en général que pour gagner leur pain ils s'engagent chez un nommé Drycup, fabriquant de cartons à Holborn. Aucun établissement Drycup ne se trouve dans les annuaires de l'époque [4].

---

[4] V. P. Underwood, "Rimbaud et l'Angleterre", *Revue de Littérature Comparée*, 29e année, No. 1 (janvier-mars 1955), p. 16. Cependant Underwood commet des imprécisions lui-même: "Le 4 avril... Rimbaud et Nouveau âgés tous les deux de vingt ans" (p. 16). Or en avril 1874 Nouveau est dans sa vingt-troisième année, quant à Rimbaud il a bien vingt ans.

Ce n'est pas la première visite de Rimbaud qui sait assez d'anglais "pour nos besoins communs" (817) mais Londres produit sur Nouveau "une impression d'étouffement physique et moral"[5]. Le jeune méridional ne se fait pas à la "lumière d'éclipse", à l' "odeur de musc et de charbon dans les rues" et en ce qui concerne les gens il écrit: "têtes d'Anglais sans expression, un grand mouvement sans bruit de voix". Cependant rien ne semble problématique dans les rapports des deux poètes: ils mangent chez "Dupont, Français anglomanisé" qui fait des prix aussi raisonnables que Polydore à Paris, ils se perdent dans de longues promenades et s'amusent au café-concert du London-Pavilion. Cependant c'est surtout sur le plan littéraire et spirituel que la période allant de mars à juin 1874 est très importante.

André Breton nous rappelle qu'elle est très mal connue, ainsi souligne-t-il l'importance capitale de l'intimité mystique des deux poètes:

> Germain Nouveau fut sans doute dans le grand secret de Rimbaud (Verlaine n'eut jamais pu l'être: il était condamné sans espoir à le chercher). Le Nouveau du Café Tabourney qui *se leva* à l'entrée de Rimbaud, tout prêt à lui faire un pas de conduite au bout du monde — le bout du monde fut l'Angleterre mais le pas de conduite le mena jusqu'à sa propre mort, survenue trente ans après celle de Rimbaud et dans son esprit peut-être au-delà. Le Nouveau qui — sous l'œil du Rimbaud que nous ne pouvons voir et qu'à cet instant, il *voit* — copie "Villes" et "Métropolitain". Qui entre tous fut digne d'être son ami et, même sans mot dire ou entendre, son confident mystique. Saura-t-on jamais quelle part de réciprocité fut mise alors entre ces deux êtres de génie?...
> Rimbaud-Nouveau, Nouveau-Rimbaud: on n'aura rien dit, on n'aura rien franchi poétiquement tant qu'on n'aura pas dégagé le sens de la conjonction exceptionnelle de ces deux "natures" et aussi de ces deux astres[6].

---

[5] OC 817. Ainsi que les citations suivantes du même paragraphe.

[6] André Breton, "Flagrant Délit", dans *La Clé des champs* (Paris: Jean Jacques Pauvert, 1967). Et Breton ajoute: "Tout ce qu'elles [les recherches] établissent avec certitude est que Rimbaud en passe au moins les premiers mois à Londres en compagnie de Germain Nouveau. D'où vient que la lumière n'ait pu être faite sur cette période? Selon moi, elle ne commencera à se lever que de l'instant où l'on se sera libéré du tenace

Les mots de Breton invitent beaucoup plus à la méditation qu'à la recherche dans le domaine de l'histoire littéraire. Qu'y a-t-il donc au sein de cette vie commune? Les *Illuminations*, comme auparavant il y avait eu *Une Saison en enfer* avec Verlaine. Nous avons ici de simples faits qui parlent d'eux-mêmes et, comme le suggère Breton, nous n'avons rien à mystifier et tout à étudier.

L'opinion de Breton tourne donc notre attention vers une question capitale: la composition des *Illuminations*. Nous savons aujourd'hui que dans le manuscrit original, les pièces suivantes sont de la main de Germain Nouveau: "Villes" (sauf le titre), "Métropolitain" (deuxième moitié du poème seulement), "Bottom" (parties seulement) et "H" (parties seulement). Jusqu'à présent les critiques se sont bornés à émettre l'hypothèse que Nouveau a servi de secrétaire à Rimbaud. Pourtant les auteurs du Dossier *Germain Nouveau* affirment à ce sujet: "Il sera peut-être temps un jour d'en tirer les conclusions qui s'imposent" (DGN 167). Aussi, selon nous, un certain nombre de faits doivent être mis parallèle avec cette question des *Illuminations*. Il y a tout d'abord le cas de "Poison perdu", ce fameux sonnet longtemps attribué à Rimbaud qui fait maintenant partie de l'œuvre de Nouveau[7]. Remarquons également que de telles confusions n'existent pas entre Verlaine et Rimbaud. On se souvient aussi que Rimbaud demanda à Verlaine d'envoyer à Nouveau le manuscrit des *Illuminations* pour que ce dernier le fasse imprimer[8]. De plus, Bouillane de Lacoste nous fait remarquer que les *Illuminations* sont les premiers poèmes où Rimbaud s'attache à l'importance de la peinture:

---

préjugé "littéraire" qui tend à considérer Rimbaud *en fonction de Verlaine* et qui repose sur une surestimation routinière de l'importance de ce dernier" (p. 198).

[7] L'historique de cette question est très bien résumé par P. O. Walzer. Voir en particulier son introduction à "Poison perdu" (789-93).

[8] En effet, Verlaine qui était à Stickney écrivit le 1er mai 1875 à Ernest Delahaye: "Si je tiens à avoir des détails sur Nouveau, voilà pourquoi. Rimbaud m'ayant prié d'envoyer pour être imprimés des "poèmes en prose" siens, que j'avais; à ce même Nouveau, alors à Bruxelles (je parle d'il y a deux mois), j'ai envoyé (2 fr. 75 de port!!!) illico, et tout naturellement ai accompagné l'envoi d'une lettre polie, à laquelle il fut répondu non moins poliment; de sorte que nous étions en correspondance assez suivie lorsque je quittai Londres pour ici" (822).

ceci est probablement dû à l'influence de Nouveau [9]. Enfin il n'est pas difficile de trouver des analogies entre les *Illuminations* et les *Notes parisiennes* de Germain Nouveau, bien que ces dernières soient évidemment d'une valeur littéraire inférieure aux poèmes en prose de Rimbaud [10]. Ces quelques remarques, si elles ne prouvent rien, montrent du moins que la participation de Nouveau aux *Illuminations* aurait bien pu être supérieure à celle d'un simple secrétaire. Ceci n'est naturellement qu'une supposition. La "conjonction exceptionnelle" Rimbaud-Nouveau, dont nous parle André Breton, n'est pas la simple influence de L'Époux Infernal sur le futur Humilis; nous y verrions plutôt un heureux pacte poétique et spirituel qui n'est peut-être pas étranger au mystère des *Illuminations*.

En juin Nouveau rentre à Paris [11]. Il quitte donc Rimbaud qu'il ne verra plus, mais au sujet duquel il écrira plus tard le sonnet "À J.-A. R...." Après son retour, Nouveau se lie avec Mallarmé à qui il écrit le 23 septembre en lui adressant les deux sonnets "Au Pays" et "Janvier". Ainsi se termine 1874 pour Nouveau, année de grandes rencontres et période productive. En effet il écrit aussi deux textes en prose: *La Sourieuse* et, comme nous venons de l'indiquer, les *Notes parisiennes*. Quant aux poèmes, on en compte au moins huit, et des meilleurs: "Rêve claustral", "Au Pays", "Janvier", "Mon Cœur stupide", "Les Hôtesses", "Saintes Femmes", "Autour de la jeune église" et "Ciels".

"Au Pays", per exemple, est un sonnet dont chaque vers a six syllabes et la rime y est toujours féminine. Le poème rappelle

---

[9] Il écrit en effet à ce sujet: "Il est vraisemblable que l'influence de Germain Nouveau — peintre, comme on sait — n'a pas été étrangère à cette inspiration.... C'est ainsi que les *Illuminations* révèlent chez Rimbaud, en 1874, des préoccupations que jusqu'alors il n'avait jamais eues. On ne peut affirmer avec certitude que ces préoccupations soient dues à l'heureuse influence de Germain Nouveau, mais cela paraît pourtant assez probable" (*Rimbaud et le problème des Illuminations* [Paris: Mercure de France, 1949], pp. 216-22).

[10] On se souvient que Paul Éluard les avait qualifiées de "Illuminations frivoles" (*Choix de poèmes français (1818-1918)* [Paris: Sagittaire, 1947]).

[11] Encore une date difficile à établir. Marcel Ruff dans son étude, *Rimbaud* (Paris: Hatier, 1968), indique mai-juin comme période du retour de Nouveau à Paris (p. 194). Toutes les autres sources semblent indiquer juin comme la date du retour en question.

vaguement l'atmosphère campagnarde de la sixième des *Ariettes oubliées* publiées dans *Romances sans paroles,* alors que Nouveau compose aussi "Janvier" [12]. D'autre part les vers suivants:

> Dérubannez, ô notes,
> Les mazurkas menées
> Autour des foins en bottes;
> .... (372)

évoquent un peu le texte "Vagabonds" des *Illuminations*: "Je créais, par-delà la campagne traversée par des bandes de musique rare, les fantômes du futur luxe nocturne" [13]. Comme on le voit, ceci n'enlève rien à l'originalité de Nouveau. "Janvier" est un sonnet également composé de rimes féminines, d'ailleurs pas très régulières. En lisant "Janvier", le poème de Rimbaud qui vient automatiquement à l'esprit est "Les Étrennes des orphelines", mais d'autres influences ont également été signalées [14]. Quant à nous, nous verrions plutôt l'esprit des *Illuminations* dans ce poème. "Le palais d'Hiver" de "Janvier" ressemble au "Splendide-Hôtel" qui "fut bâti dans le chaos des glaces" tel que nous le trouvons dans "Après le Déluge" [15]. Aussi "la servante" que Nouveau qualifie de "petite Idole noire" est déjà présente dans "Enfance" [16]. L'impor-

---

[12] Les deux sonnets en question figurent au verso d'une lettre adressée à Mallarmé le 23 septembre 1874. Nouveau écrit: "Ci-joint deux sonnets qui ne sont pas bien méchants" (819). *Romances sans paroles* parut en 1874 (Verlaine, Op. cit., p. 194).

[13] Il se peut que "Vagabonds" soit la version que Rimbaud veuille nous donner du séjour londonien avec Nouveau, car Rimbaud continue: "J'avais en effet, en toute sincérité d'esprit, pris l'engagement de le rendre à son état primitif de fils du Soleil" (Rimbaud, Op. cit., p. 137). "Bandes de musique" pourrait être un anglicisme, mais dans "Veillées II" Rimbaud utilise l'expression "bandes atmosphériques" (Op. cit., p. 139).

[14] C'est ainsi que très justement G. Spackey signale: "The dreaming servant in the wintry palace suggests Hérodiade's nurse. The pictorial contrast of her blackness in the all-white room was meant to please Mallarmé particularly, too. The black woman of *Les Fleurs du mal*, Rimbaud's "fée africaine" in "Jeune ménage", Mallarmé's own poem "Une négresse par le démon secouée" and paintings such as Manet's "Olympia" and Cézanne's "Une Olympe moderne", first shown in 1874, shows a general interest in this kind of motif" (SPA 59). Comme nous l'avons déjà montré Nouveau est sensible aux thèmes de son temps, ce qui n'est après tout que normal.

[15] Rimbaud, Op. cit., p. 121.

[16] "Cette idole, yeux noirs", Ibid., p. 122.

tance du rire des enfants se retrouve dans "Matinée d'ivresse" [17].
"Mon cœur stupide..." (372-73) contient un quatrain qui réunit un certain nombre de techniques rimbaldiennes. On y trouve en effet des majuscules personnifiantes, d'abondantes allitérations, l'utilisation des participes présents ainsi que la thématique yeux/sourire/miroir :

> Vous m'aimâtes, ainsi qu'une Mère jalouse,
> Portant le baume pur à mon mal remuant ;
> Mais quand j'ai regardé vos yeux, j'ai vu l'Épouse
> Qui souriait, dans leur miroir insinuant. (373)

Mais c'est l'influence de Mallarmé qui domine le dernier quatrain. Nouveau semble ainsi suivre celui qu'il nomma "Mon premier Dieu" et cultive la rareté syntaxique :

> Votre sein m'a bercé comme un héros indigne,
> Et depuis l'heure au ciel qui m'a fait vous aimant,
> Un Désir solitaire et pâle comme un cygne
> Sur un fleuve en moi nage avec enchantement. (373)

Il est peut-être utile de remarquer que le noir domine les poèmes qui remontent à cette première rencontre avec Rimbaud.

Il y a tout d'abord "la jolie Abyssinienne" de "Janvier" qui est qualifiée de "petite Idole noire" (372) qui "se dresse étrangement sur la Saison d'ivoire". Cette divinité noire domine donc la plaine blanche. Sous cet aspect charmant se cache l'empire du mal, car l'autre fille, celle aux "cheveux d'ambre", ne fait que "dévorer les joujoux monstrueux que la nuit fit éclore". En un mot, avec plus de délicatesse "Janvier" fait cependant écho aux "Femmes damnées" de Baudelaire. D'autre part il y a "le Dieu noir" de "Ciels" (379), celui-là même qui a fait tomber Pasiphaé au niveau des vaches. Il est aussi question dans ces poèmes de "sang noir" (376) ainsi que de "noirs baisers" (379). En somme toutes les formes d'unions charnelles, qu'elles soient considérées comme anormales ("Ciels", "Janvier", "Mendiants") ou excusables ("Rêve claustral", "Les Hôtesses", "Saintes Femmes") ou encore symboliques ("Autour de la jeune Église"), sont teintées de noir

---

[17] Ibid., pp. 130-31.

et associées à un régime nocturne. Remontant ainsi aux traditions juives du *Talmud*, on se souvient que la nuit, donc le noir, symbolise cette union entre l'amour et la mort après la faute originelle puisqu'Adam et Ève voient "avec terreur la nuit couvrir l'horizon et l'horreur de la mort envahir les cœurs tremblants" [18].

Dans le cadre de cette étude on se gardera cependant de conclure que Nouveau vit tout d'abord sa relation avec Rimbaud comme une expérience noire.

* * *

Déjà en 1874, Germain Nouveau avait acquis l'estime d'autres jeunes poètes. C'est, par exemple, de cette année que date le poème de Maurice Bouchor "À Germain Nouveau". Le texte fait partie des *Chansons joyeuses* qui viennent de paraître chez Charpentier [19]. On peut considérer le poème de Bouchor comme une gentillesse car on trouve dans le recueil en question aussi des pièces dédicacées à Richepin, Bourget, Ponchon et Forain. Les critiques n'ont vu dans cette question qu'un détail, qu'une précision utile à l'histoire littéraire [20]. Voici le poème de Maurice Bouchor :

> À Germain Nouveau
> Parmi les poètes nouveaux,
> Mon Germain Nouveau, tu te lèves
> Et la religion des rêves
> Te compte parmi ses dévots.

---

[18] Talmud, *Sentences et proverbes du Midrasch* (Paris: Imprimerie Nationale, 1878). Avora Sara, fol. 8a.

[19] Les auteurs du *Dossier Germain Nouveau* affirment au sujet de l'ouvrage suivant :

> Cte Léonce de Larmandie, *Du Faubourg Saint-Germain en l'an de grâce 1889* (Paris: E. Dentu, S.D., [1890]). "C'est ici qu'apparaît pour la première fois le nom de Nouveau dans un livre" (DGN 11).

Il s'agit sans doute d'une erreur d'inattention puisque "À Germain Nouveau", le poème de Bouchor publié dans *Les Chansons joyeuses* (1874), est reproduit dans le dossier.

[20] C'est, par exemple, le cas de G. Spackey qui déclare: "He insists upon the "Fêtes galantes" atmosphere of Nouveau's own poetry, with its moonlight, forest glades and precious scents, and in the midst of all this, "Ton nom fleuri comme tes vers!" (SPA 12).

Car tu crois encore aux féeries
Du clair de lune et des forêts,
Et tu vois danser dans l'air frais
Cent mille fantasmagories.

Jamais ton cœur ne renia
Les divinités de Shakespeare,
Et tu mourrais pour un sourire
De la blonde Titania.

Tu comprends, et ton nom le prouve,
Tout le fantasque renouveau;
Les vers éclos dans ton cerveau,
L'aile d'or d'un rêve les couve.

Le ciel de ton lit est un dais
D'arbres où perce la lumière,
Et n'es-tu pas, Germain, mon frère,
Cousin germain des farfadets?

Tu t'es fait comme un sanctuaire
Pour y reposer ton ennui,
Et tu vois les Belles-de-nuit
Chaque soir s'ouvrir pour te plaire.

Le clair de lune est ton ami,
Et sa fine poussière blanche
Vient parfois saupoudrer la branche
Où perche ton rêve endormi.

Les sonnets, les strophes exquises
Pleines de parfums précieux
À ton gré croissent en tous lieux
Pour embaumer les folles brises;

Et parmi ces poèmes verts
Où le clair de lune frissonne,
Harmonieusement résonne
Ton nom fleuri comme tes vers! (1273)[21]

Ce poème simple et charmant cache sous sa légèreté les tendances religieuses de Nouveau, que Bouchor a déjà entrevues.

---

[21] Dans l'édition originale (pp. 274-76) le titre du poème est "À Germain Nouveau: poète".

Relevons ainsi les expressions: "la religion des rêves", "tu crois encore aux féeries", "jamais ton cœur ne renia / Les divinités de Shakespeare" et "tu t'es fait comme un sanctuaire / pour y reposer ton ennui". Pourquoi tout ce vocabulaire religieux sous la plume du jeune Bouchor qui était, chez les Vivants, sujet à l'influence de l'athéisme convaincu de Richepin? Bouchor se moque-t-il gentiment de son jeune ami provençal? Cela pourrait être une coïncidence. Mais il s'agit bien ici du Nouveau qui sans doute partagea des heures avec Rimbaud dans les églises protestantes de Londres[22]. Même avant la grande rencontre avec 'L'Homme aux semelles de vent' Nouveau avait écrit dans "Fantaisies parisiennes" (poème des plus mondains):

> Ou bien encore, dans un lieu
> Triste et nu, sans lampe ni feu,
> Où la faim tend les bras vers Dieu,
>
> Porter le seul pain qu'on y mange?
> Car, on le sait, cet être étrange,
> S'il n'est un démon est un ange. (362)

Coïncidence? L'écho pascalien de ces vers montre, comme les indications qui précèdent, un être conscient de sa propre légèreté, un être dont l'angoisse nous est familière depuis la lecture du "Sonnet" de l'*Album zutique*. Si ces années parisiennes sont libertines, n'oublions pas que, comme l'avait indiqué Baudelaire, il existe une "conscience dans le mal" qui est loin d'être de la folie. Abordons donc cette année 1875 sans exagérer l'importance du rôle joué par Verlaine dans cette première conversion de Nouveau.

Cette année de 1875 est très mouvementée pour le jeune Provençal. Ainsi, bien que l'on dispose d'une documentation suffisante, il est difficile d'établir avec précision l'itinéraire et l'em-

---

[22] En effet V. P. Underwood nous rappelle ce penchant de Rimbaud signalé par Vitalie: "Le dimanche suivant, les Rimbaud assistent à un service protestant qui, à la pauvre Vitalie, semble durer "deux à trois heures". On dirait chez Arthur un emballement. Il paraît même ignorer où sont les églises catholiques: ce n'est que le soir du second dimanche, quatorze jours après que sa mère et sa sœur débarquent à Londres, qu'il en trouve une où il arrive en retard" ("Rimbaud et l'Angleterre", *Revue de Littérature Comparée*, 29e année, No. 1 [janvier-mars 1955], p. 17).

ploi du temps de cette période. Le 17 avril il écrit de Londres à Jean Richepin au sujet de ses activités récentes: "J'ai passé trois mois dans de perpétueux voyages" (820). Il vient de parcourir le nord de la France, les Ardennes et la Belgique où il rencontre un Russe qui lui achète ses poèmes. Selon Léon Vérane, le Russe aurait été amoureux d'une actrice qui cessa de le traiter avec indifférence grâce aux sonnets composés par Nouveau (VER 62-67). Mais sa correspondance avec Richepin (820-22) montre pourtant que le futur Humilis partage son temps entre ce genre d'activités frivoles et sa formation artistique. En effet, bien qu'il affirme: "j'étais fait, je crois, pour l'asphalte du café de Madrid" (821), il nous révèle qu'il copie des tableaux dans les musées qu'il visite, tout en tâchant d'apprendre l'anglais et l'italien. Ses projets littéraires sont également nombreux et ambitieux: un premier volume de vers (comprenant "Odyssée enfantine", "Saintes Femmes", "Les Villes", "Dévotes", etc.), un second intitulé *Station* (poème en alexandrins ayant déjà quelques centaines de vers) et une histoire humoristique: *Les Amants féeriques*. De tous ces textes, seul "Saintes Femmes" nous est parvenu et les sonnets écrits pour le Russe semblent introuvables.

"Saintes Femmes" est un poème important qui se rattache au cycle noir des poèmes de 1874 et qui annonce déjà "Mendiant", le dernier des poèmes de jeunesse. La jupe de la première des "Saintes Femmes", est "épandue en mare de sang noir" (376). Cela suffirait à souligner l'aspect sombre et malheureux de la maternité dans ces poèmes où la femme porte le poids de son sang. Mais l'acte amoureux est lui-même présenté comme un crime:

> Pour atteindre aux baisers graves de votre bouche,
> Il nous plaît de braver, dans votre embrassement,
> Jusques à toi, Baiser déchirant, et toi couche
> Où le sang violé s'éperle obscurément. (377)

Dans ce sang noir, impur et lourd réside le désir sexuel "fouetté d'une crainte immortelle" (379).

Cette intimité avec la souffrance de la femme, Nouveau nous la révèle grâce au symbole du sang. Comme Baudelaire, il va plus loin que Poe et insiste sur le fait que depuis le péché originel, l'union de l'homme et de la femme est une malédiction qui à la limite impliquerait même une haine maternelle à l'état latent:

> Que dans votre miroir, Mères, Èves maudites,
> Votre ombre frêle et pâle encore du danger
> Vous fait prendre en horreur nos enfances, proscrites
> D'un geste, et s'effarant d'un sourire étranger;
>
> Tandis que vous traînez, mornes vos cicatrices,
> Dieu nous voit blancs d'un lait revomi par ruisseaux,
> L'âme et le front navrés du baiser des nourrices,
> Miaulant au roulis d'impassibles berceaux. (375)

Mais au fond l'image de la mère n'est ici qu'une composante secondaire. L'amertume du poète est, en effet, tournée vers le conflit impitoyable que la femme livre à l'homme du berceau à la tombe. Il faudra attendre *La Doctrine de l'Amour* puis l'*Ave Maris Stella* pour voir comment le poète, grâce à une image à la fois plus pure et plus tendre de la féminité, finira par dépasser le malheur de cette force animale, symbolisée ici par le sang. Enfin, dans "Saintes Femmes" il conclut qu'au-delà de l'érotisme et de la mort il y a un véritable amour désintéressé qui constitue l'unique solution au problème de l'angoisse temporelle:

> Après tout, nous ferons des morts saintes, cilice
> Sous l'épaule, allongeant nos deux mains sur le drap,
> Quand nous avalerons l'hostie avec délice,
> Notre amour pour un Autre alors s'élargira;
>
> Car nous croyons à tes beautés spirituelles,
> Ô Jésus, et que seul tu donnes sans rancœurs
> Le dernier mot des sens aux Immatérielles,
> Toi l'Éternel, toi le plus riche Amant des Cœurs! (378)

L'ironie, si ironie il y a, ne fait ici qu'accentuer les tendances spirituelles de Nouveau; car en réalité il la nomme lui-même mais en la dirigeant, à la fin de "Mendiants", non pas vers Dieu mais contre l'amour humain faisant face à la séparation: "Il ne devait rester qu'une ironie immonde" (380). Ces poèmes où se fait sentir d'une manière directe l'influence de Rimbaud marquent une étape dans l'évolution de Nouveau. Le poète finit, en effet, par constater que dans la recherche de l'intimité, la méthode érotique est vouée à l'échec. S'il s'agissait de Baudelaire, on pourrait considérer cette conclusion comme définitive. Mais chez Nouveau la force érotique exprime avant tout une énergie plus générale qui le lancera plus tard vers le chemin de la sainteté.

Une autre affaire importante se déroule pendant les premiers mois de l'année: le poète reçoit de Verlaine, qu'il ne connaît probablement pas encore d'une manière personnelle, le manuscrit des *Illuminations*. Ainsi, comme nous l'avons déjà indiqué, Arthur Rimbaud pense charger Germain Nouveau de la publication de son chef-d'œuvre. En toute vraisemblance, P. O. Walzer place cet événement vers le 1er mars (309). Dans une lettre à Ernest Delahaye datée du 1er mai, Verlaine déclare avoir envoyé le manuscrit "il y a deux mois" (822) à Bruxelles. Le recueil aurait donc été expédié de Stuttgart en février[23]. On se demande alors pourquoi, dans la lettre du 17 avril 1875 à Richepin, Nouveau ne parle pas du manuscrit des *Illuminations*. Il n'est pas question non plus de ce document dans la correspondance de Rimbaud pendant l'année 1875. Que penser alors du commentaire de M. Pakenham:

> Surtout le geste de Verlaine consistant à envoyer à Nouveau un manuscrit important de Rimbaud — lui qui attachait tant de prix au moindre écrit de son ancien compagnon d'enfer — devient plus plausible si l'on admet que Nouveau n'était pas un inconnu pour lui[24].

Quoi qu'il en soit, ces premières rencontres soulignant la méfiance de Verlaine et la confiance de Rimbaud envers Nouveau, sont liées au mystère du fameux manuscrit. C'est Nouveau qui joue *au moins* le rôle de secrétaire pendant la composition du chef-d'œuvre, c'est à Nouveau que l'on pense pour la publication. Le manuscrit des *Illuminations* est également le catalyseur qui permet le début du rapport Nouveau-Verlaine. Aussi, avant de parler de l'influence poétique verlainienne, rappelons que Nouveau vient d'écrire en janvier "Mendiants", poème dont la beauté et la complexité symbolique seraient, comme nous venons de le voir, digne de Rimbaud:

> Dédoublement sans fin d'un typique fantôme,
> Que l'or de ta prunelle était peuplé de rois!

---

[23] Cf. Verlaine, *Œuvres poétiques complètes* (Gallimard, 1962). Il s'agit de l'édition établie par Y.-G. Le Dantec et revisée par Jacques Borel. Dans "Chronologie", p. XXIX.

[24] "Les Débuts parisiens de Germain Nouveau", dans CGN, p. 17.

> Est-ce moi qui riais à travers ce royaume?
> Je tenais la martyre, ayant ses bras en croix. (380)

Voyance, multiplication des images; nous sommes très près du Rimbaud de "Mémoire". Dans ce rapport il faut donc voir les deux sens: Nouveau, médiateur de Rimbaud, inaccessible à Verlaine et Verlaine, maître de musique, mais non maître à penser de Nouveau.

Au mois de mai un grand poète connu de Verlaine et Nouveau est à Londres. Stéphane Mallarmé visite les éditeurs pour leur montrer sa traduction du *Corbeau* de Poe illustrée par Manet.[25] L'auteur du *Coup de dés* réussit là où Verlaine a échoué: il fait la connaissance de Swinburne et de John Payne. La rencontre de Verlaine et Nouveau qui a lieu entre le 15 et le 20 mai semble ainsi être la mise en présence de deux solitudes littéraires. V. P. Underwood montre que Verlaine avait un grand désir de voir celui qui avait toute la confiance de Rimbaud: "avant le 7 mai 'pas des voies impossibles' Verlaine et Nouveau se découvrent"[26] Ils se rencontrent enfin à la gare King's Cross car Verlaine a fait le voyage de Stickney pour venir voir Nouveau. Dans une dédicace, depuis devenue célèbre, "La Vierge folle" consignera l'événement:

> Ce fut à Londres, *ville où l'Anglaise domine,*
> Que nous nous sommes vus pour la première fois
> Et, dans King's Cross mêlant ferrailles, pas et voix,
> Reconnus dès l'abord sur notre bonne mine.
>
> Puis, la soif nous creusant à fond comme une mine,
> De nous précipiter, dès libres des convois,
> Vers des bars attractifs comme les vieilles fois
> Où de longues misses plus blanches que l'hermine
>
> *Font couler l'ale et le bitter dans l'étain clair*
> *Et le cristal chanteur et léger comme l'air*
> — Et de boire sans soif à l'amitié future!

---

[25] V. P. Underwood, *Verlaine et l'Angleterre* (Paris: Nizet, 1956), pp. 271-72. C'est la date donnée par P. O. Walzer (309). Underwood apporte des preuves qui confirment cette date. Y.-G. Le Dantec et Jacques Borel (Op. cit., p. XXIX) placent cette rencontre en "juin-juillet". L'été de 1875 Germain le passe à Pourrières! Cf. la lettre à Jean Richepin (825-28). Il s'agirait d'une erreur.

[26] Op. cit., p. 270.

> Notre toast a tenu sa promesse. Voici
> Que, vieillis quelque peu depuis cette aventure,
> Nous n'avons ni le cœur ni le coude transi! [27]

En général les critiques se contentent de mentionner l'existence de cette pièce, cependant quelques remarques à son sujet s'imposent. Tout d'abord, il n'est point question de religion dans ce poème qui fut publié dans *Le Chat noir* le 24 août 1889. Le sonnet est pour le moins ambigu: "Reconnus dès l'abord sur notre bonne mine" semble s'opposer à "Que nous nous sommes vus pour la première fois". Aussi il y a passage d'un état dominé par le désir ("Puis la soif nous creusant à fond comme une mine") à un état opposé ("—Et de boire sans soif à l'amitié future!"). Il faut ajouter à cela "Vers des bars attractifs comme les vieilles fois" qui augmente les doutes du lecteur. Le texte du sonnet aurait donc tendance à prouver un certain nombre de choses: il n'est pas certain que la rencontre de King's Cross fut la première, la question de l'influence religieuse de Verlaine semble être exclue et enfin les sentiments de ce dernier peuvent sembler assez équivoques. En effet, s'ils burent "sans soif", ce fut très probablement avec l'argent de Nouveau. Malgré ses finances précaires, Verlaine avait fait la dépense du voyage (13 shillings 3 pence, soit 16 Fr. or) [28]. Nouveau, lui, n'avait pas encore épuisé son héritage. Il faut aussi se souvenir des autres poèmes que Verlaine dédiera à Nouveau: "Kaléidoscope", "Intérieur" (pas dans *Jadis*, car il y aurait eu deux poèmes dédiés à Nouveau dans le même ouvrage) et "Un Crucifix". Les différents tons de ces textes incitent à la prudence en ce qui concerne la sincérité de Verlaine, ce dernier n'étant pas avare de dédicaces.

Le premier document qui nous renseigne sur l'état d'esprit de Nouveau après sa rencontre avec Verlaine est une lettre du 26 mai 1875 que le jeune Provençal écrit de Paris. Cette lettre prouverait qu'après avoir rencontré Verlaine, Nouveau ne serait resté en Angleterre que deux semaines au maximum. On peut donc sup-

---

[27] Verlaine, *Œuvres poétiques complètes*, pp. 563-64. Nous avons souligné les expressions qui imitent le style de Nouveau selon ce que nous dit Ernest Delahaye dans son introduction aux *Valentines et autres vers* (Paris: Albert Messein, 1922), pp. 15-16.

[28] V. P. Underwood, Op. cit., p. 271.

poser que "le petit pensionnat de la campagne anglaise" (824) dont il est question dans la lettre à Alexandre Silvy se trouve dans le Lincolnshire, car la correspondance qu'échangent les deux poètes à partir de mai 1875 indique plus qu'une simple amitié littéraire. F. R. Smith soutient, avec beaucoup de bon sens, que le pensionnat en question n'est pas celui où Verlaine enseignait [29]. Cependant, ce qu'il y a de plus remarquable c'est le ton de la lettre: elle aurait pu être écrite après 1891. Ceci aurait déjà tendance à prouver que les sentiments religieux et mystiques de Nouveau ne se sont pas révélés comme une fantaisie au lendemain de la crise de 1891; bien au contraire, dès 1875 ils se présentent d'une manière très claire:

> Quelles misères! mais que de changement, et que bien meilleure sera la vie qui va suivre!... —Deux ans, presque trois d'absence! Je me demande s'il n'était pas coupable de négliger ainsi ma sœur, mes parents.... Tous les reproches qu'on pourrait me faire n'égaleraient pas ceux que je m'adresse moi-même. Que mes tantes se réjouissent: j'ai passé chrétiennement mon dernier dimanche à Londres.... Pardon et pardon. (825)

Ainsi, si la conversion de l'auteur de *Sagesse* date d'avant sa rencontre avec Nouveau, ce dernier travaillait déjà depuis un certain temps au recueil *Stations*, probablement un ensemble de poèmes mystiques, aujourd'hui perdu. Il est difficile alors de dire lequel des deux poètes influença l'autre.

Nouveau passe les vacances d'été à Pourrières où il travaille à un long poème "Nanie à sept ans" qui, selon Jean Richepin, commence à être teinté d'un mysticisme croissant [30]. Cependant, bien que le jeune poète sente déjà l'appel de la sainteté, il continue sa vie libertine. Le 17 août, par exemple, il écrit à Verlaine: "J'arrivai avant-hier de Marseille, et tombé en pleine *fête de Pays*; je commence à peine à être capable de tenir une plume!" (828).

---

[29] F. R. Smith déclare: "It seems that the '*pensionnat*' in which he spent two days would not however have been the one where Verlaine was employed, since Nouveau gives the name of his employer as M. Powe. Verlaine did not mention such a name and none is listed among the headmasters for this period" (SMI 151).

[30] Jean Richepin, dans DGN, pp. 35-36.

En octobre il est surveillant d'internat à Charleville. Il n'y restera qu'un mois et Delahaye, dans une lettre à Verlaine en 1877 décrit le fameux épisode du "Punch chez Barbadaux":

> Un ancien élève de Barbadaux où le jeune homme a pionné, comme tu sais, pendant un mois, m'a parlé de lui. C'était paraît-il dans ses temps d'erreurs, à l'époque où il imitait le trop glorieux Modèle, à grand renfort d'extravagances et d'absinthes à la Musset. Il y a particulièrement une histoire de punch épatante, dans un pot de chambre, en compagnie des madrés de la pension qui a dû empêcher l'Autre de dormir s'il l'a connue [31].

De retour à Paris il fréquente le salon de Nina de Villard. Il songe aussi à remplacer Verlaine en Angleterre:

> Pas de commentaires de ma part; car vous sachant si chargé, je me demande (à part moi) si vous n'avez pas raison en ce Boston. Et même laissez-le faire jour à vos yeux d'*une velléité de prendre votre rôle auprès d'Andrews qui calte*, si décidez de vous fixer à Boston. (834)

Ce ne sera pourtant là qu'un projet car d'autres activités l'attendent. Il collabore avec Charles Cros et Nina au *Mine Bleu*, fréquente les dîners du Bon-Bock, le Sherry Gobbler avec Goudeau, Rollinat, Bourget, Valade et les futurs Hydropathes. À notre connaissance aucune pièce de Nouveau n'est publiée en 1875. Cependant la production de l'année est loin d'être négligeable: "Mendiants", "Très-Meschante Ballade", "Ballade de Mauvaise Nouvelle", "La Fête chez Toto", "Dompteuse", "À madame Nina de Villard" et les pièces dont il est question dans la correspondance du poète, que nous avons déjà mentionnées et qui sont malheureusement perdues.

"La Fête chez Toto", nous permet de nous interroger, encore une fois au sujet de l'image de la femme chez le jeune Nouveau. Le désir du poète de la connaître aux niveaux les plus intimes finit parfois par exaspérer ce dernier qui révèle alors sa misogynie quasi-baudelairienne:

---

[31] Jean-Marie Carré, *Autour de Verlaine et Rimbaud* (Paris: Université de Paris, 1949), p. 67. Un dessin de Delahaye illustre la scène.

> Et les femmes seront des anges bien en chair,
> Nourris de moelles de boxeurs et de cervelles
> D'acrobates, disant des bêtises entre elles. (384)

Mais examinons cette image au-delà de son sens immédiat. Nouveau a l'air de dire que les femmes de "La Fête chez Toto", malgré leur aspect mystifiant, ne sont que des êtres féroces, durs et pas trop éclairés. Cela semble à première vue assez méchant. Mais il faut se rendre compte que dans le reste du poème il n'y a pas un personnage qui soit à l'abri de la plume sarcastique de Nouveau. D'autre part l'ironie du poète n'est pas évidente: n'oublions pas que c'est à "Toto" qu'appartient la vision des beautés de sa fête à venir.

Enfin, au-delà de la légèreté de ces vers se fait entendre la voix de Pascal: "L'homme n'est ni ange ni bête, et le malheur veut que qui veut faire l'ange fait la bête" (*Pensées* 678-358). Ainsi "les anges bien en chair" qui disent des bêtises entre eux, nous renvoient non pas à une condition féminine mais à une réalité simplement humaine. En fait le boxeur représente la dynamique de la violence, tandis que l'acrobate est un symbole d'exhibitionnisme. Ce sont là des rêves plutôt masculins, mais Nouveau pense sans doute qu'à un niveau subliminal, et, non moins cruel, ces désirs de dominer l'autre peuvent facilement s'observer dans les salons.

* * *

En 1876 Nouveau a 25 ans. Il a fait les rencontres les plus remarquables de sa vie et, parmi ses écrits, il y a déjà des poèmes grâce auxquels il trouvera une petite place dans la littérature à côté de Verlaine et Rimbaud.

Le 4 janvier il écrit à Verlaine qu'il ne peut le rejoindre à Boston où le jeune Provençal aurait pu décorer la chapelle d'un ami de l'auteur de *Sagesse:* le père Sabela (836-37). La lettre à Verlaine contient deux poèmes ("Coppée" et "L'Âme indifférente") et montre également que Nouveau n'est pas encore entièrement retombé dans les mondanités parisiennes: "Ô que vous avez raison de me conseiller modérations et pas des enthousiasmes. Que Paris soit dangereux..." (837). Le 27 janvier il semble penser sérieusement à la décoration de la chapelle du père Sabela: "Néanmoins, enchanté suis-je des détails que vous me donnez, et de savoir quelqu'un s'occupant de peinture là-bas, car je compte me livrer énormément à cette récréation une fois installé" (837-38). À vingt-cinq ans Nouveau songe déjà à se retirer du monde : soit remplacer Verlaine à Stickney, soit aller avec ce dernier à Boston comme peintre décorateur. Ce désir, cette recherche d'une vie calme et équilibrée est donc chez le poète une préoccupation constante. Pourtant ces projets de retraite précoce ne semblent pas réussir, surtout à cause du manque d'argent. Nouveau va donc être entraîné encore une fois dans le tourbillon de la vie parisienne. Il semble qu'il ait collaboré comme journaliste au *Corsaire* et peut-être à quelques autres journaux. Il participe avec ses amis du Salon de Nina aux *Dixains réalistes,* une collection de poèmes parodiques dirigée contre les juges du troisième Parnasse qui avaient refusé les œuvres de Charles Cros, Mallarmé et Verlaine :

> Les *DIXAINS RÉALISTES par divers auteurs*... Cinquante dixains étaient offerts au public par neuf poètes: Nina de Villard, Auguste de Châtillon, Antoine Cros, Charles Cros, Hector L'Estraz (Gustave Rivet), Charles Frémine, Jean Richepin, Maurice Rollinat, et Germain Nouveau.
> Les dizains de ce dernier sont au nombre de neuf: ils portent les numéros XVIII, XIX, XX, XXI, XXV, XXXII, XL, XLI, XLVIII [32].

C'est grâce à la parodie des *Dixains réalistes* que Nouveau fait preuve d'une connaissance intime de son siècle. Le septième dixain qui porte le numéro XL est une mise au point du poète sur l'époque d'avant-guerre (celle de 1870) qui a précédé sa montée à Paris :

> On s'aimait, comme dans les romans sans nuage,
> à BOBINO, du temps de "Plaisirs au Village".
> Orphée alors chantait des blagues sur son luth;
> c'était l'époque où Chose inventait le mot: "Zut!"
> où les lundis étaient tués par Sainte-Beuve.
> Les Parnassiens charmés rêvaient la rime neuve;

---

[32] Louis Forestier, "Germain Nouveau et *Les Dixains réalistes*", dans CGN, p. 69. Cet article est une brillante analyse des dixains de Germain Nouveau.

et cousin Pierre était encore au régiment.
Sans prévoir de sa part le moindre embêtement,
l'Empereux, au Français, s'invitait chez Molière.
Haussmann songeait: Faudra raser la Pépinière! (422)

Il y a tout d'abord dans ce poème un certain nombre d'allusions à des faits précis que Nouveau semble évoquer d'une manière méprisante. Bobino était un théâtre de vaudeville qui disparut du Luxembourg en 1868. L'allusion à *Orphée aux Enfers* d'Offenbach contient le mot "blagues". Quant à Sainte-Beuve et ses *Causeries du lundi* (1851-1862), ils sont plutôt présentés comme ennuyeux. Les Parnassiens semblent avoir la même importance que le "cousin Pierre qui était encore au régiment". L'Empereur n'est qu'un "Empereux" et allusion est faite au décret de 1865 qui permit à Haussmann de raser la Pépinière du Luxembourg. De plus, cette époque était pour le poète ridiculement naïve, au point que les gens pensaient s'aimer "comme dans les romans sans nuages". Ce "dixain réaliste" se veut tel, en soulignant le manque de réalisme dans le passé immédiat. Mais à toute cette médiocrité s'oppose la voix solitaire du futur.

C'était l'époque où Chose inventait le mot "Zut!" Chose, c'est, bien entendu, Rimbaud. C'est donc ce dernier et ses Zutistes qui vont lancer la Renaissance qui effacera le Moyen-Âge parnassien et bourgeois. Ce dixain semble donc le plus fidèle à l'idée qui avait été à l'origine du recueil. Nouveau y fait également preuve d'une remarquable lucidité en comprenant l'importance de Rimbaud qui en 1876 n'est autre qu'un aventurier, mais qui ne tardera pas à être reconnu comme le père de la poésie moderne.

Mais la parodie n'est pas l'unique activité de Nouveau qui envoie une lettre et un poème ("Paysage nègre") à Verlaine le 4 août:

> Je passe les chaleurs que nous fuyions sur les terrasses odieuses à vos soifs, dans les bibliothèques maintenant, et me mets à des lectures à vous faire dresser les poils-du-cul sur la tête: Ossian, Pettrarque [sic], et gentil joli Monsieur Sarasin, qui est un bien agréable poète. (842)

Le 15 août il est de nouveau en Provence et le 17 octobre il est présent au mariage de sa sœur Laurence avec Eusèbe Manuel, notaire de profession. Il reste dans le Midi jusqu'à Pâques. Dans cette atmosphère paisible il s'occupe de mettre à jour de vieilles chansons populaires qu'il a l'intention de publier sous le titre *Chansons retrouvées* [33].

Il travaille aussi à d'autres poèmes dont certains nous sont parvenus. De cette période date la trilogie inspirée du pays natal: "À ma Sœur Laurence", "La Maison", et "Pourrières".

L'importance du feu lunaire se fait sentir dans ces poèmes de Nouveau. Ce thème, bien qu'inspiré de Watteau, s'articule ici selon la dialectique féminine que nous avons déjà entrevue dans ses premiers textes. Ce feu, cette lumière semble avoir un aspect bénéfique. La Province comme une sainte, une mère et une sœur est là pour rallumer le cœur du poète (392). C'est surtout dans "La Maison" que l'on peut admirer cette lueur blanche qui semble charmer Nouveau. Le poète commence par suivre "dans la nuit le rayon d'une étoile" (393). Cette étoile le conduit vers "le clair paysage" (393) de son enfance. Là il trouve la maison au "petit clair de lune" (393). Ensuite Nouveau voit le fauteuil de sa sœur: "Jonché d'histoire ancienne et de rayons fanés" (393). Après cette belle image il continue son voyage à travers "la nuit blanchissante" (393), tandis que la voix de sa sœur "semble attirer les étoiles" (393).

Le poète évoque ensuite la mort de Marie, l'autre petite sœur:

> Ses yeux où s'allumait une sévère fête
> S'agrandirent, ce fut effrayant de douceur,
> ...
> Et j'entendais frémir parmi l'appartement,
> Murmure d'or berçant son paisible délire,
> Les cordes de soleil d'une impalpable lyre. (395)

Il continue son voyage vers la lumière et la chaleur familiale. Il évoque ainsi la pureté ardente et pâle des femmes aimées:

---

[33] Mention est faite de ces détails dans une lettre de Nouveau à Richepin du 12 février 1877 (845-47).

> Qu'il fait bon sous vos pans, manteaux des cheminées !
> Que vous les ornez bien, ô Mères, Sœurs aimées,
> De vos traits que la flamme illumine en dessous !
> Que votre chasteté, qui neige autour de vous,
> Est un hiver céleste et tiède, ô mes colombes,
> .... (395)

Puis la pâleur des flammes laisse la place à un sentiment à la fois plus fort et plus profond.

C'est ainsi que Laurence devient de nouveau une figure de salut et le vocabulaire religieux indique, comme nous l'avons vu, qu'elle est dans l'esprit du poète l'image de la Sainte Vierge :

> Petite sœur, tu fus l'ardent et pur charbon
> Jeté dans le fragile encensoir de ma vie ;
> .... (396)

Le poète finit par reprendre l'image de l'étoile et par préciser que dans la nuit de sa vie il ne trouve refuge que dans l'amour de sa sœur, incarnation de l'idée de Marie mère de Dieu :

> C'est vers toi, sur la terre où l'on est las d'errer,
> C'est vers ton ciel qu'il faut chercher la bonne étoile :
> Elle luit à travers les candeurs de ton voile,
> Plus forte, entre le monde et toi, qu'un mur d'airain ;
> .... (396)

De retour à Paris il s'installe dans un petit atelier et semble songer de nouveau à la peinture. Une lettre du 27 avril montre que l'absence de Richepin dans la capitale attriste le jeune Provençal : "J'ai cherché partout ton panache d'aurore ! ... Ne m'oublie pas à ton retour à Paris" (847-48). Richepin s'était retiré à Guernesey et il n'est pas surprenant de voir Nouveau partir à sa rencontre. Cette vie campagnarde fut enfin partagée entre quatre amis : Bouchor, Ponchon, Richepin et Nouveau. La maison avait quatorze chambres que les jeunes poètes croyaient hantées. Ils jouissaient également de la compagnie d'un perroquet qui imitait le son des plumes qui raclaient le papier. Les amis se livraient à des jeux assez originaux :

> Lorsque nous étions ivres de travail nous descendions au jardin pour y prendre l'air, et notre jeu favori était de nous larder de flèches comme deux saints Sébastiens....

Nous avions une tour, haute comme un second étage, où chacun de nous montait lorsqu'il avait terminé un poème. L'autre se mettait en bas, dans le jardin, formant à lui seul l'auditoire de son ami, qui jetait au vent des strophes éperdues. De temps à autre, un paysan, dans quelque champ voisin, levait la tête avec inquiétude; et un veau beuglait de douleur en réponse à nos alexandrins [34].

En septembre 1877 on retrouve Nouveau chez Verlaine, à Arras. Le pauvre Lélian porte encore la cicatrice d'une blessure au front. Un élève lui avait lancé une pierre cachée dans une boule de neige lorsqu'il était encore professeur à Bournemouth. La vie à Arras chez la mère de l'auteur de *Sagesse* a été décrite d'une manière romancée (VER 88-98).

Il est cependant certain que les deux poètes visitent, pendant cette période, la maison de saint Benoît Labre à Amettes. Cette visite est très importante car après la crise de 1891 Nouveau imitera, aussi bien que possible, le style de vie du saint mendiant.

Il nous semble donc utile d'amorcer, dès maintenant, une comparaison entre la vie de saint Benoît Labre et celle de Germain Nouveau [35]. Évoquons donc brièvement l'itinéraire de celui que la tradition a nommé "Le Mendiant de Rome", tout en soulignant les ressemblances frappantes entre son chemin et celui d'Humilis.

Un peu plus d'un siècle avant Nouveau, naissait à Amettes Benoît-Joseph Labre, l'aîné de 15 enfants. Lorsqu'il eut douze ans son père l'envoya étudier auprès de son oncle, le curé d'Érin. Après que le choléra eut emporté l'oncle, le neveu décida d'entrer à la Trappe. Comme Nouveau, Benoît Labre tentera à plusieurs reprises d'entrer en religion, comme Nouveau on le jugera toujours inapte à la vie monacale.

En 1770 le Saint Mendiant entreprit un pèlerinage à Rome. Parcourant ensuite les routes d'Europe pendant six ans, il visitera tous les lieux saints et y fera pénitence. Nouveau, lui aussi, bravant

---

[34] Maurice Bouchor, "Souvenirs de jeunesse", *Les Annales politiques et littéraires* (14 octobre 1894), p. 244.

[35] Au sujet de saint Benoît Labre on consultera: L. Bracaloni, *Il Santo della strada: Benedetto Giuseppe Labre* (Rome, 1946); F. Gaquère, *Le Saint pauvre de Jésus-Christ: Benoît-Joseph Labre* (Avignon, 1954) et J. Mantenay, *St. Benoît Labre* (Paris, 1908).

le temps et les insultes de la société, se fera mendiant, surtout après 1891.

À partir de 1776 Benoît Labre élit domicile à Rome, passant ses nuits dans les ruines du Colisée et ses journées à prier dans les églises. C'est cette conduite qui fera de lui "Le Saint des Quarante Heures". Signalons que dans sa période romaine Nouveau imitera à la lettre la conduite de saint Benoît Labre.

Notons enfin que le saint et le poète moururent dans des conditions très semblables pendant la Semaine sainte: le premier en avril 1783, le deuxième en avril 1920. Proclamé Saint dès sa mort, Benoît-Joseph Labre fut canonisé en 1883 par le pape Léon XIII.

De retour à Paris le poète fait enfin la connaissance d'Ernest Delahaye. Le 7 novembre Nouveau écrit à Verlaine: "Vous rappelez-vous Hamettes [sic]?" (849). Il n'a naturellement pas oublié la visite au village du Saint qui deviendra son modèle. Cependant la vie continue: Nouveau écrit "La Chasse aux cygnes" (pastiche de Charles Monselet), participe au concours de l'Eldorado avec une chanson patriotique et continue de fréquenter le salon de Nina de Villard.

Dès le 2 janvier 1878 Nouveau est employé temporaire à la division de la comptabilité du ministère de l'Instruction publique. On ne doit pas s'étonner de voir le futur Humilis devenir poète-fonctionnaire. En effet il n'est pas le seul dans cette situation. On trouve parmi ses nouveaux collègues des hommes de lettres dont certains demeureront ses amis pendant longtemps: Léon Dierx, Henry Roujon, Fabre des Essarts, Camille de Sainte-Croix et Léonce de Larmandie. Ce dernier sera responsable de la publication de *La Doctrine de l'Amour* en 1904 et 1910. Malgré ces quelques amis, il faut reconnaître que la plupart des employés se tiennent à l'écart de Nouveau qu'ils considèrent comme un excentrique. Il faut croire que pour quitter sa demeure 34, rue des Boulangers, avec l'intention de s'installer dans un studio de Montmartre (cité Malesherbes), Nouveau eut besoin d'argent. Sans doute son salaire de 125 francs par mois ne permettait pas ce déménagement. Cela expliquerait peut-être pourquoi en février il prend une hypothèque de 1.000 francs sur ses biens sis à Pourrières.

Il est difficile de saisir l'état d'esprit de Nouveau en 1878. Certes il continue de fréquenter ses anciens amis, surtout Richepin et Ponchon, mais il y a dans les trois lettres qui nous sont parvenues de cette période un ton d'humilité, un *mea culpa* des plus accentués. Il s'excuse auprès de Verlaine, "Mon cher ami je suis 'une vache'!" (851) et "Recevez de mon notaire les 30 balles ces jours-ci. Pardon et merci encore une fois"[36]. Enfin c'est en 1878 que Nouveau envoie "Bouts de notes" à un ami. Dans ce groupe de poèmes ses préoccupations morales se font sentir, surtout quand il médite sur la littérature de Flaubert qu'il présente comme maléfique :

> D'autres Emmas, lisant ses sales aventures,
> Rêvent toujours à Toi, Paris plein de voitures! (398)

Il célèbre aussi la grandeur des humbles prières d'une pauvre vieille qui "sait ce que Voltaire ignore" (399). Ainsi Nouveau évolue lentement vers la profondeur de sa conscience religieuse.

En 1879 le poète est titularisé au ministère de l'Instruction publique. Il songe encore à partir pour l'Angleterre avec Verlaine: cependant les deux amis ont une querelle lors d'un bref séjour à Arras. Nouveau retourne à Paris où il continue à fréquenter Mallarmé et Nina de Villard, ainsi qu'à faire de longues promenades le soir avec son ami Camille de Sainte-Croix. Vers novembre il commence à écrire *La Doctrine de l'Amour* qu'il ne terminera qu'au mois d'août 1881.

1880 est une année où la peinture domine. Pendant ses vacances Nouveau est à Juneville où il fait le portrait de Lucien Létinois, l'ami de Verlaine. De cette époque date aussi la copie du Christ de l'église de Saint-Géry d'Arras. Ces œuvres d'art ont été immortalisées par les poèmes de Verlaine[37].

Nous arrivons ainsi au terme de ce qui peut, tout naturellement, sembler comme la période recouvrant les débuts littéraires de Germain Nouveau. Cette période est doublement importante. Tout d'abord, elle nous présente un certain nombre de poèmes dont

---

[36] P. O. Walzer date cette lettre "Paris, janvier? 1878" (851). Il semblerait plus juste de la placer en février car il est peu probable que Nouveau ait remboursé Verlaine avant d'avoir touché l'argent provenant de l'hypothèque et nous savons que ce fait eut lieu en février.

[37] En particulier dans: *Amours* (XVII, Gallimard, pp. 455-56); "Un Crucifix" (pp. 416-17); "Vieille Ville" *Œuvres posthumes* (Paris: Messein, 1911), pp. 228-29.

la valeur esthétique est incontestable. Ensuite, c'est grâce à elle que nous pouvons mieux élucider les conditions dans lesquelles vont se composer les grandes œuvres. Cette articulation coïncide d'ailleurs avec le passage entre la jeunesse et l'âge mûr que traverse le poète.

Malgré les surfaces mouvementées du paraître, malgré les amitiés fulgurantes avec Verlaine ou Rimbaud, et peut-être même grâce à elles, on peut voir Nouveau tendre de plus en plus vers des préoccupations fondamentales. Plus qu'une crise, plus qu'un changement radical, les rapports entre la vie et l'œuvre soulignent une lente élaboration vers un mysticisme des plus conscients.

III. L'AUTEUR DE *LA DOCTRINE DE L'AMOUR* ET LE CHRONIQUEUR PARISIEN

De trente à trente-cinq ans, dans sa vie privée, comme dans ses activités publiques, Germain Nouveau fait face à l'échec. De *La Doctrine de l'Amour*, du voyage au Moyen-Orient et des *Valentines* on ne peut tirer qu'une biographie extérieure, sèche et décevante. Mais c'est pendant ces années que fermente un mysticisme qui, faisant sentir partout son écho dans l'œuvre, souligne l'importance de la vie intérieure, ouvrant ainsi des perspectives sur un autre récit, sur un itinéraire spirituel dont l'extrême et profonde cohérence produira des remous allant jusqu'à la folie, un peu comme ces volcans dont l'agitation d'un jour sert de prélude à un calme séculaire.

C'est en 1881 que commence une période d'intensité poétique. Germain Nouveau qui déménage de l'Hôtel Saint-Joseph, place Saint-Sulpice, pour s'installer au 238, rue Saint-Jacques, partage pendant un certain temps son logement avec Ernest Delahaye [1]. Quant au salaire du poète au ministère il est maintenant de 1.800 francs (316). Cette même année commence la canonisation du mendiant d'Amettes, saint Benoît Labre. Ce fait marque sans doute le poète qui, comme l'écrit Delahaye à Verlaine, "est toujours en train de rafistoler son 'Saint Labre'" (856). C'est également à partir de 1881 qu'il va entretenir avec ses collègues du ministère des relations de plus en plus amicales; ces derniers commencent ainsi à remplacer les compagnons de jeunesse. À ce sujet Albert Lopez

---

[1] Ernest Delahaye a évoqué cette vie commune dans l'un de ses ouvrages: *Souvenirs familiers à propos de Rimbaud, Verlaine, Germain Nouveau* (Paris: Messein, 1927).

nous rappelle, d'une manière quelque peu lyrique, ce que le poète tente d'abandonner pour essayer de mener une vie plus rangée :

> Les longues beuveries avec Verlaine et Rimbaud, les conversations si gauloises avec Richepin, Bouchor, Forain et tant d'autres, parmi l'atmosphère sursaturée du parfum des liqueurs, les habitudes chères prises au Café Vachette, au Tabourey, les longues discussions d'école, tandis que, goutte à goutte, l'absinthe se prépare, délicieuse, dans le verre oblong. (LOP 79)

Il faut retenir les noms de quelques-uns de ces nouveaux amis du ministère car ils tâcheront chacun à leur manière d'aider le poète, et les relations que ce dernier aura avec eux tout au long de sa vie doivent être considérées comme d'importantes composantes de la mise au point biographique. C'est ainsi que le comte Léonce de Larmandie jouera de 1904 à 1910 un rôle prépondérant et singulier dans la publication de *La Doctrine de l'Amour* [2]. Camille de Sainte-Croix restera fidèle à Nouveau et le rappelera dans ses écrits [3]. Un autre ami, Léon Dierx, visitera le poète lorsque ce dernier sera interné à l'asile de Bicêtre en 1891 et plus tard

---

[2] P. O. Walzer nous donne un bref résumé de sa vie : "Le comte Léonce de Larmandie, qui joua un rôle capital dans l'édition de *La Doctrine de l'Amour*... était né à Ginevra, près de Villamblard, en Dordogne. Après avoir été huit ans professeur dans sa province, il vint s'établir à Paris, où il appartint, comme son ami Nouveau, au ministère de l'Instruction publique, mais où il se consacra surtout à la littérature, avec une abondance désolante : une cinquantaine de volumes en tous genres, parmi lesquels des recueils poétiques comme *Neiges d'antan* (1877), *Les Épaves* (1878), *La Traînée de sang* (1880), *Les Phares* (1882), *Le Carcan* (1882), etc., et des recueils de souvenirs, dont *Mes yeux d'enfant* (1888), *L'Âge de fer* (1891), *L'Âge de feu* (1891) et *Du faubourg Saint-Germain en l'an de grâce 1889*, où Germain Nouveau est cité comme peintre de talent. Larmandie fut délégué général du comité de la Société des Gens de lettres, et commandeur avec Élémir Bourges et Gary de Lacroze, de la Rose † Croix, dépositaire des plus secrètes pensées du Sâr Péladan. G. Walch l'a jugé digne de figurer dans sa célèbre *Anthologie des poètes français contemporains* (t. II, p. 38)" (312-13).

[3] En particulier dans les articles suivants : "Mœurs littéraires, Germain Nouveau", *La Bataille, supplément artistique et littéraire du mardi* (26 mai 1891); "Mœurs littéraires, Manuscrit", *La Bataille* (14 juillet 1891); "Mœurs littéraires", *La Bataille* (6 octobre 1891); "Germain Nouveau", *Paris-Journal*, 51ᵉ année (nouv. série), No. 779 (23 novembre 1910).

évoquera son souvenir.[4] Mais cette influence des nouveaux amis se fait déjà sentir en 1881: Germain Nouveau, employé titulaire au ministère de l'instruction publique depuis 1879, reçoit les Palmes académiques "grâce aux bons offices d'Henry Roujon" (316).

Ceci constitue une contradiction car Nouveau est royaliste. Il ne semble donc pas se soucier de la cohérence politique. Il a, en effet, d'autres préoccupations puisqu'il se met en quête d'un éditeur pour *La Doctrine de l'Amour*, recueil de poèmes religieux commencée en novembre 1879 et achevé dès août 1881.[5]

Nouveau s'adresse à Victor Palmé. C'est en 1875 que ce dernier a publié *La Vie admirable du Bienheureux mendiant et pèlerin Benoît-Joseph Labre*. La démarche du futur Humilis peut ainsi sembler logique. Mais Victor Palmé qui vient de publier *Sagesse*, le recueil poétique de Verlaine, ne veut pas se lancer dans l'édition d'un autre ouvrage d'inspiration religieuse. Il refuse donc de publier *La Doctrine de l'Amour* car il craint un échec financier semblable à celui qu'il vient de subir avec la poésie de Verlaine. Maurice Dreyfous, l'éditeur de Richepin *(La Chanson des gueux)*, refuse également le manuscrit (316).

Ainsi, à mi-chemin entre les nouveaux et les anciens amis, le poète constate son échec. Il n'y a pourtant pas d'amertume ou

---

[4] Cette évocation nous est rendue par un texte dans lequel Apollinaire cite Léon Dierx: "En ce moment même, un poète du premier ordre, un poète fou erre à travers le monde... Germain Nouveau quitta un jour le lycée où il professait le dessin et se fit mendiant, pour suivre l'exemple de saint Benoît Labre. Il alla ensuite en Italie, où il peignait et vivait en vendant ses tableaux. Maintenant il suit les pélerinages et j'ai su qu'il avait passé à Bruxelles, à Lourdes, en Afrique. Fou, c'est trop dire, Germain Nouveau a conscience de son état. Ce mystique ne veut pas qu'on n'emploie à son endroit que le mot Dément.

Des amis ont publié quelques-uns de ses poèmes, et comme il a renoncé à son nom, on n'a mis sur ce livre que cette indication mystique comme un nom de religion: G. N. Humilis. Mais son humilité serait choquée de cette publication, s'il la connaissait" (*Le Flâneur des deux rives* [Paris: Gallimard, 1928], pp. 105-6).

[5] Il ne fut publié pour la première fois qu'en 1904 à l'insu de l'auteur sous le titre *Savoir Aimer*. G.-N. Humilis, *Savoir Aimer* (Paris: Publié par les amis de l'auteur, sous les auspices de la société des poètes français, 1904). Il s'agit d'un volume in-12 de 107 pages sur papier commun. La couverture est imprimée sur papier vert-bleu. Un petit nombre d'exemplaires seulement fut tiré. Cependant, ce que nous voulons étudier ici c'est l'esprit et les conditions dans lesquels l'œuvre fut conçue. Pour cela nous adopterons le titre définitif du livre: *La Doctrine de l'Amour*.

de pessimisme chez lui ; bien au contraire nous trouvons dans son œuvre une légèreté, un envol vers les songes : "Je ne suis qu'un rêveur et je n'ai qu'un désir : / Dire ce que je rêve" (488). Certains critiques ont même suggéré que *La Doctrine de l'Amour* révélerait un poète encore trop jeune pour avoir une conscience aiguë de la présence inextricable du mal dans l'homme :

> Dans *La Doctrine de l'Amour,* Germain Nouveau prêche l'Évangile à sa manière. Il veut que tout le monde sache que l'Amour est la seule force qui puisse rendre l'homme heureux et libre.... Le poète, épris de l'Amour réciproque du Créateur, oublie parfois que le mal existe, que l'homme, grâce à son libre arbitre et à sa nature déchue, ne se conforme pas toujours aux vœux du Créateur.... Les vers écrits à la fin de sa vie tiennent mieux compte de l'état actuel de l'homme [6].

Mais cette œuvre semble parfois échapper à la critique qui tente d'élucider une théorie, une méthode littéraire propre à Nouveau [7]. Le poète se prononce pourtant sans ambiguïté sur cette question quand, dans "Cantique à la Reine", un de ses plus beaux poèmes, il s'adresse à la Mère de Dieu :

> Vous dont l'image, aux jours gros d'orage et d'erreur,
>   Luisait sous mes paupières,
> Et qui m'avez tendu sur les flots en fureur
>   L'échelle des prières ;
>
> Vous qui m'avez cherché, portant votre fanal,
>   Aux pentes du Parnasse ;
> Vous qui m'avez pêché dans les filets du mal
>   Et mis dans votre nasse. (487)

---

[6] Père Félix-J. Surette, O.F.M. "L'Inspiration religieuse de Germain Nouveau", Diss. Université Laval 1957, pp. 50-51.

[7] C'est le cas de certains érudits comme F. R. Smith qui consacre trois sections de sa thèse à l'étude des théories de Nouveau : 14) Nouveau's critical theories and the background of *La Doctrine* (SMI 175-92) ; 15) *La Doctrine* : Sermons and hymns (SMI 193-203) ; 16) *La Doctrine* : Style and doctrine (SMI 204-17).

Il est aussi à remarquer que la thèse de Spackey suit une démarche semblable : Chapter II. Sermon and Prophecy. 2) Genesis and publication of *La Doctrine* (SPA 130-41). 3) Poems of exaltation (SPA 142-72).

Ces érudits ne rendent pas compte de la situation du poète et de l'œuvre en 1881. Sans doute on ne peut rendre l'œuvre palpable en recherchant une théorie mystique.

Ce n'est pas seulement le refus du Parnasse, la méfiance des idées trop abstraites et une foi des plus profondes que nous trouvons ici mais aussi, et bien davantage, l'affirmation d'une cohérence mystique des plus rigoureuses. En effet, le poète affirme que déjà "aux jours gros d'orage et d'erreur" l'image de la Sainte Vierge luisait sous ses paupières. Cet aveu de Nouveau souligne une richesse spirituelle, une lente élaboration religieuse, enfin une sagesse qui habitait son être depuis son adolescence; car c'est bien en 1866, au séminaire Saint-Stanislas, qu'il manifesta les premiers signes d'une foi des plus ardentes. Ainsi, si la conduite de Germain Nouveau peut parfois paraître singulière de l'extérieur, il n'en demeure cependant pas moins vrai que le poète est conscient de son état. Il faut donc comprendre le terme "aux pentes du Parnasse" comme le rejet des écoles, des systèmes esthétiques. On sent ici l'écho idéologique de Baudelaire qui, comme Nouveau à la recherche de l'absolu, avait déclaré trente ans plus tôt:

> La puérile utopie de l'école de *l'art pour l'art,* en excluant la morale, et souvent même la passion, était nécessairement stérile. Elle se mettait en flagrante contravention avec le génie de l'humanité. Au nom des principes supérieurs qui constituent la vie universelle, nous avons le droit de la déclarer coupable d'hétérodoxie [8].

On ne connaît certainement pas assez le Nouveau de *La Doctrine*, mais l'on peut en faire une esquisse en évaluant les écrits de Léon Vérane et ceux d'Ernest Delahaye qui se réfèrent à l'année 1881 [9]. L'aspect physique du poète n'est certainement plus celui que nous révèle la fameuse photo de Carjat. Germain Nouveau qui n'a plus 20 ans est "un homme à l'œil flambant, à la barbe touffue, aux vêtements négligés" (VER 120) et Delahaye va même jusqu'à noter: "Son nez rougit d'une façon désastreuse, et pour *un buveur*

---

[8] Baudelaire, *Œuvres complètes* (Paris: Seuil, 1968), pp. 291-92.
[9] Il s'agit du chapitre "Au Café Vonflie" (VER 120-28) où Vérane décrit une rencontre entre Nouveau et Larmandie "un jour pluvieux de mars 1881". Quant à Delahaye il y a: 1) sa correspondance avec Verlaine (1881) où l'on trouve un certain nombre d'indications au sujet de Nouveau; ces fragments ont été réunis par P. O. Walzer (OC 855-59) et 2) *Souvenirs familiers à propos de Rimbaud, Verlaine, Germain Nouveau* (Paris: Messein, 1935).

d'eau c'est navrant" (857). D'ailleurs cet aspect physique semble avoir pour cause un régime de vie des plus sévères :

> Tous les pharmaciens de Paris l'ont entrepris et lui infligent leurs systèmes : aujourd'hui c'est le bain de pieds, demain le sinapisme, et avec ça un régime laxatif et débilitant qui le mènera au tombeau. (857)

À ce sujet Vérane va même jusqu'à affirmer que Nouveau rencontrant un jour un ancien ami n'accepte "qu'un verre d'eau minérale" (VER 121).

Cependant le poète n'est pas constant dans son régime. En effet le 3 mars 1881 Delahaye écrit à Verlaine : "D'ailleurs je crois que ce janséniste s'adoucit de jour en jour" (855). Cet adoucissement va très loin puisque le 31 décembre de la même année Delahaye écrit que Nouveau lui a offert "un café avec cognac" (859). Cette incohérence dans le régime physique se retrouve dans le caractère du poète : "les bizarreries d'une humeur indéfinissable passant en un clin d'œil de la brume au soleil et du beau temps au verglas" (858) [10]. Ainsi le poète qui "s'est fait faire un pardessus de 110 Francs" (858) pour porter les Palmes académiques n'en continue pas moins à donner des conférences chez d'Amécourt (un salon légitimiste) où il défend la thèse "que les Républicains ont volé ces trois mots [liberté, fraternité, égalité] au Christianisme" (857).

Il est regrettable que de ces conférences rien ne nous soit parvenu, car Delahaye, malgré son ironie, sans doute inspirée par une pointe de jalousie, reconnaît que le poète "a prononcé un discours remarquable" et que "l'auditoire s'est pâmé d'aise" (857). Mais la thèse en question que Delahaye qualifie de "très facile à soutenir" (857) nous semble très intéressante. Elle sillonne *La Doctrine de l'Amour* souvent en filigrane et parfois d'une manière explicite, comme dans le poème "Fraternité" (516-17). Nous constatons ainsi une certaine unité dans l'évolution de la pensée de

---

[10] Delahaye exprimera la même opinion après la mort du poète : "[P]ourtant, son caractère, par moments s'assombrissait, devenait singulier au point d'étonner ses amis, puis retournait à une amabilité délicieuse qui durait un jour, disparaissait le lendemain, revenait la semaine suivante" ("Préface d'Ernest Delahaye" dans *Valentines et autres vers* [Paris: Messein, 1922], p. 25).

Germain Nouveau. Mais le poète ira plus loin: il verra l'État imposer ce que le Christianisme avait longtemps suggéré au niveau personnel: "Nourrissez votre cœur du feu des charités" (517).

Le poète pense donc qu'avec la république l'homme perd le sens de ses responsabilités individuelles envers son prochain, et la conscience de toute fraternité s'estompe, libérant l'être du sentiment de culpabilité qui est à la base de la morale. Ses sympathies penchent manifestement du côté de l'Ancien Régime, car ce dernier lui semble plus près des traditions chrétiennes qui lui sont chères.

Quand on connaît Nouveau et la fierté qu'il attache à son ancienne famille, peut-être issue des premiers seigneurs de Provence, on comprend bien qu'il ne pourra jamais se sentir républicain. Et si Delahaye remarque que "Le vieux père d'Amécourt", qui tenait le salon légitimiste où le poète fut en 1881 conférencier, "l'aurait bien embrassé" (857), c'est que l'aristocrate lui pardonne les Palmes académiques. Ainsi, entre la monarchie et la république, il ne balance que pour tendre vers une compréhension synthétique des traditions chrétiennes.

Encore une fois nous constatons que les contradictions n'apparaissent qu'à la surface de l'être. D'ailleurs ce qu'il y a de manifestement constant chez Nouveau c'est son attitude envers son œuvre de poète religieux. Il emploie, par exemple, beaucoup de temps à retravailler le poème "Humilité" de *La Doctrine de l'Amour* (521-27). Nous apprenons cela de Delahaye qui, écrivant de temps à autre à Verlaine, se rapporte au poème en question en utilisant son premier titre: "a complètement changé et remanié son 'Saint Labre'" (857). Au fond le poète, malgré ses vicissitudes, ne veut qu'en venir à la simplicité des grands mystiques. C'est bien là le sens de l'épilogue de la doctrine:

> Savoir aimer suffit, savoir aimer délivre;
> Âmes simples et cœurs souffrants, vivons ce livre. (540)

Une présentation générale de *La Doctrine* semble ici s'imposer.

Avec *La Doctrine de l'Amour* le poète poursuit sa recherche de l'intimité. La continuité de sa pensée se voit dans la constance des thèmes au sein desquels s'articule le désir qu'il a de communiquer d'une manière complète avec le monde extérieur. L'humilité du mendiant, le mystère de la femme et la manifestation de l'énergie divine dans la nature nous conduisent une fois de plus vers l'essentiel de l'œuvre de Nouveau. Du point de vue technique il reste égal à lui-même: facilité, charme et talent naturel. Cependant dès l'ouverture du recueil, qui annonce une organisation générale réflechie, on remarque l'importance de la répétition comme moyen d'expression. Ainsi, selon la tradition, Nouveau commence avec son "Invocation":

> Ô mon Seigneur Jésus, enfance vénérable,
> Je vous aime et vous crains petit et misérable,
> Car vous êtes le fils de l'amour adorable.
>
> Ô mon Seigneur Jésus, adolescent fêté,
> Mon âme vous contemple avec humilité,
> Car vous êtes la Grâce en étant la Beauté. (485)

Albert Béguin a exprimé son admiration pour ce genre de répétition:

> ... dans la si belle *Invocation* de Germain Nouveau, l'image apparue à la fin du premier vers de chaque strophe, et son commentaire poétique dans les deux vers suivants ont un caractère de nouveauté qui attire à soi le regard plus qu'aucune des variants que l'on trouve dans les litanies liturgiques [11].

---

[11] Albert Béguin, "La Poésie comme exercise spirituel: Notes sur la litanie", *Fontaine*, No. 19-20 (mars-avril 1942). Texte repris dans: *La Prière de Péguy* (Neuchâtel: Les Cahiers du Rhône, 1944), pp. 105-6). Albert Béguin utilise d'ailleurs l'exemple d'"Invocation" pour établir la distinction entre les notions de poésie et de prière, distinction que nous avons établie en d'autres termes dans notre "Introduction". Voici ce qu'ajoute Béguin: "La poésie se distingue de l'oraison par une plus grande importance conférée à l'expression et à l'invention des paroles.... Cette différence, qui n'est pas absolue et qui comporte toutes les nuances intermédiaires, ne peut guère se définir plus nettement, mais elle ressort d'une confrontation attentive entre les litanies proprement dites et les litanies poétiques. Dans celles-ci, l'élément répété assume, plus encore que dans la prière, la fonction musicale de créateur d'auphonie; et cette fonction apparaît d'autant mieux que le poème est plus profane. L'élément variable prend le dessus, attirant à soi toute l'attention; la répétition semble n'avoir plus d'autre fin que de provoquer cet état d'accueil où le poète sent descendre en lui les riches présents des images, des mots, des inventions *données,* tandis qu'à son tour le lecteur va être mis en mesure de saisir ces inventions et d'y prendre joie.

Comme Béguin, on ne peut mettre en doute la sincérité de Nouveau si l'on se souvient que la composition de *La Doctrine* s'accompagne d'un changement radical dans sa vie. Le poète opte pour le monde chrétien contre le paganisme ainsi que sa forme contemporaine: le Parnasse. Cette cohérence indiscutable entre parole et action, entre vie et œuvre se retrouve dans la disposition même des poèmes ultérieurs du recueil. À l'intérieur du monde chrétien, Nouveau opte pour une foi active, mûre, consciente, en un mot: adulte. Ce changement n'est pourtant pas définitif puisque l'ardeur de la vie et le cri du cœur reviendront à la charge avec les *Valentines*.

Mais retournons au présent et suivons l'architecture de *La Doctrine de l'Amour*. Avec l' "Invocation" Nouveau demande à Jésus l'inspiration nécessaire pour écrire ses poèmes. Il le fait "avec humilité", tout en déployant une sensibilité féminine et une remarquable intimité spirituelle qui révèle la présence de Dieu dans la nature: l'ouverture de *La Doctrine* souligne bien les grandes caractéristiques du poète. Ces tendances s'accentuent dans la pièce suivante: "Cantique à la Reine" (486-91).

Ce long texte de deux cents vers semble justement s'articuler à partir de l'idée que l'amour est avant tout fait de lumière et que son feu a le pouvoir magique de ne jamais s'épuiser. Le poème souligne l'importance de la dévotion que Nouveau porte à la Sainte Vierge. A travers elle, ce qu'il célèbre c'est l'amour divin. Cette question est, de toute évidence, centrale dans *La Doctrine*. Mais le "Cantique à la Reine" est surtout l'invocation de la Vierge pour sauver le monde de son état présent:

> Aussi je crie: Ô vous, n'aurez-vous pas pitié
> De notre temps qui souffre,
> Naufragé qui s'aveugle et qui chante, à moitié
> Dévoré par le gouffre? (490)

Confiant que la Vierge sauvera l'humanité, puisqu'il suffit "d'un seul juste ... Pour transformer le monde", le poète se tourne vers l' "Immensité" (492-93), la création qui témoigne de la présence de Dieu dans l'univers. Ainsi, en louant la grandeur de la nature,

---

Entre les litanies traditionnelles, ou celles des mystiques, et les poèmes qui en sont le plus approchés, il subsiste cette nuance et ce déplacement de l'accent".

Nouveau perçoit l'énergie qui l'anime — cette dernière ne peut venir que de la divinité. Il est donc logique pour "Immensité" d'être suivi par le poème "Dieu" (494-95) qui ne peut être mieux résumé que par Nouveau lui-même : "Dieu seul est la beauté" (494). "Savoir aimer délivre", nous dit Humilis dans ses "Aphorismes" (540) : cette expression condense l'énergie et la lumière libératrice qu'émanent ces quatre premiers poèmes dédiés à la divinité.

Avec "L'Homme" (495) et les cinq poèmes suivants, le poète descend de la contemplation de la beauté surnaturelle pour se tourner vers la vie terrestre. Celle-ci est comparée à la route d'un pénible voyage. Tout d'abord croyant bien faire, l'homme se débarrasse de son cœur et du poids de son âme pour "mieux porter la femme" (495). Ce n'est que vers la fin qu'il reprend ses fardeaux pour se rendre compte que le voyage aurait été plus agréable avec eux. L'idée générale est donc simple et la valeur allégorique du récit est évidente.

"Aux Femmes" est un long poème de cent cinq vers qui continue la dialectique de "L'Homme" mais rejoint également, par le pessimisme baudelairien de son contenu, certains des premiers poèmes, en particulier "Rêve claustral", "Les Hôtesses" et "Saintes Femmes". L'idée centrale du poème semble être contenue dans le fait que le devoir des femmes est de s'occuper des hommes et de les élever dès le début vers la religion :

> Dites à ces enfants qu'il n'est pas raisonnable
> De poursuivre le ciel ailleurs que dans les cieux,
> De rêver d'un amour qui cesse d'être aimable,
> De se rire du Maître en s'appelant des dieux,
> Et de nier l'enfer quand ils l'ont dans les yeux. (498-99)

Ainsi, dans la vision de Nouveau, les filles d'Ève assurent la continuité de la foi.

Après avoir médité sur l'homme et sur la femme, Humilis se tourne vers un élément commun aux deux : "Les Mains" (500-2). Henri Thomas a souligné la beauté de ce poème en indiquant que : "La splendeur archaïque de certaines images semble surgir à l'insu de l'artisan" [12]. Ce commentaire a son importance car au-delà des

---

[12] Henri Thomas, "Par enchaînement d'Images", *La Nouvelle Revue Française* (octobre 1953), pp. 697-702. Le critique ajoute : "... Mais en ce qui concerne Germain Nouveau, ce qui, tout au contraire de Rimbaud,

"Mains" il vise un aspect essentiel vers lequel tend toute la poésie de Nouveau: la simplicité. C'est d'ailleurs volontairement que le poète recherche cette simplicité, puisque dès le 27 juillet 1875 il avait, de Pourrières, écrit à Jean Richepin:

> ...Serai de retour premiers jours de septembre, engraissé comme tu dis, monacalement, et bruni! comme le clocher d'Alfred! mais avec quelques idées arrêtées, et manières de voir la vie, de la sentir et la peindre: plus rien de macabre, de bizarre, d'étrange (ces naïvetés se valent); mais le pur, le simple, le choisi; aller toujours à la plus grande lumière qui est le soleil! —Pouah! les lunes! (827)

Ainsi "Les Mains", nos instruments de travail, sont simplement définies à la fin du poème par Dieu comme "Le remède" à "nos maux" qui sont "extrêmes" (502).

De "Les Mains" on passe à "Le Corps et l'Âme" (502-3). Un ensemble d'images plastiques nous conduit vers la leçon finale du poème qui nous dit que tous les êtres amoureux doivent s'aimer en Dieu et aimer la nature dans le corps humain. Comme Henri Thomas a fait l'éloge de "Les Mains", Lucien Maury a montré son enthousiasme pour "Le Corps et l'Âme" (502-5)[13]. Maurice Dullaert, d'autre part, après avoir cité le poème en question, s'exprime sans réserve sur sa qualité et loue "l'âme exquise" de Nouveau, tout en le qualifiant d'"artiste rare"[14]. "La souffrance du

---

subsiste dans le dénuement et comme grâce à lui, c'est le langage vivant, l'enchaînement des images et des rythmes. Qu'on reprenne l'éloge des mains dans *La Doctrine de l'Amour*: au mouvement régulier des strophes, au battement de la rime attendue, c'est le vieux métier à tisser la fable qui s'anime, si naïf en son automatisme...."

Spackey (SPA 157-59) passe rapidement sur ce poème tout en le jugeant d'une manière négative. Notons toutefois que le vers "Aimez vos mains afin qu'un jour vos mains soient belles" (500) a été inclus dans le *Dictionnaire abrégé du surréalisme* (Paris: Corti, 1969), p. 16.

[13] Lucien Maury, "Humilis" dans *Figures Littéraires* (Paris: Perrin, pp. 70-71.

[14] Maurice Dullaert, "Germain Nouveau", *La Revue générale*, 59e année (15 août 1926), pp. 224-25. Le critique écrit en effet: "Elles n'abondent pas, chez les poètes les plus vantés, les pages où l'onction soit si pénétrante, le sentiment si suave et si tendre où plus d'élévation sereine s'unisse à plus de simple grâce. Une foi profonde, à l'abri du doute, y répand une paix de paradis. Une âme exquise s'y révèle; un artiste rare s'y manifeste".

corps" et "la douleur de l'âme" (504) introduisent l'idée du poème "Volupté" (505-6) qui suit "Le Corps et l'âme". La souffrance est causée par les désirs insatisfaits, par les abus, par le mal qui guette l'homme dans le monde. Ce poème nous présente le plaisir comme étant l'ennemi de l'amour. Ce plaisir est d'autant plus dangereux qu'il porte le masque du véritable amour: mais cette "volupté", ce mensonge du désir, est vaincue par la Sainte Vierge, comme le poète nous l'indique à la fin du texte: "Mais l'amour triomphant met le pied sur ta tête!" (506).

La volupté vaincue, le poète compose "Hymne" (507-8). Avec une abondante succession de rapides métaphores il nous donne sa vision cosmique de la Vierge comme Amour. C'est ainsi que le poème se termine avec une humble prière:

> Mais, ô vous qui m'avez trouvé,
> Moi, pauvre pécheur que Dieu pousse,
> Diseur de Pater et d'Ave,
> Sans oreiller que le pavé,
>
> Votre présence me soit douce. (508)

Voici donc six poèmes consacrés à la condition humaine, "aux âmes simples" et "aux cœurs souffrants" (540). Le cycle de la divinité est ainsi suivi de celui de l'humanité.

Les trois poèmes qui suivent constituent de belles pièces consacrées à l'art et aux monuments érigés par l'homme. Cependant, dans l'architecture du recueil ils semblent un peu faibles, car ils n'expriment pas pleinement l'enchaînement de la pensée d'Humilis. Cette faiblesse dans l'organisation générale du recueil serait comparable à celle de la section "Le Vin" des *Fleurs du Mal*. Nouveau se tourne vers l'art, vers "Les Musées" (509-10) dont il avait jadis révélé la beauté à Rimbaud. Le regard du poète se prolonge à l'infini au-delà des vastes palais pour s'orienter vers le cœur des chefs-d'œuvre. L'irrégularité des vers, d'autre part, nous garde alertes pendant cette visite où Nouveau fait figure de guide enthousiaste et courtois, car ses ordres sont surtout des invitations: "entrez", "admirez", et "saluez". Ainsi le poète nous introduit aux bons souvenirs du passé.

Après avoir fait l'éloge de l'art antique, Nouveau se tourne vers "Les Cathédrales" (510-14) qui est peut-être son plus célèbre poème, ou du moins celui qui est le plus souvent cité. En effet, selon certains critiques ce poème de 137 vers, à lui seul, situe Nouveau parmi les plus grands, les plus originaux des poètes chrétiens [15]. "Les Cathédrales" est un texte qui nous présente surtout l'image de l'humanité comme un navire que le Christ mène au port de l'éternité. Cette dernière implique une méditation sur la mort que le poète développe dans le poème suivant: "Mors et vita" (514-16), qui constitue une description des cimetières extrêmement admirée par Larmandie [16].

Ces trois poèmes constituent le cycle de la mémoire. L'art y apparaît comme le témoignage de la beauté et de la vérité que l'homme a entrevues.

L'idée de la mort étant associée au salut éternel, le poète se tourne vers la description des qualités essentielles. Les quatre poèmes qui suivent constituent le cycle des vertus. "Fraternité" (516-17) est la première vertu à être traitée dans un poème basé sur l'idée que l'exercice du métier enseigne à l'homme l'amour. Il est remarquable que la première "profession" évoquée soit celle du mendiant: "Frère, ô doux mendiant qui chantes en plein vent, / Aime-toi, comme l'air du ciel aime le vent" (516). Signalons donc que la vision prophétique du "Mendiant" est présente dans les trois grandes parties de l'œuvre: les Premiers poèmes, *La Doctrine* et les *Valentines*. En considérant que le poète exercera cette "profession" vers la fin de sa vie d'une manière volontaire, nous remarquons une fois de plus l'unité de sa pensée ainsi que de ses actions. Mais ce n'est que grâce à la médiation divine que l'amour de soi-même peut se transformer en charité: "Mais en Dieu,

---

[15] C'est ce qu'affirme Giorgio Sozzi (SOZ 86). Voir aussi l'article de Mario Luzi, "Il poeta mendicante", *Tempo* (Milano), année XVII, No. 52 (29 décembre 1955), p. 63.

[16] 1er août 1908 Larmandie écrivait ce commentaire au sujet de "Mors et vita": "Dans toute l'œuvre d'Humilis il n'est pas de plus magique poème que celui intitulé *Mors et vita* qui contient toute la synthèse du mystère de la mort, mystère provoquant entre tous notre curiosité effarée, notre agenouillement et nos frissons, en raison de l'*Au-delà Vermeil* qui transparaît derrière ses ténèbres. Car enfin on peut bien énergiquement l'affirmer, le respect universel des hommes en face de la tombe s'adresse à autre chose qu'à une chair corrompue, à un sang glacé, à des traits horribles, ce que nous saluons dans la mort, c'est l'immortalité!" (Ernest Delahaye, *Poésies d'Humilis et autres vers* [Op. cit.], pp. 13-14).

Frère, sache aimer comme toi-même / Ton frère, et, quel qu'il soit, qu'il soit comme toi-même" (517).

Suit "La Charité" (517-19) où Nouveau, à l'aide d'un exemple, montre que cette vertu prouve la grandeur de l'amour divin. La charité implique une autre vertu qui fait l'objet du poème suivant: "Pauvreté" (519-21). Le Christ a choisi de naître pauvre; comme lui, si nous voulons demeurer honnêtes, nous devons comprendre que l'argent ouvre l'enfer", que l'or "ferme les cieux" et que "les baisers les plus dorés" sont "les moins francs" (520). Au fond, le poète nous dit, qu'être pauvre c'est aimer la sagesse, une qualité qui manque à la République française qui a choisi Robespierre.

Nous arrivons maintenant à la pièce capitale du recueil: "Humilité" (521-27). Ce long poème justifie, en effet, toutes les aspirations et toute la doctrine de celui qui choisira justement plus tard pour nom "Humilis". Si aux "Journées de Pourrières de 1966" le professeur Coulet a donné une brillante analyse de "cette très belle pièce" (1229), il n'en reste cependant noir sur blanc qu'un superficiel écho [17]. Car au fond dans ce poème pour nous très important, l'humilité se présente comme la loi du monde entier par laquelle la nature même est intégrée dans le mystère de l'amour universel.

---

[17] Voici le compte rendu de cette conférence: "La parole est ensuite donnée à M. le Professeur Coulet de la Faculté des Lettres d'Aix. Tel un clinicien savant de la pensée, grâce à une rigueur universitaire qui lui est propre, il analyse le poème "Humilité". Pour le mieux situer dans l'aventure novélienne il résume des pages oubliées ou méconnues de l'Histoire Littéraire par sa classe originale d'étudiants!

Borne après borne, il poursuit un chemin qu'il veut rendre familier. En dépasse chaque accident. Nouveau, remarque-t-il, débute en poète d'avant-garde, puis son inspiration semble "imitée de Rimbaud, Verlaine", se plaît au souvenir de Villon pour rejoindre Hugo, Musset dans les "Valentines", plus tard Voiture. Il justifie ses affirmations en puisant dans le poème, des vers qu'il regroupe par famille de pensée. Mais pour conclure il dira aussi: la poésie de G. Nouveau ne signifie pas qu'elle est à la suite mais avec, c'est-à-dire une voix qui s'ajoute. De plus, par sa conscience d'écrivain et les différences à établir avec les poètes de son temps, Nouveau accuse de ce besoin d'être en union avec l'autre. De cette dissection pratiquée avec les instruments de l'esprit et du savoir le poète sortait clarifié et les auditeurs s'étaient abreuvés d'une "Explication de Texte" généreusement offerte" (Maïté Dabadie, "Les Journées de Pourrières", *Le Cerf-volant* [3ᵉ trimestre 1966], pp. 59-60).

Enfin la "Chasteté" (527-29) est avant tout pour le poète une étape vers la véritable intimité qu'il recherche et dans sa vie et dans son œuvre :

> Louez la chasteté, la plus grande douceur,
> Qui fait les yeux divins et la lèvre fleurie,
> Et de l'humanité tout entière une sœur. (527)

Ainsi la chasteté se présente comme la source intime de la charité.

Le cycle des vertus est suivi de celui de la description de la famille chrétienne qui est effectuée en trois poèmes plutôt idéalistes et bien pensants. "Idylle" (530-31) nous présente les parents chrétiens modèles, "Couples prédestinés" (531-34) constitue une vision d'une race idéale à venir, tout en évoquant le mystère des rapports entre les sexes, tandis que "Dans les temps que je vois" (535-37) prolonge la vision du poème précédent en rêvant aux bons enfants chrétiens d'une société future. Cette partie du recueil nous semble assez faible et parfois son idéalisme tombe dans le genre "ouvrage édifiant".

"L'Amour de l'Amour" (537-39) constitue la belle conclusion de ce sublime recueil. La façon dont fut traité le poème par les admirateurs de Nouveau prouve bien, une fois de plus, qu'Humilis doit être considéré comme un éternel incompris. "L'Amour de l'Amour" a, en effet, été mis en musique, chanté et publié dans les conditions les plus volages à l'insu du poète [18]. Le commentaire même de l'éditeur Maurice Saint-Chamarand prouve déjà cette légèreté caractéristique des amateurs :

> Le poème *Amour de l'Amour* [sic] est bien fait pour réjouir, par ses symboles, les âmes mystiques, comme il peut ravir, par ses images, les âmes profanes. C'est à la fois le chant du cygne d'Humilis, et le cantique des cantiques de son épopée mystique, un poème de joie et de

---

[18] Le poème fut repris dans *La Poétique* (Noël, 1906). P. O. Walzer ajoute ces détails qui ne manquent pas d'intérêt : "Pièce mise en musique par Mlle M.-E. Aysaguer-Gignoux, l'amie de Saint-Chamarand, chantée à la matinée de *La Poétique* du 25 juin 1908. La partition en fut publiée à *La Poétique* en 1910, comme tiré à part de l'édition des *Poèmes d'Humilis*" (1232).

vie, où son âme s'exhale et s'envole naturellement jusqu'au sublime. Le poète chante, adore et prie : il chante l'amour dans toute l'échelle de la vie, il le salue avec ivresse sur l'autel du paganisme, comme il l'adore et le glorifie, sans fin, dans les hauteurs mystiques. (1232)

Au moment même où Nouveau est en train de mendier sur les routes d'Europe et de faire son pèlerinage à Saint-Jacques-de-Compostelle, on ne comprend encore pas que les allusions au monde ancien ne sont présentes dans ce poème que pour mettre en valeur (par contraste) la supériorité du monde chrétien. D'ailleurs, pour ne signaler qu'une des nombreuses fautes de Saint-Chamarand, le poème en question n'est nullement "le chant du cygne d'Humilis". Il est impensable que l'éditeur de "La Poétique" ignore que *La Doctrine* avait été achevée dès l'été de l'année 1881 et que Nouveau a beaucoup écrit après cette date.

A cette ignorance fait écho un manque de perception beaucoup plus grave. On ne comprend donc pas la perspective de vers comme :

> Aimez l'amour qui parle avec la lenteur basse
> Des *Ave Maria* chuchotés sous l'arceau ;
> C'est lui que vous priez quand votre tête est lasse,
> Lui dont la voix vous rend le rythme du berceau. (538)

Ceci montre la continuité de la pensée de Nouveau. C'est sa dévotion à la Sainte Vierge qui fait évoluer sa perception de l'amour universel et c'est grâce à elle qu'il parviendra à la contemplation des mystères divins comme la rédemption :

> Mais adorez l'Amour terrible qui demeure
> Dans l'éblouissement des futures Sions,
> Et dont la plaie, ouverte encor, saigne à toute heure
> Sur la croix, dont les bras s'ouvrent aux nations. (539)

Le Christ est donc la réalisation de l'amour ancien. Les "Aphorismes" (539-40) à la fin du recueil constituent le symbole de l'étape finale d'Humilis : la voie vers le silence. Le dernier de ces poèmes, représente comme nous l'avons vu, l'épilogue le plus concentré non seulement de *La Doctrine* mais aussi de toute la pensée de Nouveau : "Savoir aimer suffit, savoir aimer délivre ; / Âmes simples et cœurs souffrants, vivons ce livre" (540).

Ainsi, malgré ses faiblesses, *La Doctrine de l'Amour* se présente comme un recueil à l'architecture cohérente. Le cycle divin est suivi de l'humain qui à son tour engendre l'art essentiel à la mémoire, donc à l'identité de l'être. Puis, les vertus révèlent les rapports entre le divin et l'humain. La famille chrétienne idéale constitue l'exemple où ces vertus sont acquises une fois pour toutes. "L'Amour de l'Amour" conclut avec la rédemption du Christ. Au-delà il y a les "Aphorismes", puis le silence.

* * *

Le 25 janvier 1882 le poète demande un congé de trois mois au ministère car il vient d'être affaibli par une infection générale [19]. Il est donc naturel de penser qu'ayant du temps libre, Nouveau se soit lancé avec plus de conviction dans le journalisme, activité littéraire à laquelle il se livrait depuis 1873. En effet, dans sa préface aux *Valentines*, Ernest Delahaye dit qu'à partir de 1881 le poète "a pris pied dans la notoriété littéraire" [20]. En octobre 1882 Verlaine écrit à Edmond Lepelletier :

> Nouveau, un de mes vieux copains, poète et *prosateur* de beaucoup d'esprit et de talent, serait heureux de savoir si tu pourrais lui accepter deux ou trois récits humoristiques pour *Le Réveil*. (860)

Le poète lui-même écrira à Ernest Delahaye le 11 octobre 1910 :

> Pour ce jour d'hui, que ce soit le jour où j'en remercie d'abord mon excellent camarade de Lettres (et de Bureau jadis) et ami littéraire Delahaye (signé : Jean de Noves, chroniqueur Parisien, rien que cela !). (978)

On serait sans doute étonné par la quantité de textes écrits par Nouveau à cette époque. Si personne ne les a recueillis jusqu'à

---

[19] Les documents relatifs à cette question se trouvent aux Archives Nationales (Dossier Universitaire). On sait que le congé fut accordé mais on ne sait pas à quelle date. Le certificat médical du docteur Henri Napias dit : "Convalescent d'une affection diathésique qui a fortement ébranlé sa constitution" (316).

[20] Op. cit., p. 25.

présent c'est qu'il est difficile de déterminer toujours avec certitude les écrits qui appartiennent au poète: presque tous les journalistes de l'époque, mais surtout notre prosateur, ont la manie des pseudonymes.

Mais il faut d'abord définir un nouveau genre littéraire. Les chroniques parisiennes sont des poèmes en prose qui s'attachent à décrire les charmes et l'aspect pathétique de la vie urbaine. F. R. Smith a relevé les définitions que certains maîtres du genre nous ont laissées (SMI 221). En voici une de Vallès:

> C'est donc Paris, Paris misérable et glorieux, Paris dans sa grandeur et son horreur, que *La Rue* va mouler, mouler vivant [21].

Ensuite, Smith cite Goudeau:

> Le programme est simple: laisser dire à chacun ce qu'il a à dire sous la condition expresse que cela soit dit parisiennement [22].

Enfin, il y a la définition de Verlaine: "Je vois souvent Paris. Jamais comme il est" [23]. Ce genre, qui avait acquis ses lettres de noblesse grâce à Baudelaire, est, à l'époque de Nouveau, à la mode dans un très grand nombre de journaux. C'est ainsi qu'à Bruxelles en 1880 paraît le recueil *Les Croquis parisiens* de J.-K. Huysmans. Cette mode se prolonge jusqu'à l'époque d'Apollinaire avec *Le Flâneur des deux rives* (1918); puis même au-delà. Un grand nombre d'écrivains ont participé à ce mouvement. Parmi ceux qui eurent le plus de succès on compte: Léon-Paul Fargue avec *Le Piéton de Paris* (1939); Louis Morin avec *Les Dimanches parisiens* (1889); Rodolphe Darzens avec *Les Nuits à Paris* (1889); Richepin avec *Le Pavé* (1883); et Verlaine avec *Les Mémoires d'un veuf* (1886). Nouveau fut lui aussi chroniqueur parisien: il sut dire les choses "parisiennement" malgré son fond méridional et, comme Rétif de la Bretonne, Aloysius Bertrand ou Baudelaire, il fut sensible aux beautés de la capitale, à son étrange âme nocturne:

---

[21] Définition de Vallès: *La Rue* (1er juin 1867).
[22] Définition de Goudeau: *Le Tout Paris* (23 mai 1880).
[23] "Quelques-uns de mes rêves" dans *Les Mémoires d'un veuf*, Vol. I (Paris: Nombre d'or, 1886), p. 676.

> Trois heures du matin. ... C'est l'heure où le noctambule se délecte aux pensées bizarres que, dans ce milieu bizarre, la bizarrerie des choses vues à travers l'artificiel de la vie, fait éclore dans son cerveau. C'est l'heure, où les boulevards dont le mouvement des voitures dérobe le sol à la vue, dans le jour, étonnent à présent le passant par leurs côtes brusques et ondoyantes comme les arabesques du coup de fouet. C'est là que Baudelaire trouvait ses rimes fraîches et maladives comme l'aube. C'est dans cette lueur froide que Pierre Dupont, heurtant sur la chaussée un tesson de bouteille — peut-être celle qu'il avait brisée — le rangeait avec méthode sur le trottoir, en disant: "Ça pourrait blesser un cheval". Doux mot d'ivrogne et de poète, bien à sa place dans cette heure attendrie et faisandée. (461-62)

Mais, comme nous venons de l'indiquer, le poète signa la plupart de ses poèmes en prose sous des pseudonymes. Il est donc difficile de rendre à Nouveau ce qui lui appartient. Essayons cependant de clarifier cette question. Dans un premier tableau nous avons relevé les textes qui, comme le dit P. O. Walzer, portent "la signature indéniable du poète" (427)[24]. Ces textes sont tous reproduits dans l'édition des *Œuvres complètes* (425-62). Cette édition ne tient pourtant pas compte des chroniques parisiennes que Nouveau eût signées avec des pseudonymes, bien qu'il eût suffit à l'éditeur de les inclure dans la section réservée aux œuvres attribuées où l'on trouve *L'Album zutique* et "Poison perdu" (775-95). Or "Gardéniac" est l'un des pseudonymes qu'aurait pu prendre Nouveau et ce "Gardéniac" a collaboré au journal *Le Gaulois* du 22 février 1882 au 16 août de la même année. En utilisant le relevé des pièces écrites par le chroniqueur du *Gaulois,* que fit F. R. Smith, nous avons dressé un deuxième tableau[25].

Il est clair que la comparaison des Tableaux I et II (voir Appendice I) peut suggérer certaines analogies entre les textes de Gardéniac et Nouveau. Replaçons maintenant ces rapports tex-

---

[24] Voir appendice I tableau I.
[25] F. R. Smith a reproduit huit des vingt-huit textes en question. Il s'agit de ceux que l'érudit anglais considère comme les plus marquants (SMI 346-60). Nous pensons qu'une édition de l'ensemble de ces textes ainsi que leur analyse permettrait peut-être de lever cette irritante indétermination. Voir appendice I, tableau II.

tuels dans leur contexte. C'est une imprécision de Delahaye qui est à l'origine de la confusion. Il nous dit que Nouveau signait ses chroniques "Jean de Noves" dans *Le Gaulois* et dans *Le Figaro*. Mais ce dernier pseudonyme ne figure pas dans les deux journaux pendant le séjour parisien de Nouveau. En 1882, comme nous l'avons vu dans le Tableau II, le chroniqueur parisien au *Gaulois* c'est Gardéniac. D'autre part la réputation de prosateur que s'était faite Nouveau pouvait difficilement ête assise sur les quelques collaborations au *Réveil* et à *La Nouvelle Lune* (voir Tableau I). En outre si l'on remarque que d'avril à juillet il n'y a pas de contributions signées Gardéniac on peut comprendre pourquoi Verlaine recommande Nouveau à Lepelletier (860). C'est Verlaine aussi qui fait allusion à des récits humoristiques de Nouveau. Il est évident que l'humour en question est plus fréquent dans les pièces signées Gardéniac que dans celles signées Nouveau.

"À M. Bonnasson" (Tableau II) est sans doute un bon exemple pour illustrer l'allusion de Verlaine. Mais il y en a d'autres. Le 23 septembre 1882 une pièce intitulée "L'Homme aux lunettes" apparaît dans *Le Reveil*. Le texte signé simplement 'N.' est remarquablement semblable par son style et par son contenu aux "Tableaux parisiens". Enfin qui d'autre que Nouveau aurait pu citer dans "Rose et gris" le célèbre poème "Poison perdu" autrefois attribué à Rimbaud? Qui d'autre que Nouveau aurait pu baser le texte de "L'Assomption" sur le refrain de l'*Ave Maris Stella*? Bien d'autres thèmes pourraient être soulignés comme l'élégante inconnue ou la glorification des humbles métiers... mais est-ce nécessaire quand tout dans les chroniques de Gardéniac trahit le peintre méridional, l'âme sensible et la profondeur religieuse?

Il y a aussi certains textes signalés par P. O. Walzer ou F. R. Smith qui pourraient bien être de Nouveau mais l'incertitude de ces attributions est encore plus grande que celle que nous avons vue dans le cas de Gardéniac (pour ces hypothèses voir Tableau III de l'Appendice I).

Que conclure au sujet de cette activité journalistique de Nouveau? Sans doute il serait justifié d'établir une édition des œuvres attribuées et l'analyse stylistique permettrait peut-être de déterminer avec plus de précision quels textes sont vraiment de Nouveau. Cependant au-delà de ces questions, il faut noter, en misant sur la certitude que Nouveau a été chroniqueur, la part de cette activité dans son évolution. Il a, par exemple, développé le thème de la belle inconnue qu'après maintes variations il déploiera dans les *Valentines*. L'écrivain observe la vie parisienne et derrière chaque masque il découvre une souffrance qui traduit un désordre moral. L'expérience de Nouveau s'apparente ici à celle de Balzac et à celle de Baudelaire. Ainsi si l'auteur de *La Doctrine* peut paraître optimiste, celui des chroniques parisiennes est en train d'acquérir "la conscience dans le mal".

IV. LE VOYAGE AU LIBAN

Après la composition de *La Doctrine de l'Amour* Nouveau se concentre sur son activité de chroniqueur parisien. Mais quelles sont les autres activités du poète pendant cette période qui va de la demande de congé du 25 janvier 1882 à son embarquement à Marseille pour Beyrouth au début du mois d'avril 1884? C'est ainsi qu'en 1882, pendant les vacances d'été, Nouveau assiste à une représentation au Théâtre de Valvins chez les Mallarmé (316). Le poète semble donc toujours entretenir de bons rapports avec celui qu'il nommera plus tard "mon premier dieu" [1].

Nous avons vu que l'accélération de l'activité journalistique chez Nouveau coïncide avec son abandon de poste au ministère. On peut aussi facilement comprendre que le jeune Provençal va avoir beaucoup plus de temps libre pour s'occuper de Verlaine qui vient justement de décider de "reprendre contact avec les milieux littéraires qui l'ignoraient" [2]. Il est à remarquer qu'au début de ce retour artistique de l'auteur de *Sagesse* on ne voit que Nouveau qui ose s'afficher avec lui à la brasserie *Bergère* ou ailleurs [3]. Cette courageuse attitude souligne encore une fois la constance du caractère de l'auteur de *La Doctrine de l'Amour* qui en 1874 n'avait pas hésité à tendre la main au Rimbaud que les habitués du café *Tabourey* avaient mis en quarantaine.

Le 1er août 1883 Nouveau quitte définitivement son poste au ministère. Le 9 décembre il démissionne et le 12 du même mois il demande une attestation indiquant qu'il a laissé son travail de

---

[1] Lettre à Ernest Delahaye, 14 octobre 1909 (OC 966).
[2] Ce fait est souligné par Georges Zayed dans son introduction aux *Lettres inédites de Verlaine à Cazals* (Genève: E. Droz, 1957), p. 20.
[3] *Ibid.*

son plein gré (316 et 861-62). D'autres sources voudraient que, pour un motif plus ou moins futile, le poète eût envoyé ses témoins à son compatriote Paul Alexis et que, même si le duel n'eût pas lieu, les supérieurs eussent eu vent de l'affaire. Pour cette raison, nous dit-on, 'l'expéditionnaire Nouveau' aurait perdu son emploi [4]. Il est difficile de trancher cette question. On peut penser, comme les éditeurs des *Œuvres poétiques* et celui des *Œuvres complètes*, que Nouveau démissionne parce que le Ministère ne veut pas lui accorder un autre congé d'un an [5]. Quoi qu'il en soit, c'est ainsi que s'achève une carrière de fonctionnaire qui a duré un peu plus de cinq ans puisque le poète avait été nommé au Ministère le 30 décembre 1877 (312).

Les faits que nous venons d'évoquer ont leur importance mais c'est surtout la fréquentation de Verlaine qui meuble la vie de Nouveau entre janvier 1882 et avril 1884. On ne peut qu'évoquer d'une manière aussi objective que possible les anecdotes qui abondent à ce sujet [6]. Au milieu de ces deux ans se trouve la mort de Lucien Létinois, le 7 avril 1883 [7]. Ce dernier avait été ancien élève de Verlaine à Rethel (1877). Verlaine, privé de son fils comme on le sait, avait tout d'abord développé pour le jeune homme des sentiments paternels: mais le poète avait fini par succomber aux vieilles tentations [8]. Nouveau avait rencontré Létinois au plus tard en septembre 1880 à la ferme de Juniville que Verlaine

---

[4] Vérane (VER 133-40) ne nomme pas Paul Alexis mais parle du collègue "Tartempion" qui "tendit sa carte" à Nouveau. Larmandie aurait été l'un des témoins tournant le duel en une mascarade. Vérane place avec maladresse cet incident en 1885.
  Larmandie lui-même fait allusion à l'affaire: "Peu de mois après, les puissances du ministère qui n'avaient pas pardonné à J.-G.-N., une inutile mais retentissante expédition lui firent entendre que sa démission serait favorablement accueillie" (1044). Enfin Louis Forestier confirme ce fait (FOR 162).

[5] OP 36 et OC 316.

[6] Il s'agit souvent des mêmes histoires que l'on copie en les embellissant d'un article à un autre. Les sources principales sont: "L'Ange gardien de Verlaine" (VER 133-40) et les écrits de Delahaye, en particulier: *Souvenirs familiers à propos de Rimbaud, Verlaine, Germain Nouveau* (Paris: Albert Messein, 1925).

[7] Les éditeurs des *Œuvres poétiques* affirment: "En janvier 1883 meurt Létinois à La Pitié" (OP 35), ce qui est évidemment inexact.

[8] Verlaine, *Œuvres poétiques complètes*, "Bibliothèque de la Pléiade" (Paris: Gallimard, 1962), pp. XXXI-XXXIV et pp. 455-56.

avait achetée pour son 'fils adoptif'. C'est là que Nouveau fit le portrait de Létinois [9]. Ainsi, dès 1882, Nouveau fréquente Verlaine qui, vers la mi-août, habite à l'Hôtel de Commerce, 5, rue de Parchamps, à Boulogne-sur-Seine [10]. Jusqu'au 18 novembre Verlaine prend le tram à un cheval (Auteuil-Saint-Sulpice) pour retrouver Nouveau au café Voltaire, Place de l'Odéon. Quelques amis se joignent à eux: Courteline, Valade, Monselet et Mendès [11]. Ces rencontres ont lieu surtout le vendredi.

Le 18 novembre Verlaine vient s'installer chez sa mère à Paris: 17, rue de la Roquette [12]. Il est facile de comprendre qu'à partir de cette date la fréquentation des deux poètes s'intensifie, surtout si l'on tient compte que Létinois a trouvé un emploi à Ivry où habitent ses parents [13]. C'est sans doute de cette époque que datent les épisodes plus ou moins légendaires si souvent racontés qui montrent pourtant la bonté de la mère de Verlaine. Un exemple suffira à illustrer le genre de ces anecdotes. Un jour elle glisse dans la poche de Nouveau une côtelette. Verlaine se plaint et indique à sa mère qu'elle vient de donner à son ami l'objet de son souper. La mère réprimande le fils et ajoute à son don un cornet de beurre. Nouveau qui pendant cette période pense encourager la sanctification de Verlaine accepte l'offre, ne serait-ce que pour infliger une mortification salutaire à son ami [14].

On peut douter de l'authenticité de ces anecdotes, mais de leur vraisemblance on peut déduire que Nouveau est toujours conscient de la vie spirituelle. Dès cette époque le poète comprend que le chemin qui va du libertinage à la sainteté n'est pas facile à parcourir et que le combat contre les forces du mal doit se livrer tous les jours. Aussi tâchera-t-il de soutenir Verlaine dans cette lutte après la mort de Létinois. Mais au début d'avril 1884 cette fréquentation s'interrompt, car Nouveau s'embarque à Marseille pour Beyrouth où il arrive vers la mi-avril.

*　*　*

---

[9] Même source que la note 8.
[10] Ibid., p. XXXIII. Les éditeurs des Œuvres poétiques ont également traité cette période d'une façon inexacte: "Il [Verlaine] est répétiteur à la pension Esnault tandis que Létinois travaille dans une usine" (OP 35).
[11] Voir note 25 et note 19.
[12] Ibid., p. XXXIII.
[13] Ibid.
[14] Sources indiquées à la note 6.

Sans compter les variantes secondaires et parfois contradictoires, il existe deux versions du voyage au Liban. Examinons tout d'abord la première qui, comme nous le rappelle P. O. Walzer, "repose sur les pièces d'archives conservées (ministère des affaires étrangères)" (317). Nouveau a lui-même rédigé le récit d'une partie de cette Odyssée dans une lettre datée du 22 juillet 1884 et adressée au Consul de France à Beyrouth à qui il demande protection et justice car sa situation frise la misère (862-64). Dans la lettre du 22 juillet 1884 le poète résume l'origine de l'aventure:

> Pendant les vacances de 1883, j'ai reçu de Mr Mansour, Supérieur du Collège patriarchal des Grecs catholiques, une proposition, à savoir d'entrer comme professeur interne, aux appointements de 100 francs par mois, dans son collège pour l'année 1883-84. C'est par l'entremise de MMrs Elias Monassa, actuellement à Gostha, et de son cousin Ibrahim, actuellement professeur chez les Pères Jésuites, et dont le nom arabe m'échappe. (862)

Il serait difficile de ne pas croire que ces deux affirmations soient la stricte vérité. En effet les deux attestations suivantes étaient jointes à la lettre au Consul de France:

> "Je soussigné Abraham Gehgeat, professeur à l'Université Saint-Joseph, Beyrouth, atteste que M. l'abbé Elias Mansour, Supérieur du Collège Patriarchal de Beyrouth, pendant les vacances de 1882-83 a chargé M. Elias Monassa, de Gostha, d'écrire à M. Nouveau pour l'engager comme professeur de français et de dessin dans le susdit collège pour l'année 83 et 84 (année scolaire).
>
> "Et comme j'y étais professeur moi-même, nous avons tous été étonnés de ne pas voir M. Nouveau arriver. Ayant remis moi-même le contrat à M. Mansour, je suis prêt à l'attester devant lui.
>
> "Fait à Beyrouth le 8 août 1884.
>
> "A. Gehgeat".

> "Je soussigné Elias Monassa, propiétaire à Ghosta, Mont Liban, atteste que M. l'abbé Elias Mansour, supérieur du Collège Patriarchal de Beyrouth, pendant les vacances de l'année scolaire 1882-83 m'a prié d'écrire à

M. Nouveau pour l'engager comme professeur de français dans le susdit collège pendant l'année 1883-84.
"Fait à Ghosta, le 6 août 1884.

"Elias Monassa".
(1303)

Ici quelques remarques s'imposent. La lettre de Nouveau est datée du 22 juillet 1884 tandis que les attestations ont été composées le 6 et le 8 août de la même année. Pourquoi ce délai, surtout si l'on considère la situation de Nouveau dont les ressources ne font que s'amoindrir de jour en jour? Ensuite est-il vraiment "professeur interne" comme il est le seul à l'affirmer? Est-il professeur de "français et de dessin" comme le dit Gehgeat ou uniquement "professeur de français" comme le déclare Elias Monassa? Ces questions sont soulevées en vue de développements ultérieurs. Aucune tentative de réponse ne peut être avancée à ce niveau analytique de la question.

Lisons la suite du récit du poète:

> [M]algré le ton pressant de la démarche faite par Mr Mansour auprès de moi, au mois de novembre j'étais encore en expectative à Paris. J'envoyai alors une dépêche portant ces seuls mots (avec toutes réserves): *Fixez époque*. Il ne m'a rien été répondu. (862)

En réalité on répondit à Nouveau. Il s'agit d'un télégramme qui fait partie du dossier Mouquet et que P. O. Walzer reproduit avec fidélité: "Ministère instruction Auguste Nouveau Paris Venez immédiatement MANSOUR" (1303). En marge on trouve la note suivante qui confirme que le télégramme fut transmis:

> La susdite dépêche a été déposée au bureau de Beyrouth le 12 décembre 1883 à 3 h 15 du soir et elle a été transmise par notre Bureau 5 minutes après directement à la station de Péra (Constantinople). (1303)

Nouveau affirme avoir envoyé sa dépêche en novembre. Mansour répond le 12 décembre. Si le poète ne se trompe pas il faut noter que ce délai est inadmissible car il s'agit d'une situation pressante.

Puis il y a la question du nom: pourquoi Auguste au lieu de Germain Nouveau? Si c'est Mansour qui commet l'erreur, l'indignation du poète est justifiée. Mais ce dernier ne se fâche pas au sujet de la faute grossière; il refuse simplement de croire à son importance:

> [P]our qui connaît la poste française et quand on songe que j'étais, au Ministère de l'Instruction publique, le seul employé du nom de Nouveau, et que j'ai laissé là tellement d'amis! qu'une lettre aujourd'hui encore envoyée au nom de Philippe, Jacques, etc., Nouveau, m'arriverait ici, à Beyrouth, cette excuse n'a aucune valeur. (863)

Remarquons tout d'abord que les attestations reproduites plus haut ne parlent que de M. Nouveau. Il faut aussi noter qu'Augustine était le nom de la mère du poète et si l'on se souvient de l'amour qu'il portait à sa mère il est possible de voir 'Auguste Nouveau' comme un autre pseudonyme. Nous savons qu'il en avait la manie. Aurait-il donc été victime de ses propres jeux? Voulait-il cacher au Ministère ses démarches dans cette affaire? Enfin nous pensons que Nouveau ne reçoit pas le message de Mansour. Ceci ne peut être causé que par la négligence des employés du Ministère car en décembre 1883 ces derniers connaissent son adresse: 19, boulevard Rochechouart[15].

Enfin, au mois de février, M. Mansour envoie son correspondant parisien à Nouveau. M. Mallouk, élève au grand séminaire de Saint-Sulpice, avance l'argent du voyage de la part de M. Mansour. Vers la deuxième moitié du mois d'avril Nouveau rejoint son poste de

---

[15] OC 316. Cette lettre parmi d'autres qui se trouvent au Dossier Universitaire A. N. F. 17 prouvent ce fait:

Paris, le 12 décembre 1883.

Monsieur le Ministre,
J'ai l'honneur de solliciter de votre haute bienveillance un certificat attestant que j'ai quitté de mon plein gré, à la date du 1er août 1883, les bureaux du Ministère de l'Instruction publique. Je suis autorisé à faire cette démarche par M. le Directeur de l'Enseignement secondaire, à la suite de l'audience qu'il a bien voulu m'accorder.
Veuillez agréer,
Monsieur le Ministre,
l'assurance de mes sentiments respectueux.

Germain Nouveau.
19, Boulevard Rochechouart (861-62)

professeur au Patriarchal de Beyrouth [16]. Le poète enseigne pendant deux mois et demi et reçoit 250 francs pour son travail, ce qui à notre avis semble normal. P. O. Walzer affirme:

> Il reçut un demi-traitement pour avril, un traitement complet pour mai et juin. Mais il ne reçoit plus rien pour juillet et les mois suivants, d'où l'on peut déduire qu'il avait été mis à la porte du collège. (317)

Cette déduction nous semble un peu rapide. Tout d'abord elle est contredite par la question du discours à la distribution des prix. Nouveau affirme en effet dans la lettre au consul:

> Mr Bacha, en m'annonçant comme orateur à la Distribution des Prix du Patriarchal, a eu soin de m'appeler: Mr Auguste Nouveau, et non Germain Nouveau, qui est mon vrai nom. Vous avez été peut-être étonné, vous allez deviner par la suite de cette lettre à quoi tend ce subterfuge. (862)

Il nous semble qu'il serait assez maladroit de prendre pour orateur à la distribution des prix un professeur que l'on vient de mettre à la porte. Ensuite il faut se souvenir qu'on est en 1884 dans un collège libanais tenu par les Jésuites. La question des congés payés n'est pas évidente. En outre l'on se souvient qu'avant de démissionner du ministère le poète avait essayé d'obtenir un congé d'un an. Il est donc fort possible que Nouveau n'ait jamais eu l'intention d'enseigner plus d'un an au Liban.

À ce sujet il affirme toujours dans la lettre au consul:

> Il y a un an, à mon arrivée ici, un second projet d'engagement, non plus cette fois entre Mr Mansour et moi, mais entre Mr Clément, actuellement directeur du Patriarchal, et auquel ces Messieurs n'ont pas jugé à propos de donner une sanction définitive, laquelle est votre propre acquiescement, je déclare que j'en suspends moi-même la solution jusqu'au règlement de l'arriéré dont j'ai parlé (863-64)

---

[16] Tous ces faits sont clairement exposés dans la lettre au Consul de France (862-64).

Ce qui montre que si quelqu'un est "mis à la porte" c'est plutôt Mansour et non Nouveau. Ainsi le 22 juillet 1884 il habite encore "Beyrouth chez Mr Sélim Chichi employé chez Mr Aubin" (864). Toujours en suivant notre première version, basée sur les documents en question, nous trouvons une autre lettre au consul qui prouve que Nouveau est encore à Beyrouth le 24 octobre 1884. Le poète décrit lui-même sa situation :

> Demain je ne trouverai plus de crédit nulle part. Que deviendrai-je ? Voilà où me réduit la bonne foi, la justice de gens pour lesquels nous n'avons, nous, pas assez de bons procédés. (864)

Puisque la lettre en question commence par : "Voilà plus de 8 jours que j'attends la réponse" (864) et puisque Nouveau est pratiquement dans la misère, on peut conclure que le temps compris entre les deux lettres au consul il le passe à Beyrouth. En tout cas il n'y a pas de documents qui prouveraient le contraire.

Il faut croire aussi que la fin du voyage fut assez heureuse puisque le 29 novembre 1884, le poète, en séjour à Alexandrie, écrit une lettre à Camille de Sainte-Croix où rayonne la bonne humeur :

> Mon vieux Croix,
> J'apprends à mon retour de Jérusalem et à mon arrivée à Alexandrie que le "maudit" est à Paris.
> Ce qui me rassure sur le compte de mes amis, c'est que ce choléra absurde est cependant des plus bénins, bénins...
> N'importe j'ai besoin d'être rassuré sur vous, sur toi, ta mère, Dierx, les amis, le ministère, etc...
> Mon bon petit Croix, je t'ai écrit une longue lettre. As-tu répondu ? peut-être. Voilà un mois et demi à peu près que j'ai quitté Beyrouth ; ... mais écris de nouveau, à Nouveau, dépêche-toi.
> Et ta Revue : Paris-Croquis ?
> Je t'écris ce mot à la hâte.
> Ah ! tu as été assez gentil pour m'offrir tes services. Voici : je mets à la Poste, en même temps que ta lettre, un article pour le Figaro : *Les Juifs à Jérusalem*. Il est adressé à Blavet. Vois, je t'en prie, Blavet, et dis quoi...
> Aie l'obligeance de dire à Dierx qu'il me réponde ici, et non à Marseille, où je devais aller d'abord. Mon billet

est toujours valable pour quatre mois. Mais il y a à faire ici, dans le portrait, dans l'huile... !
Vois-tu Michel de l'Haye?   Mes hommages à ta mère,
Vois-tu Chaulieu?   mes amitiés à ton cousin.
Vois-tu Mirbeau?
Vois-tu Villiers?
Vois-tu Polignac?
Vois-tu Larmandie?

                        Oh! des nouvelles!
                        à toi, et à bientôt.
                        Mille choses.
                        G. Nouveau (865)

Encore une fois la rareté des documents laisse un certain nombre de questions vouées à l'interprétation. À ce sujet les éditeurs des *Œuvres poétiques* et celui des *Œuvres complètes* semblent manquer de précision [17]. Il est clair, d'après la lettre qui précède, que Nouveau a visité Jérusalem et l'on ne peut que regretter la perte de l'article qu'il écrivit au sujet des Juifs de cette ville. Toutefois le poète a dû y passer assez de temps pour recueillir suffisamment d'impressions et d'informations qui lui permirent d'écrire son article.

Mais cette lettre soulève une question plus troublante. Comment Nouveau passe-t-il de la misérable condition du 24 octobre (à Beyrouth) à la gaieté du 29 novembre (à Alexandrie)? Tout d'abord rien ne prouve que le Consulat de Beyrouth l'ait rapatrié, mais cela est bien sûr possible. Cependant quand on connaît l'administration française de l'époque il est difficile de croire que l'on eût permis à Nouveau le détour Beyrouth, Jérusalem, Alexandrie avant le retour vers la métropole. Il est également possible qu'il ait eu gain de cause contre le Collège patriarchal et qu'au moins une partie de la somme qu'il réclamait lui ait été versée. Aussi

---

[17] On trouve par exemple dans les notes biographiques des *Œuvres poétiques*: "Parce qu'il a écrit au début des *Valentines* 'Je m'en revenais de Sion', on a pu supposer que Nouveau avait visité Jérusalem" (OP 37). Il est clair que la lettre d'Alexandrie est une preuve supplémentaire et plus sérieuse.

Quant à P. O. Walzer il se contente de vagues indications: "Il fut vraisemblablement rapatrié à Marseille par le consul, à la fin de l'année, visita au retour (par quel moyen?) les Lieux saints et Alexandrie, d'où il écrivit une lettre (29 novembre) à son vieil ami Camille de Sainte-Croix" (317).

la phrase: "Mais il y a à faire ici, dans le portrait, dans l'huile..." indique que le peintre est loin de mourir de faim.

Remarquons enfin que le poète lui-même manque de précision quand on en vient aux dates. Ainsi quand il affirme: "Voilà un mois et demi à peu près que j'ai quitté Beyrouth" il se trompe. Même en supposant qu'il ait quité la capitale du Liban le lendemain de sa supplique au consul, c'est-à-dire le 25 octobre, cela ne peut faire au grand maximum qu'un mois et cinq jours, car il n'arrive à Alexandrie que le 29 novembre.

Sur le plan poétique l'expérience fut valable car elle déclencha l'écriture des quatre *Sonnets du Liban*. Les dates de publication de ces poèmes nous permettent de préciser dans la mesure du possible les dernières étapes de cet itinéraire. En effet deux points semblent plus clairs que les autres: Nouveau quitte Alexandrie après le 29 novembre et arrive à Paris avant le 31 janvier. C'est ainsi que les deux premiers sonnets parurent dans *Le Chat Noir* le 31 janvier 1885 et les deux autres dans *Le Monde Moderne* le 27 mars de la même année [18].

Quelques données contradictoires rendent difficile la description détaillée de cette dernière étape. D'une part, après son départ d'Alexandrie, selon P. O. Walzer, Nouveau "passa quelques mois dans sa famille" (317). De l'autre, dans la lettre que le poète écrira à Rimbaud le 12 décembre 1893, on trouve la phrase suivante: "j'ai pensé à l'Égypte, que j'ai déjà habitée plusieurs mois il y a sept ans" (908). Enfin, dans son introduction aux *Sonnets du Liban*, P. O. Walzer affirme que le poète "regagne Paris au début de 1885, où il publie dans *Le Chat Noir*" (543). Nous faisons donc ici face à un certain nombre d'erreurs et de contradictions puisque entre le 29 novembre et le 31 janvier il y a un maximum de deux mois. Si l'on déduit quelques jours pour la traversée, la marge temporelle en question, compte tenu de la lettre d'Alexandrie, se réduit à un peu plus d'un mois et demi. Comment le poète peut-il passer plusieurs mois à Alexandrie et dans sa famille? Il s'agit donc une fois de plus d'exagérations, à moins que Nouveau n'ait envoyé

---

[18] Dans sa bibliographie, P. O. Walzer n'indique qu'un poème "Set Ohaëdat" pour le 31 janvier. Il s'agit là d'une erreur qui provient des éditeurs des *Œuvres poétiques* (OP II 207). P. O. Walzer signale pourtant la faute en question dans ses notes (1234).

ses poèmes au *Chat Noir* avant son retour à Paris. Mais il n'y a aucune trace de ce fait dans la correspondance du poète qui d'ailleurs avait bien d'autres préoccupations pendant ce voyage.

Mais ces imprécisions sont des peccadilles si on les compare à la deuxième version de ce voyage au Liban. Il s'agit du récit de Robert Jean-Boulan qui fit ses recherches sur place:

> Répondant à l'invitation d'un père maronite, le père Speath, directeur d'un collège au Liban, qui quêtait en France pour ses œuvres, Nouveau s'embarqua avec lui pour Beyrouth, en 1884, et enseigna le français et le dessin au collège de la Charité fraternelle d'Aramoun, petit village de la province de Kesrouan, au bord d'une gorge s'ouvrant sur une magnifique baie qui faisait, un demi-siècle plus tôt, l'admiration de Lamartine, qui y résida plusieurs semaines. Le nouveau professeur vécut quelques mois de travail et de songeries paisibles dans cet admirable décor, mais il eut bientôt l'idée saugrenue de convoiter une jeune femme du village, mariée, mère de famille, au grand scandale de la population. Chassé du collège, le cœur en détresse, sans ressources, le voici errant dans les rues de Beyrouth. Il s'y éprend d'une jeune aveugle, qui mendie son pain sur les trottoirs, en fait sa compagne de misère et l'envoie tendre la main à sa place à Bab Edriss [sic] ou ailleurs. (317-18)

Robert Jean-Boulan a consigné sa version, dont nous venons de donner l'essentiel, dans deux articles [19]. L'existence du père Spath et son rôle hypothétique avait déjà été signalé par Larmandie:

> Après son départ du ministère, J.-G.-N. fit la connaissance d'un brave maronite nommé le père Spath qu'il appela de suite pour le moderniser, disait-il, Spath Fluor. Ce Spath était en excursion de quêtes au pays latin. Le poète fut enthousiasmé par les récits de ce moine d'outre Méditerranée et se décida à l'accompagner au Liban. Son absence devait se prolonger environ deux années [20].

---

[19] Robert Jean-Boulan, "Sur les Traces d'Humilis au Liban", *Revue Provinciale de Bordeaux* (décembre 1932) et Robert Jean-Boulan, "Au Cœur du Liban, sur les traces de Germain Nouveau", *Les Lettres Françaises*, No. 128 (1949).

[20] Léonce de Larmandie, "Vie de J.-G.-N. Dit Humilis" dans *Poèmes d'Humilis* (Paris: La Poétique, 1910), p. 174.

Plus près de nous il y a encore des critiques qui s'attachent à cette deuxième version du voyage:

> La parole fut donnée à Pierre Robin ancien directeur de l'École Supérieure des Lettres de Beyrouth. Ce chercheur, dans le séjour qu'il fit en ce pays, où professa Nouveau, voulut mettre ses pas dans les lieux foulés par le poète. Et il alla à Aramoun en compagnie de G. Bonnoure et G. Schéhadé. Après une description précise et vivante de ce coin de terre — "au-delà des mûriers de Ghazir" — il nous dit avoir vidé des valises demeurées là "fourbues d'ans et de voyages recouvertes d'historique poussière, pleines à craquer". Schéhadé d'une aide peu efficace préférait la compagnie d'une cigarette philosophique.
> Hélas! "pas d'écriture de Nouveau mais des lettres du Père Gabriel Spath, le prêtre maronite qui l'avait engagé". Seulement P. Robin nous paraît trop modeste. A dire vrai il découvrit une lettre du poète dans une liasse mais il était question fort prosaïquement de condition d'engagement et de contrat. Il rappela aussi ce que dit "la légende". Nouveau mendia bien à Bab-Edriss en compagnie d'une jeune aveugle.
> Dans un journal de Beyrouth en 1955 P. Robin publia un article sur "Un passant considérable" G. Nouveau le Poète des "Deux Amours". Cette page de journal reproduit le Collège de la Charité Fraternelle où enseigna Nouveau [21].

Il nous semble que P. O. Walzer a, à juste titre, sévèrement jugé la version de Jean-Boulan:

> On craint un peu que M. Jean-Boulan ne soit tombé sur des "conteurs" orientaux qui se plaisaient à lui raconter ce qu'il avait envie d'entendre. Il situe aussi à Aramoun un séjour de Chateaubriand, qui, si je lis bien l'*Itinéraire* et les *Mémoires,* n'a jamais mis le pied dans les montagnes du Liban, qu'il s'est contenté de saluer de loin. (318)

Il est clair qu'ici une synthèse, une conclusion, s'impose. L'affaire est, en effet, loin d'être limpide. Même l'éditeur des *Œuvres complètes* qui semble pencher pour la première version, comme

---

[21] Maïté Dabadie, "Journées de Pourrières", *Le Cerf-Volant,* No. 64 (4ᵉ trimestre 1968), pp. 42-43.

nous venons de l'indiquer, n'hésite pas ailleurs à formuler quelques doutes :

> On connaît mal les raisons qui amenèrent Germain Nouveau à accepter un poste de professeur de français et de dessin dans un collège catholique de Beyrouth — ou maronite des environs de Beyrouth. Et l'on ne saura jamais si le poète a véritablement séduit la jeune mère d'un de ses jeunes élèves, ce qui aurait provoqué son renvoi, d'où pour lui l'obligation de se faire mendiant dans les rues où il aurait trouvé une nouvelle compagne, une jeune aveugle qu'il envoyait mendier pour tous les deux... (543)

Reprenons donc cette question en utilisant les résultats que nous avons établis en analysant les documents sur lesquels est basée la première version du voyage. Pendant les vacances d'été (1883) Nouveau négocie un poste de professeur au Collège patriarchal des Grecs catholiques. Un certain nombre de malentendus font qu'il n'arrive à Beyrouth que vers la mi-avril (1884). Il est encore dans la même ville le 22 juillet (1884) et il ne peut quitter la capitale libanaise avant le 24 octobre. Puis il passe par Jérusalem et arrive à Alexandrie le 29 novembre. Vers la fin du mois de décembre au plus tard il prend le bateau pour rentrer en France. Au début de l'année 1885 il est à Paris.

Supposons maintenant que le père Gabriel Spath ait existé. Ceci, malgré les apparences, est déjà une concession. En effet "Spath Fluor" pourrait très bien être un personnage créé par l'imagination de Nouveau. Ce ne serait pas la première fois que le poète se livre à de telles fantaisies. N'avait-il pas créé avec Rimbaud, lors de son escapade londonienne avec se dernier, "Mr Drycup" et "Me Polichinelle"? Quant aux articles de Jean-Boulan, ils sont basés sur des récits oraux et non sur des documents. D'ailleurs les affirmations de Larmandie sont peut-être le résultat d'une tentative de Nouveau de se moquer de son ancien camarade de bureau. Enfin, si l'on veut croire Pierre Robin sur parole, il faut remarquer que Nouveau a écrit une lettre au père Gabriel Spath et que le texte traite "de condition d'engagement" et "de contrat". Ceci ne prouve nullement, pourtant, que Nouveau enseigna à Aramoun au Collège de la Charité Fraternelle. De plus, quand le poète aurait-il pu être professeur à Aramoun? D'avril 1884 jusqu'à la fin de l'année scolaire il est au patriarchal. Puis arrivent les vacances d'été qu'il passe à Beyrouth comme en témoignent les lettres au consul ainsi que leur contenu. C'est ensuite la descente vers Jérusalem et Alexandrie. Compte tenu des données spatio-temporelles que nous venons d'établir, on voit mal quand et comment le poète aurait pu enseigner à Aramoun. Dès lors, que penser du reste de "cette légende"? Si les prémisses sont erronées les conclusions peuvent-elles être justes?

Enfin toutes ces contradictions peuvent être résolues même si l'on admet que le père Spath ait existé. Il aurait alors suscité l'intérêt de Nouveau, peut-être même essayé de lui trouver un contrat dans une école libanaise. Ceci serait confirmé par la lettre en possession de Pierre Robin. Cependant le rôle du père Spath n'a pu aller au-delà de ces quelques encouragements.

Mais il y a plus. Jean-Boulan nous dit que Nouveau eut "l'idée saugrenue de convoiter une jeune femme du village, mariée, mère de famille, au grand scandale de la population". Tout d'abord, quand on connaît la mentalité de ladite population, il est difficile de croire que Nouveau serait sorti intact de l'aventure. C'est une simple question de bon sens: les conventions sociales du Liban n'étaient pas dans ce domaine aussi libres que celles des marquises de Balzac. De plus 'le village' en question, nous l'avons vu, ne peut être que Beyrouth. Or, d'après les lettres au consul et les autres documents concernés, nous découvrons que Nouveau est l'orateur à la distribution des prix. Ce n'est généralement pas le genre de tâche que l'on confie aux brebis égarées, si éloquentes soient elles. Aussi il est question de renouvellement de contrat pour ce "professeur interne". Enfin tout tend à prouver que Jean-Boulan est bel et bien tombé sur "des conteurs orientaux".

Reste enfin l'aventure de la jeune aveugle qui aurait mendié le pain du poète en détresse. Ici nous faisons face à la seule partie de la légende qui ne soit pas contredite par les faits, mais encore une fois rien ne prouve cette histoire. Notre hypothèse est la suivante: la deuxième version pourrait être basée sur un malentendu. Un inconnu a sans doute enseigné à Aramoun et on a dû le prendre pour Nouveau. Car pour la population autochtone tous "les Frangers" se ressemblent. Enfin il vaut mieux s'en tenir aux faits, c'est-à-dire à la première version, qu'à 'la légende' de Jean-Boulan.

En ce qui concerne l'état d'esprit de Nouveau pendant son séjour au Moyen-Orient il ne nous reste que les *Sonnets du Liban* et les lettres que nous avons déjà citées. Cela est très peu pour établir sa mentalité pendant cette période, si courte soit-elle. Pourtant les biographes exploitant les légendes à bout s'en sont donnés à cœur joie [22]. Souvent ils concluent d'une manière superficielle: "C'est un Sardanapale qui regagna Paris, sous la cuirasse de Godefroy de Bouillon" [23]. Ce serait plutôt Albert Lopez qui, rapportant le jugement de Louis Le Cardonnel, s'approcherait de la vérité:

> Deux hommes se battaient en lui, m'a dit Louis Le Cardonnel. Cette guerre effroyable ne lui laissait aucun repos; par moments, un mysticisme enflammé le jetait aux pieds du Christ, puis tout à coup, aux prières succédaient les blasphèmes, le langage obscène qui me révoltaient. Pour des futilités, il avait des colères d'enfant capricieux que rien ne maîtrise, *des colères de taureau*. (LOP 81)

En effet, même les *Sonnets du Liban* dans leur exotisme érotique conservent des images inspirées d'un fond religieux qui est toujours présent chez Nouveau et qui entoure sa conscience "Dans des grands linges d'ange, ainsi qu'en une fresque" (545).

Les *Sonnets du Liban* constituent une étape intermédiaire entre les œuvres de jeunesse et celles de la maturité. Nous venons d'évoquer les circonstances qui entourèrent la composition et la publication de ces quatre pièces. Leur sensualité a sans doute contribué à former les légendes libanaises de Nouveau dont nous avons montré le manque total de fondement historique. Ces poèmes sont d'ailleurs loin d'être scandaleux. Les femmes que l'on nous décrit ne sont ni des mendiantes aveugles, ni des prostituées, ni même encore les mères des élèves du poète. "Set Ohaëdat" (545) est une dame dont le niveau d'instruction est assez élevée, puisqu'elle écoute "ceux qui distillent les discours". "Kathoum" (545-46) a des esclaves et les femmes "Musulmanes" (546) ne sont "absolument obscènes" que parce qu'elles ont le visage voilé et se cachent à la vue des étrangers. Enfin le groupe décrit dans "Smala" (547)

---

[22] C'est les cas de Vérane (VER 141-46).
[23] Ibid., p. 146.

n'est voluptueux que dans sa façon de fumer. Au-delà du pittoresque, élément si cher à Nouveau, ces poèmes sont analogues à ses premières compositions. On y détecte, en effet, les techniques parnassiennes, l'influence de Baudelaire et la volupté aérienne et musicale inspirée de Watteau. La simple lecture de "Set Ohaëdat" illustre ce point:

> Je vous fus présenté Madame, dans la salle
> De marbre frais et sombre où vous passiez les jours
> Au bruit de ces jets d'eau monotones des cours
> Damasquines; l'or blanc cerclait votre bras pâle.
>
> Assise à terre, à la manière orientale,
> Vous écoutiez ceux qui distillent les discours,
> Devant les narghilés d'argent aux tons d'opale
> Que la Paresse fume à coups distraits et courts.
>
> Des fleurs couraient parmi vos étoffes de soie;
> Vos yeux éclairaient l'ombre où votre front se noie;
> Votre pied nu brillait; votre accent étranger
>
> Éclatait dans ma tête en notes délicates;
> Je vois toujours vos dents blanches, fines et plates
> Quand votre lèvre, mouche en rumeur, fit: "Franger?" (545)

Ainsi, malgré le décor oriental, on retrouve le jeune Nouveau, celui-là même qui avait écrit "Fantaisies parisiennes" (359-62) et "Janvier" (372). Pour lui, une femme c'est avant tout des yeux, des lèvres et des "bras pâles"; mais il ne faut jamais oublier les charmes de l'éclat d'un pied qui se manifeste au-delà de l'étoffe somptueuse. Les éléments de "Set Ohaëdat" se retrouvent dans les *Valentines*, en particulier dans la pièce "La Rencontre" (569-70). La première strophe du poème "À une Dame créole" est pour Nouveau un point de départ[24] mais il va plus loin que Baudelaire dans le procédé de personnification de la paresse et utilise un autre procédé de l'auteur des *Fleurs du Mal* pour illustrer ce point:

---

[24] Baudelaire, Op. cit., p. 79:
> Au pays parfumé que le soleil caresse,
> J'ai connu, sous un dais d'arbres tout empourprés
> Et de palmiers d'où pleut sur les yeux la paresse,
> Une dame créole aux charmes ignorés.

> Devant les narghilés d'argent aux tons d'opale
> Que la Paresse fume à coups distraits et courts. (545)

D'autre part le teint de la dame créole "est pâle", "son sourire est tranquille" et "ses yeux" sont "assurés". Enfin le poème "À une Malabaraise" [25] contient un certain nombre d'images que l'on retrouve dans ces *Sonnets du Liban*. Dans ses poèmes exotiques, Baudelaire utilise quelques enjambements pour créer une atmosphère lente et langoureuse [26]. Il est clair que ce procédé se retrouve dans "Set Ohaëdat". Si l'on tient compte du fait que l'emploi de l'enjambement produit en général un effet contraire à celui que nous décrivons, on se rend compte que l'on est en présence d'une autre ressemblance entre les deux poètes.

Si "Set Ohaëdat" soulève la question morale de la paresse, "Kathoum" (545-46) est une femme dont les fautes pourraient être à la fois plus charmantes et plus graves, puisqu'elle est qualifiée de "rose brûlée":

> Oh! peindre tes cheveux du bleu de la fumée,
> Ta peau dorée et d'un ton tel qu'on croit voir presque
> Une rose brûlée! et ta chair embaumée,
> Dans des grands linges d'ange, ainsi qu'en une fresque,
>
> Qui font plus brun ton corps gras et fin de mauresque,
> Qui fait plus banc ton linge et ses neiges d'almée,
> Ton front, tes yeux, ton nez et ta lèvre pâmée
> Toute rouge, et tes cils de femme barbaresque!
>
> Te peindre en ton divan et tenant ton chibouk,
> Parmi tes tapis turcs, près du profil de bouc
> De ton esclave aux yeux voluptueux, et qui,
>
> Chargé de t'acheter le musc et le santal,
> Met sur un meuble bas ta carafe en cristal
> Où se trouble le flot brumeux de l'araki. (545-46)

Le mot "santal" peut évoquer Charles Cros, l'auteur du *Coffret de santal*. Mais l'utilisation de termes comme "barbaresque", "chi-

---

[25] Ibid.
[26] Ibid. Par exemple:

> Tes pieds sont aussi fins que tes mains et ta hanche
> Est large à faire envie à la plus belle blanche.

bouk", "bouc", "mauresque", "musc" et "araki" montrent que pour un instant Nouveau semble prêt à retomber dans des techniques parnassiennes. C'est pourtant la Sainte Vierge qui l'avait sauvé "des pentes du Parnasse" (487) dès 1879. C'est donc après avoir refusé l'école de "l'art pour l'art" que Nouveau y revient. Cette rechute semble pourtant une étape nécessaire dans l'évolution poétique et spirituelle du futur Humilis. C'est, en effet, par le biais de l'esthétique, par la recherche d'une beauté absolue et par son échec final dans ce domaine, que le poète de Pourrières en viendra à l'écriture dépouillée et pourtant si saisissante de l'*Ave Maris Stella*.

Esthétique pure et érotisme sont donc pour Nouveau les deux fautes que l'artiste doit éviter et cela semble impossible dans les moments de faiblesse. Il n'y a pas, à notre avis, de pensée qui puisse être plus baudelairienne que celle-là. L'autre aspect marquant de ce poème réside dans le fait que le peintre parle plus que le poète. Le désir qu'a Nouveau de créer l'image d'une femme aimée se retrouve dans les *Valentines*. On pense en particulier à des poèmes comme "La Statue" (376-77) ou "Le Portrait":

> Depuis longtemps, je voudrais faire
> Son portrait, en pied, suis-moi bien:
> Quand elle prend son air sévère,
> Elle ne bouge et ne dit rien [27]. (573)

---

[27] Le souci esthétique de Nouveau est bien baudelairien. On le retrouve dans des poèmes comme "À Une Malabaraise": "À l'artiste pensif ton corps est doux et cher". On remarque également dans ce poème une très belle utilisation des allitérations. "Tes cheveux du bleu de la fumée" intercale entre les trois dentales les sons [e], [ø], [ø], [e]. L'expression est en quelque sorte une étude chromatique allant du blanc au noir, c'est-à-dire un jeu d'ombres et de lumières basé sur les nuances du bleu. Bien que E représente le blanc pour Rimbaud nous retrouvons l'azure connotation dans le sonnet des "voyelles": "E, candeurs des vapeurs et des tentes/ Lances des glaciers fiers, rois blancs, frissons d'ombelles" (Op. cit., p. 53). Les sons [e] et [o] apparaissent ici comme des reflets sonores que le peintre capture dans la correspondance d'un moment. Il s'agit d'un procédé impressionniste qui met l'accent sur les nuances mineures, car le réel est si banal, si évident, que l'œil du poète ne songe pas à s'y attacher. Ce qu'il y a de remarquable c'est que les allitérations ne constituent pas des entités isolées. Dès le deuxième vers nous reconnaissons ici des propriétés musicales évoquant quelque peu une structure de fugue: "Ta peau dorée est d'un ton tel qu'on croit voir presque / Une rose brûlée! et ta chair embaumée". La chaîne sonore se développe bien ainsi: [o], [o], [e], [e],

Le troisième des *Sonnets du Liban* a pour titre "Musulmanes" et est dédié à Camille de Sainte-Croix:

> Vous cachez vos cheveux, la toison impudique,
> Vous cachez vos sourcils, ces moustaches des yeux,
> Et vous cachez vos yeux, ces globes soucieux,
> Miroirs pleins d'ombre où reste une image sadique;
>
> L'oreille ourlée ainsi qu'un gouffre, la mimique
> Des lèvres, leur blessure écarlate, les creux
> De la joue, et la langue au bout rose et joyeux,
> Vous les cachez, et vous cachez le nez unique!
>
> Votre voile vous garde ainsi qu'une maison
> Et la maison vous garde ainsi qu'une prison;
> Je vous comprends: l'Amour aime une immense scène.
>
> Frère, n'est-ce pas là la femme que tu veux:
> Complètement pudique, absolument obscène,
> Des racines des pieds aux pointes des cheveux? (546)

Ce sonnet révèle un peu la préciosité de Nouveau. Cela a peut-être son charme dans des expressions comme "la langue au bout rose et joyeux" qui nous rappellent "Le sonnet de la langue" (786) de l'*Album zutique;* mais l'image "vos sourcils, ces moustaches des yeux" prouve que le poète s'amuse et son intention est avant tout

---

[ɔ], [ɔ], [o], [e], [e]. Comme dans la première phrase le son [e] constitue une note majeure. De plus, le passage de [o] à [ɔ] constitue le développement d'un système d'écho. La manipulation du son [e] relève ici une unité harmonique. Nous allons voir que dans "Smala" (547) le même son sera la base de la rime unique du poème, produisant le même effet de légèreté et de langueur à la fois. Dans "Kathoum", cependant, se multiplient les effets sonores basés souvent sur l'alternance des notes dures et de leurs équivalents liquides:

Dans des grands linges d'anges ainsi qu'en une fresque

[d] [ã] [e] [g] [ã] [ɛ̃] [ə] [d] [ã] [ə] [ɛ̃]   [ã]

Te peindre en ton divan et tenant ton chibouk
                                              x
Parmi tes tapis turcs, près du profil de bouc
              x   x

Ce poème comme tant d'autres mériterait une profonde analyse sémiotique, mais ce genre d'études se situe en dehors de nos véritables préoccupations. Voir en particulier: A. J. Greimas, *Essais de sémiotique poétique* (Paris: Larousse, 1972); et aussi P. Valesio, *Struttura dell'alliterazione* (Bologna: Zanichelli, 1967).

parodique. Les paradoxes et les inversions des derniers vers annoncent le style des *Valentines*. On peut aussi remarquer que le poète croit comprendre pourquoi les Musulmanes ont le visage voilé. C'est en effet l'expression de la figure qui tente plus que le corps. Dans l'érotisme, l'objet ne peut entraîner que grâce à la conscience du sujet. L'invitation, le consentement — tout cela passe par la communication du visage dont la signification ludique peut être double: signal et objet. Le corps, lui, ne peut être que le réceptacle passif du plaisir.

Si Nouveau décompose le visage en éléments (joue, langue, nez, etc.), c'est qu'il interprète l'attitude de la femme musulmane d'une manière bien particulière. En effet, elle peut paraître "complètement pudique", puisqu'elle cache le visage comme le reste du corps, plus que le reste du corps. Mais elle est "absolument obscène", en faisant de la figure quelque chose qui doit se dissimuler, comme les organes sexuels. Ce qui provoque ce genre de réaction chez le poète, c'est la frustration produite par la présence du visage secret de l'interlocutrice. Nouveau, lui, ne peut voir cela, en toute logique, que comme un obstacle à l'intimité qu'il recherche.

"Smala" (547) est basé sur des effets sonores semblables à ceux exploités dans "Kathoum":

> Le soleil verse aux toits des chambres mal fermées
>   Ses urnes enflammées;
> En attendant le kief, toutes sont là, pâmées,
> Sur les divans brodés de chimères armées;
>
> Annès, Nazlès, Assims, Bourbaras, Zalimées,
> En lin blanc, la prunelle et la joue allumées
>   Par le fard, parfumées,
> Tirant des narghilés de légères fumées,
>
>   Ou buvant, ranimées,
> Les ongles teints, les doigts illustrés de camées,
> Dans des dés d'argent fin des liqueurs renommées.
>
> Sur les coussins vêtus d'étoffes imprimées,
>   Dans des poses d'almées,
> Voluptueusement fument les bien-aimées. (547)

Les mots "kief", "narghilés" et "almées" ainsi que les beaux noms de femmes "Annès, Nazlès..." dans leur double pluralité évoquent une atmosphère des plus exotiques. Cet effet est prolongé par la fréquence des consonnes sibilantes, par la rime unique et par l'alternance des vers (12-6-12-12-12-12-6-12-6-12-12-12-6-12).

Les *Sonnets du Liban* se présentent comme une œuvre transitoire. On y retrouve le Nouveau des premiers poèmes, mais du point de vue technique, comme nous venons de le voir, les pièces "Kathoum" et "Smala" sont de véritables bijoux. Au-delà de l'exotisme et de l'érotisme, il faut cependant noter que l'atmosphère de ces sonnets n'a pas la grâce et la simplicité de *La Doctrine de l'Amour*. Enfin ces poèmes annoncent les *Valentines*, non seulement par leur état d'esprit, mais aussi par leur thématique. En effet, déjà ici, comme plus tard dans les *Valentines*, 'l'Amour' semble tout expliquer. Il "aime une immense scène" surtout dans l'œuvre de Nouveau. Cette notion n'est jamais perdue de vue ni dans les œuvres érotiques ni dans les œuvres mystiques. Que son regard monte vers les cieux ou qu'il s'abaisse vers la terre, le poète n'a d'autres soucis que l'accueil des êtres qui l'entourent. Ce désir va à la recherche de ce que "vous cachez"; il ne peut donc déboucher que sur la quête de l'intimité.

* * *

De retour à Paris le poète semble avoir fréquenté Montparnasse et le Quartier Latin. P. O. Walzer ajoute: "souvent en compagnie de Verlaine" (318). Ceci n'est pas exact puisque avant juin 1885 Verlaine n'est que rarement à Paris [28].

Ainsi, de janvier à juin 1885, Nouveau reprend contact avec le monde parisien. Pendant son absence, Nina de Villard était morte (juillet 1884) et le seul salon littéraire jadis ouvert aux bohèmes ferma ainsi ses portes. Mais Nouveau commence à exercer

---

[28] Ceci peut être vérifié dans Verlaine, *Œuvres poétiques complètes* (Paris: Gallimard, 1962), p. XXXV. Autre imprécision de P. O. Walzer: "habitait alors l'hôtel du Midi, 6, rue Moreau" (318). De la même source on déduit que l'adresse de Verlaine fut, à partir du 13 juin: Hôtel du Midi, 6, Cour Saint-François, 5, rue Moreau. De plus, de janvier à juin 1885 Verlaine n'est à Paris que: 1) en janvier "voyage éclair" (11 février, retour à Coulommes) et 2) le 18 mai (il reste quelques jours).

son influence sur des hommes de lettres plus jeunes : Moréas, Paul Morisse, Charles Morice et Alfred Valette (318). Ses contributions au *Chat Noir* de Rodolphe Salis ont dû également le rapprocher des symbolistes et décadents qui hantaient les cafés et les brasseries. En mai 1885 André Beauclair et Gabriel Vicaire font paraître la plaquette des *Déliquescences d'Adoré Floupette*. Il est intéressant de constater que cet ouvrage qui marque le début du mouvement décadent contient deux pièces qui sont des parodies de la poésie de Nouveau [29]. Ceci prouve qu'à cette époque, si le grand public ignore l'enfant de Pourrières, les poètes, eux, commencent déjà à bien connaître son œuvre. C'est Nouveau qui présente les jeunes comme Louis Le Cardonnel à Verlaine [30]. C'est toujours Nouveau, selon les biographes, qui les éclaire, qui leur prédit l'avenir avec une incroyable lucidité :

> Seul, Nouveau vit clair dans cette nature ardente; avec un regard profond — jamais oublié depuis — il toucha Le Cardonnel jusqu'aux larmes — Toi, Louis, tu seras prêtre. Ne résiste pas à l'appel divin. (LOP 84)

À partir de cette époque Nouveau songe sérieusement à devenir professeur de dessin. Pour se perfectionner il fréquente l'Académie Colarossi (10, rue de la Grande-Chaumière). Là ses professeurs sont MM. Raphaël Colin et Courtois (318-19). Cependant, à partir de juin 1885, l'activité fondamentale de Nouveau va redevenir la poésie avec la composition des *Valentines*. Il s'agit d'une collection de 52 poèmes écrits d'octobre 1885 à avril 1887. Ces madrigaux sont dédiés à une femme réelle ou imaginaire dont le nom aurait été Valentine Renault. Aussi certains critiques ont affirmé que Valentine Renault n'aurait été que le fruit de l'imagination de

---

[29] Cette question ici, un peu en dehors de notre étude, a été analysée avec beaucoup de lucidité par Louis Forestier : "Germain Nouveau et le mouvement décadent", *L'Esprit Créateur*, Vol. IX, No. 1 (printemps 1969), pp. 3-8.
Nous voulons ici simplement indiquer l'impact que Nouveau a eu sur ses contemporains. Mendès par exemple le représentera récitant des litanies dans *La Maison de la vieille* (pp. 219-23) sous le nom d'Évariste Myriem.
[30] OC 318. C'est Louis Le Cardonnel qui veillera et conduira la mère de Verlaine au cimetière le 21 janvier 1886.

Nouveau [31]. D'autres sont si ambigus sur cette question qu'ils finissent par se contredire en brouillant leur exégèse (SMI 230-94). Enfin P. O. Walzer a le bon sens de citer les amis du poète. C'est ainsi qu'il nous rappelle le témoignage de Camille de Sainte-Croix:

> Ayant donné tout son cœur, écrit-il, à l'adoration d'un charme de jeune fille phtisique, il avait produit un fort recueil d'intenses madrigaux symbolistes: Les *Valentines*. (551)

Il y a aussi celui de Louis Denise:

> À son retour de Palestine, où il avait passé quelques années, Nouveau fut accueilli à Paris par un amour que le long isolement subi lui fit accepter avec une joie enfantine, une adorable reconnaissance. Les *Valentines* furent composées à cette époque. (551)

Ainsi l'éditeur des *Œuvres complètes* affirme: "a-t-elle réellement existé? Je le pense tout à fait" (551). Nous sommes d'accord avec cette opinion (cette intuition) mais la preuve de l'existence réelle de Valentine n'a pas encore été apportée. Aussi Vérane et Lopez croient-ils à son existence réelle. D'autre part, signalons qu'après maintes péripéties, la publication des *Valentines* n'eut lieu qu'après la mort du poète en 1922.

Nous voudrions extraire de la deuxième pièce du recueil, "La Rencontre" (569-70), quelques détails biographiques. Tout d'abord le lieu et le temps de la rencontre sont clairement indiqués: "Un café de la Rive-Gauche", "La rue où rit ce cabaret... porte le nom d'un patriarche" (probablement la rue Jacob) et c'était "Juin, quatre-vingt-cinq, minuit... presque". On passe en général très rapidement sur ces détails. Pourtant un certain nombre de réflexions s'impose. Le poète, comme il l'indique à maintes reprises, est à peine de retour de son voyage au Moyen-Orient ("je venais de la Palestine", "je m'en revenais de Sion"). Si l'on se souvient de ses vicissitudes on a tendance à prendre le temps "minuit... presque"

---

[31] Jacques Brenner, "Germain Nouveau", *Preuves* (juillet 1953), p. 42 et Auguste Viatte, "Le Souvenir de Germain Nouveau", *La Revue de l'Université Laval*, Vol. VIII, No. 4 (décembre 1953), p. 347. Ce dernier article n'a cependant pas le poids de l'opinion de Jacques Brenner. Viatte n'apporte rien d'original à la connaissance du cas Nouveau.

comme symbolique: après la lumière de *La Doctrine* vient la nuit, l'obscurité, le noir. D'ailleurs l'atmosphère du poème est paradoxalement sombre et mélancolique:

> Au bord de la Seine, à Paris:
> Un homme y chante la Romance
> Comme au temps... des lansquenets gris. (569)

Évoquant ainsi déjà un univers qui deviendra familier à Guillaume Apollinaire, Nouveau précise: "Vous aviez un noir mantelet". L'antithèse de cette nuit est constituée par les yeux de Valentine puisque le poète confesse: "Ils m'aveuglaient de ta lumière". Ce poème n'est pas un cas isolé: en poussant son analyse on peut saisir l'esprit et l'attitude de Nouveau pendant les années 1885-1886. Malgré la tristesse implicite des *Valentines,* l'auteur n'oublie pas les détails matériels. Le 6 novembre 1885, par exemple, se rendant compte qu'il vient d'égarer le certificat attestant qu'il avait quitté son emploi de son plein gré (1883), il fait la demande d'une deuxième copie de ce document au Chef du Cabinet du Ministre de l'Instruction publique. Le poète habite alors 135, boulevard Montparnasse (866).

En 1886 Nouveau continue la composition des *Valentines.* Il commence à se faire valoir aussi en tant que peintre puisque le Musée de Versailles accepte l'un de ses tableaux. Il s'agit en réalité d'une copie du portrait de Barbaroux par David (319). Il utilise sans doute ce succès pour essayer d'obtenir un emploi de professeur de dessin qui lui permettrait de préparer l'examen du Certificat d'aptitude à l'enseignement. En effet, le 6 octobre 1886, il fait une demande en ce sens au ministre (867).

Nommé au collège de Bourgoin (Isère) il y arrive le 19 octobre. À cette date il a déjà composé les trente-six premières pièces des *Valentines*. En effet la trente-septième pièce du recueil "L'Âme" indique clairement la séparation du poète et de Valentine:

> Chaque soir quand ton corps se couche
> Dans ton lit qui n'est plus à moi,
> Tes lèvres sont loin de ma bouche;
> ...
> Du temps où nous étions ensemble,
> N'ayant rien à nous refuser,
> ... (639-40)

Quant à la pièce ultérieure "Cru" elle précise avec ironie la nouvelle résidence du poète "En ton délicieux Bourgoin" (657). En avril 1887 le recueil des *Valentines* est achevé (552). Ainsi chez Nouveau le poète vient d'accomplir un effort intense et prolongé, cependant le professeur de dessin est loin de faire sa tâche honorablement. Le rapport du Recteur de l'Académie de Grenoble témoigne de cette carence :

> Le service de Monsieur Nouveau laisse beaucoup à désirer; peu d'exactitude, de travail, de méthode et par suite aucun résultat. Il néglige ses élèves au point de les laisser entièrement livrés à eux-mêmes pendant les classes et de s'occuper exclusivement devant eux de se préparer au certificat de dessin.
> En réalité, Monsieur Nouveau n'a rien d'un professeur et je demande instamment qu'il soit remplacé par un maître plus instruit et plus consciencieux.
>
> À Grenoble, le 30 juillet 1887.
> (1033)

Enfin nous ne pouvons passer sous silence l'aspect prophétique des *Valentines*. Du point de vue biographique c'est bien d'octobre 1885 à avril 1887 que certaines prédictions ont été faites par Nouveau. Par exemple, le fait qu'en 1891 il fera des signes de croix avec sa langue sur le pavé des rues parisiennes est déjà inclus symboliquement dans ces vers :

> Baiser de la passion folle
> Baise la trace de ses pas,
> Réellement, sans hyperbole,
> Pour montrer que tu ne mens pas. (658)

L'énergie potentielle de l'érotisme manifestée ici s'élèvera au niveau mystique en 1891. Ce qui importe c'est que l'image est contenue dans ces vers et on constate déjà la cohérence de l'univers imaginaire de Nouveau. Quant à la pièce "Fou" elle va bien plus loin que prédire la folie; il s'agit en effet d'un véritable éloge : "Je plains celui qui n'est pas fou" (603). Étrange aussi de trouver dans ce recueil la prédiction de la vie errante d'après 1891 : "Le mendiant, mais c'est mon frère! / Comment, mon frère ? Mais, c'est moi" (615).

Enfin il faut comprendre les *Valentines* comme l'adieu final que le poète donne au monde. L'articulation du recueil en deux parties, comme nous venons de l'indiquer, contribue à l'exposition de ce fait. On trouve dans les trente-six premières pièces la présence toute proche de la femme, de Valentine; tandis que dans les seize dernières la distance et le regret prennent le dessus. On suit ainsi le poète jusqu'à sa dernière prophétie: dans le "Dernier Madrigal" (673) il prédit son humble enterrement et il se définit "Fou de corps, fou d'esprit, fou d'âme, de cœur, si l'on veut de cerveau". On ne peut ici que reprendre le jugement de Léon Dierx: "Fou, c'est trop dire, Germain Nouveau a conscience de son état"[32].

Voici donc une présentation générale des *Valentines*.

En 1891 Louis Denise écrivait à propos des *Valentines* dans *Le Mercure de France*:

> Or, les *Valentines,* en leur savante ordonnance de motifs décoratifs, avec, au lieu des calligraphies dont nous parlions, leur langue quasi classique, amoureuse de pure syntaxe, d'ingénieuse élégance et de géométrique précision, ne témoigneraient-elles pas d'un effort à rechercher, au dessin tout linéaire de l'architecte et l'ornemaniste, à cet art dont la rigueur et la probité dédaignent l'inutile secours du clair-obscur et de la couleur, une sorte d'équivalent littéraire? (DGN 15)

Louis Denise semble vouloir ignorer certains aspects du texte en réduisant l'architecture à une simple science de la décoration. Nous verrons plutôt que la précision ne peut se trouver que dans la profondeur du texte.

Si Nouveau a songé à organiser ses poèmes d'une manière architecturale, c'est peut-être parce qu'il était un fervent lecteur des *Fleurs du Mal*, bien qu'il soit loin de partager la polarisation artistique de son maître. Il dira en 1889: "Baudelaire est presqu'un artiste pur" (875)[33]. Les *Valentines* révèlent, en effet, une archi-

---

[32] Cette opinion est évoquée par Guillaume Apollinaire dans *Le Flâneur des deux rives* (Paris: Gallimard, 1928), pp. 105-6.

[33] Ce jugement appartient encore au Nouveau rimbaldien, car "L'Époux infernal" avait écrit dès 1871:
> Baudelaire est le premier voyant, roi des poètes, un vrai Dieu. Encore a-t-il vécu dans un milieu trop artiste; et la forme si vantée en lui est mesquine: les inventions d'inconnu réclament des formes nouvelles (Rimbaud, Op. cit., pp. 253-54).

tecture beaucoup plus humaine qu'artistique. Comme chez Blake une symétrie fondamentale articule le texte. L'innocence est représentée par les trente-six premières pièces écrites à Paris [34], mais c'est l'expérience qui fait sentir sa voix dans les dix-sept dernières pièces écrites à Bourgoin, loin de Valentine, après que Nouveau eut quitté cette dernière. C'est ainsi qu'à ce niveau l'architecture des *Valentines* suggère une possible résolution de l'aspect paradoxal du recueil. Sa division en deux parties distinctes est claire, mais les distinctions ultérieures n'ont pas la rigueur de celles que l'on reconnaît dans *Les Fleurs du Mal*.

Nous appellerons donc les trente-six poèmes 'Les Chants de l'innocence ' qui, naturellement ne sont pas innocents dans le sens habituel du terme. Il faut cependant remarquer que les gros mots et les blasphèmes n'impliquent pas obligatoirement l'activité érotique et l'acte sexuel. Il nous semble en effet que, malgré le tissu d'ambiguïtés que constituent ces poèmes, rien n'indique avant la trente-sixième pièce, "La Poudre" (637-38), une consommation irréfutable de l'acte sexuel [35]. Dans la trente-deuxième pièce, "Ignorant" (631-32), il va même jusqu'à affirmer: "Je ne couche pas avec vous".

Ces poèmes sont aussi des chants de l'innocence à un autre niveau. Le poète semble, en effet, croire parfois que l'érotisme est la clé universelle de la porte du bonheur. Ces textes, malgré leur complexité, semblent innocents par rapport aux dix-sept derniers qui, eux, traduisent la conscience de la douleur et de la séparation sans lesquels l'amour de Nouveau serait resté au bas de l'échelle de l'éros. Il n'est d'ailleurs pas indispensable que l'évolution des poèmes coïncide avec l'ordre chronologique des faits.

---

[34] On compte en général trente-cinq pièces, car on compte "La Devise" proprement dite (585) comme faisant partie du poème "La Devise" (583-84). Mais Nouveau écrit lui-même à la fin de ce poème:

> Donc ma devise est la servante
> De la vôtre, que sans retard
> J'écris sur la page suivante:
> C'est toute une Épopée à part. (584)

Donc si l'on veut être précis, il faut considérer les *Valentines* comme un recueil de cinquante-trois poèmes et non cinquante-deux comme on l'a affirmé jusqu'aujourd'hui.

[35] G. Spackey dans sa thèse de Yale semble partager notre point de vue (SPA 212-34).

Nouveau avait d'autre part déjà fait l'expérience de l'amour physique dès 1873. "Les Chants de l'innocence" sont donc marqués par le signe du désir. Leur exaltation se justifie, au-delà des remarques banales, par l'attraction d'un but qui n'est pas encore atteint.

Nous pouvons diviser ces chants de l'innocence en quatre sections distinctes:

A) *"L'Introduction"* est constituée par les trois premières pièces. Elles annoncent le sujet, la forme et le ton du recueil. L'amour pour le badinage, l'abondance des points de suspension, les passages du "tu" au "vous", la présentation de Valentine et la strophe octosyllabique de cinq vers sont les particularités que l'on constate dans ces textes dès une première lecture.

B) Après avoir présenté l'œuvre et son sujet, Nouveau commence à décrire ce dernier. Nous nommons donc les sept poèmes qui suivent l'introduction *"La Description de Valentine"*. Dans "Le Portrait" (573-76) et "La Statue" (576-77), Nouveau tente de décrire son amie d'un point de vue artistique. Puis dans "La Fée" (578-79), il exprime la nature de Valentine. Suivent quatre pièces qui achèvent l'identification de la femme aimée.

C) *"La Description de Valentine"* est suivie de six poèmes qui peuvent être considérés comme des hymnes d'adoration à cette dernière et, à travers elle, à la femme en général. A la fin de l'un de ces poèmes, Nouveau affirme: "Valentine est l'Idéal!" ("L'Idéal", 592-93). Nous nommons donc cette section *"L'Idéal"*.

D) Quant aux vingt derniers "Chants de l'innocence", il nous convient de les appeler *"Les Confessions de l'amant"*. C'est déjà Humilis qui parle dans cette partie des *Valentines,* car dans chaque poème, ou presque, le poète avoue soit un défaut physique, soit un vice. Avec humilité, il s'attribue des imperfections qui souvent nous semblent imaginaires, mais qui parfois ont comme nous l'avons déjà montré, une valeur prophétique incontestable. Il s'agit donc d'une liste d'attributs et les titres des poèmes parlent parfois d'eux-mêmes. Il est normal, dans ce genre de recueil, qu'après avoir chanté la gloire de la femme, l'amant étale sa propre misère, son infériorité — Nouveau rejoint ainsi la tradition des troubadours.

Comme nous venons de l'indiquer, c'est avec la dernière confession de l'amant que s'achèvent ces "Chants de l'innocence" et que commencent les "Chants de l'expérience". Le poème "La Poudre" (637-38) est la charnière qui articule les deux parties de ce grand dyptique constitué par les *Valentines*. Ce texte central mérite donc une attention particulière. Ainsi "L'expérience du plaisir" qui a lieu dans "La Poudre" nous révèle un phénomène semblable à celui que l'on peut observer dans l'évolution de la liaison entre "La Présidente" et Baudelaire. Nouveau écrit dans ce poème clé :

> Pour qu'il meure et pour qu'il renaisse,
> Viens-tu verser à mon désir
> Avec le vin de la jeunesse
> L'expérience du plaisir ?
> ...
> Viens-tu verser, dans ta largesse,
> Au cœur qui ne peut s'apaiser,
> Avec le vin de la sagesse,
> L'expérience du baiser ?
> ...
> Si ce n'est l'Amour, c'est l'image
> De l'Amour, qu'en vous je veux voir,
> Jeune femme aux cheveux de Mage,
> Tels que les neiges du savoir !
>
> Sous votre vieillesse vermeille
> La caresse se cache et rit,
> Comme une chatte qui sommeille
> Sur les griffes de son esprit.
>
> Dans ta vieillesse enchanteresse
> Je veux t'étreindre et m'embraser,
> Dans l'alambic de ta caresse,
> Sous l'élixir de ton baiser. (638)

Déjà dans ce poème de l'expérience, on découvre la triste volupté de l'âme inassouvie du poète, qui semble pourtant avoir atteint son but, et dans sa recherche de l'intimité s'élance vers "l'image de l'Amour". Il faut que l'enchantement "meure" et "renaisse" comme l'effet d'une drogue. Mais dès le premier contact, "la Poudre" laisse dans la bouche un goût amer. Malgré la stupeur, caractérisée par une vision presque surréaliste du poème,

Nouveau fait face au double tourment de la déception et de la privation. Cette "jeune femme aux cheveux de Mage" n'est au fond qu'une symbole permettant au poète d'exprimer que "l'expérience du plaisir" est "l'expérience du baiser", c'est-à-dire du contact. C'est ce contact qui constitue finalement cette preuve tangible d'un possible état d'intimité. Le poète reviendra sur ce point. Mais dès maintenant l'on peut constater son désir de pousser l'intensité d'un bref baiser jusqu'à la vieillesse, jusqu'à la mort. Cette recherche ne se borne donc pas à l'instant, mais s'étend avec la notion de durée. C'est la continuité que veut le poète, car sans elle l'intimité ne serait qu'une illusion passagère. Nouveau vise donc un état, non une performance.

Ces derniers sentiments caractériseront la passion inassouvie de la deuxième partie des *Valentines*; passion qui impliquera l'exaltation et l'enthousiasme dans les poèmes consacrés à l'éloge du "Baiser" (657-73). L'expérience produit donc le désir de "l'image de l'Amour". Nouveau chantera, l'inaccessible, l'absent. Il ira même jusqu'aux limites du texte, celles du mysticisme que les hommes appellent parfois folie. C'est ainsi que nous retrouvons la notion d'intimité comme poutre maîtresse de l'édifice des *Valentines*. Mais tout ceci va bien plus loin que la simple notion de cohérence d'un livre. Ces poèmes illustrent que la recherche de l'intimité est constante chez Nouveau, car le désir qui le pousse vers les autres êtres est continu.

Avec "Les Chants de l'expérience", l'inspiration amoureuse de Nouveau semble quitter "la ruelle de l'éros". Les gros mots, les imprécations et le ton badin se font de plus en plus rares. La tristesse et la souffrance causées par la séparation poussent le poète vers un érotisme à la fois plus ardent et plus sublimé. Cette démarche est confirmée par l'architecture du recueil:

A) Les trois premiers poèmes constituent une transcription directe et immédiate de la réaction de Nouveau à *"La Séparation"*. Dès la première pièce ("L'Âme", 639-40), le poète comprend que l'amour qu'il portait à Valentine n'était pas uniquement basé sur la recherche du plaisir physique qui n'est qu'une partie de l'éros. C'est aussi le thème central du baiser qui nous est révélé, dès le début de ces chants de l'expérience. C'est, en effet, grâce au souffle des anciens baisers que l'âme de Valentine habite encore le corps du poète:

> Ne m'as-tu pas, dans un baiser,
>
> Ne m'as-tu pas donné ton âme?
> Or le baiser s'est envolé,
> Mais l'âme est toujours là, Madame;
> Soyez certaine que je l'ai. (640)

B) Les six poèmes qui suivent "La Séparation" constituent *"Le Culte des objets"*. Dans sa solitude le poète s'intéresse aux choses simples et communes: "Le Peigne" (649-51), "La Robe" (651), "Les Cartes" (652-53). Ces poèmes sont de véritables études directes et leur faiblesse générale contraste avec la puissance de la dernière étape des *Valentines*.

C) La troisième partie est constituée par *"Le Cycle des baisers"* qui est la coupole de l'édifice du recueil. Le cycle comprend huit poèmes dont cinq ont le mot "baiser" pour titre. Le thème en question est d'ailleurs associé d'une très puissante façon à l'amour et à la mort. Nous atteindrons ainsi non seulement le fond de la pensée de Nouveau, mais l'essence même de toute poésie. Le débat entre le Carême et la Saint-Valentin est aussi la lutte entre Éros et Thanatos, entre le désir d'intimité et la mort.

Ainsi, l'architecture des *Valentines,* basée sur le grand dyptique Innocence/Expérience, nous indique une rigueur de composition que le ton badin tente pourtant de masquer. L'évolution cohérente des parties donne à l'ensemble du recueil une allure narrative illustrant clairement l'histoire de l'échec de l'amour humain. Le poète rencontre une femme. Il en tombe totalement amoureux au point d'en faire son idéal. Puis, détournant son regard de sa dame, il confesse humblement sa propre infériorité, ses vices. L'expérience de l'acte sexuel est suivie de la séparation. Cette dernière entraîne d'abord un fétichisme romantique, un peu comme chez Lamartine, puis c'est l'exaltation, le délire causé par la soif des baisers inassouvis. Le "Dernier Madrigal" du recueil constate enfin le triomphe de la mort. L'amour est donc perdant dans cette lutte. La recherche de l'intimité s'exprime d'abord comme désir de contact, puis comme pénétration. La déception et la souffrance causées par l'absence de Valentine dans les "Chants de l'expérience" illustrent l'échec du poète. De cet échec renaîtra pourtant un autre chemin vers une autre intimité.

***

La carrière de Germain Nouveau se révèle de l'extérieur donc très instable. Au niveau poétique il vient de composer deux importants recueils. L'un, par delà les questions de style, souligne ses préoccupations religieuses et mystiques; l'autre montre une connaissance profonde et douloureuse de l'amour charnel. Mais *La Doctrine* et les *Valentines* n'ont pas encore trouvé d'éditeurs. Ce fait vient diminuer une confiance déjà en péril. De plus, la chronique et les voyages s'avèrent maintenant comme des expériences sans issue. Quant au poste de professeur de dessin il est loin de représenter un avenir qui permettrait au poète de survivre sans soucis d'ordre matériel. Germain Nouveau semble donc s'acheminer vers des années difficiles tandis que son esprit est toujours à la recherche d'une vie, d'une vraie vie capable de surmonter une réalité des plus déprimantes.

V. LA CRISE DE 1891

La période d'enseignement à Bourgoin (Isère) qui avait commencé le 19 octobre 1886 fut pour Nouveau une expérience négative. À cette déception il faut en ajouter une autre. En juillet 1887, à trente-six ans, Germain Nouveau échoue au certificat d'aptitude qui aurait fait de lui un professeur de dessin titulaire[1]. Vers la fin de septembre le poète va à Paris visiter Verlaine qui en est à sa deuxième hospitalisation à Broussais. Nouveau apporte au poète besogneux de *Sagesse* une pipe et du tabac. On ne peut qu'imaginer la conversation des deux amis qui eut lieu autour du lit 22 de la salle Follin[2]. Ils durent pourtant s'entretenir de l'amour et la mort. En effet Nouveau vient de finir les *Valentines* et Verlaine travaille aux dernières pièces d'*Amour* et ces recueils, dédiés à des êtres chers, se terminent bien tous les deux par des testaments[3]. D'ailleurs, après ce rapport, les deux poètes resteront en communication épistolaire[4].

L'expérience de Bourgoin est suivie de celle de Remiremont dans les Vosges (octobre 1887-décembre 1888). Cette fois-ci Nou-

---

[1] "Le même mois, Germain Nouveau s'est présenté à un examen de dessin (2ᵉ degré), et a échoué sur l'épreuve de perspective (note 7), sa figure et son ornement lui permettant de passer" (1034).

[2] Pour la source de ces détails voir (319) et Verlaine, *Œuvres poétiques complètes* (Paris: Gallimard, 1962), p. XXXVII.

[3] Nouveau dans le "Dernier Madrigal" des *Valentines* (670-3) écrit: "J'ai fait mon testament, Madame: / Qu'il reste entre vos mains de femme" (673). Verlaine dans la dernière pièce d'*Amour*, dédiée à son fils Georges, déclare: "Voici mon testament: / Crains Dieu, ne hais personne, et porte bien ton nom / Qui fut porté dûment". Verlaine, *Œuvres poétiques complètes* (Paris: Gallimard, 1962), p. 464. L'adverbe "dûment" se retrouve d'ailleurs dans le dernier vers du "Dernier Madrigal": "Dûment signé: Germain Nouveau" (673).

[4] Mêmes sources que la note 2.

veau semble prendre son travail de professeur plus au sérieux: "Bien vu à Remiremont. Noté favorablement par l'Inspection générale du dessin" (1034). Il nous semble fort probable que deux raisons soient à la source de l'amélioration de l'attitude professionnelle du poète : d'une part il se rend compte de la condition de Verlaine, ce qui pourrait l'alarmer quelque peu sur son propre cas ; de l'autre il désire obtenir un poste à Paris. En effet, Nouveau sait, comme tous les anciens amis de Verlaine, qu'en septembre 1887 le poète de *Sagesse* a été près de mourir de faim. Les vieux camarades sont allés à son secours et Coppée lui a envoyé cinquante francs [5]. Dans une atmosphère où l'échec domine, le déclin de l'ancien compagnon, avec qui on avait rêvé de paisibles carrières en Angleterre, ne peut qu'augmenter la pression psychologique, l'inquiétude du futur Humilis. Quant au désir que le poète a d'obtenir un poste à Paris, le dossier universitaire nous l'indique [6]. Il semble cependant que Nouveau ne fut pas totalement malheureux à Remiremont ; mais ce n'est, hélas, qu'à l'aide d'une correspondance des plus fragmentaires que l'on peut tenter de décrire la vie et les préoccupations du poète dans cette ville des Vosges. À ce sujet nous découvrons chez lui un intérêt sans précédent pour l'argent. Les critiques en général n'insistent pas sur cet aspect. Certains d'entre eux ont sans doute peur que le poète vu sous ce jour ne perde l'image mystique qu'ils s'efforcent d'établir [7].

Le rapport financier révèle quelques-uns des soucis qui planent sur l'esprit de Nouveau dès le début de cette rentrée scolaire de 1887. Deux lettres du principal du collège de Bourgoin adressées au poète montrent une situation complexe que l'on peut cependant

---

[5] Op. cit., p. XXXVII.
[6] "Le 27 novembre 1888, Paul Colin, Inspecteur de l'Instruction publique, demande au recteur de l'Académie de Paris de désigner M. Germain Nouveau comme suppléant de M. Vion, professeur de dessin au lycée Janson-de-Sailly.
Réponse : demande trop tardive" (1034).
[7] Il s'agit en particulier des thèses suivantes : André Saulnier, "Germain Nouveau, poète mystique", Diss. Université de Paris 1958 ; Félix-J. Surette, "L'Inspiration religieuse de Nouveau", Diss. Université Laval 1957. Bien au contraire nous pensons que cette contradiction ne fait qu'accentuer la spiritualité du futur Humilis. Si l'on n'était pas convaincu de l'existence de ce paradoxe il suffirait de relire la correspondance de Dostoïevsky, Balzac et Baudelaire.

résumer: une partie du traitement ne lui fut point versée pour son dernier mois à Bourgoin. Des annotations du poète au bas des lettres montrent qu'il ne comprend pas très bien la situation. Il semblerait qu'il n'ait pas eu d'excuses administrativement valables pour ne pas rejoindre son poste dès la rentrée (octobre 1887). Ce qu'il y a de plus intéressant c'est la manière avec laquelle il résout finalement la question. Il adresse la lettre suivante à Roëhn:

Remiremont, 13 novembre 1887.

> Mon cher Roëhn,
> Permettez-moi de vous soumettre les deux lettres ci-jointes, que je recommande à votre bienveillante attention.
> Je m'en rapporte absolument à vous là-dessus, et ce que vous jugerez à propos de faire sera bien fait. Toutefois, permettez-moi d'ajouter seulement, que presque un mois de traitement de supprimé, c'est un peu dur.
> Enfin, je vous serais fort obligé de vous occuper de ce petit incident, et vous prie de croire aux sentiments dévoués de
>
> Votre
G. Nouveau. (872)

On se souvient que Roëhn était le tout puissant chef du 2e bureau à la direction de l'Enseignement secondaire où Nouveau avait travaillé et entretenu de bons rapports avec son supérieur.

Cette nouvelle attitude du poète qui semble compter sur ses anciens amis pour se tirer d'embarras va en s'accentuant avec les années. Ce qu'il y a de plus remarquable c'est qu'il avait peut-être prédit les difficultés financières ("presque un mois de traitement de supprimé, c'est un peu dur") et que le 4 novembre 1887 il avait déjà envoyé à Roëhn une lettre des plus aimables et des plus diplomatiques:

Remiremont (Vosges), 4 novembre 1887.

> Mon cher Roëhn,
> Voilà bientôt deux semaines fort occupées, ce qui, avec le premier trouble d'une installation, m'a un peu empêché de vous écrire plus tôt. En effet, le poste n'est pas mauvais, au point [de vue] des appointements surtout. Il y a un cours municipal et deux cours de jeunes filles, ce qui augmente quelque peu le traitement, je veux dire pas mal. Il est vrai qu'on a beaucoup de son temps pris.

J'espère, aux premiers jours de janvier, aller faire une visite à mes amis de Paris, et avoir à cette époque le plaisir de vous serrer la main.

En vous priant de ne pas m'oublier auprès de Lemaire, Ricard et mes collègues d'autrefois, veuillez croire à mes sentiments les plus dévoués.

Votre
G. Nouveau. (868)

Mais cette image de Nouveau, bourgeois bien installé et professeur gagnant confortablement sa vie, ne doit pas être considérée comme l'illustration totale de l'individu. En effet il écrit à Camille de Sainte-Croix: "Tu vois: la Province joint à ses emmerdements les petits inconvénients de Paris" (872). Les vœux du poète sont enfin réalisés car "grâce à des interventions amicales, il est nommé suppléant au lycée Janson-de-Sailly, par décision de la direction de l'Enseignement secondaire, du 6 décembre 1888; son traitement est de 125 francs par mois" (319).

La période d'enseignement au lycée Janson-de-Sailly va de décembre 1888 à mai 1891 et se terminera avec la crise qui précède l'internement à Bicêtre. Nouveau commence ainsi à Paris une carrière respectable. Le 6 avril 1889 le principal du lycée note à son sujet: "S'acquitte avec zèle et très convenablement de son service; suit attentivement le travail de ses élèves" (1034) et le recteur ajoute dans le même dossier: "Direction intelligente". D'autrepart Nouveau continue à fréquenter Verlaine pendant cette période [8]. La correspondance du pauvre Lélian montre, en effet, que le poète est toujours en contact avec son ancien ami: dans

---

[8] P. O. Walzer va peut-être trop loin en voulant souligner un aspect particulier de cette amitié: "Georges Verlaine, le fils du poète, après avoir passé par Rollin où il avait eu Mallarmé comme maître, était élève, en 1889, à Janson-de-Sailly. Par l'intermédiaire de Nouveau — comme précédemment par celui de Mallarmé — Verlaine espérait avoir des nouvelles de son fils. C'est le 24 août que paraît, dans *Le Chat Noir*, le sonnet 'À Germain Nouveau', qui prendra place dans *Dédicaces (XII)*" (320). En effet la vie de Verlaine pendant cette période (1888) est un véritable chemin de croix. Le 20 mars le poète sort de Broussais, où il vient de passer 180 jours d'affilée. Le 17 novembre de la même année il y retourne (Op. cit., pp. XXXVIII-XXXIX). Nouveau s'occupe simplement du pauvre Lélian... Quant à la dédicace en question elle n'est point l'unique de l'année. Le 7 septembre 1889 paraît dans *Le Chat Noir* la dédicace: "À Villiers de l'Isle-Adam".

une lettre à Cazals, Verlaine parle d'un "rendez-vous manqué avec N." [9] et dans une note à Irénée Decroix il indique: "Delahaye et Nouveau, vus tout récemment, vous envoient leur meilleur souvenir" [10]. Il est aussi remarquable qu'en 1889 Nouveau est toujours préoccupé au sujet de la publication d'un livre qui pourrait bien être les *Valentines*. Une lettre que le poète adresse à un éditeur inconnu témoigne de ce fait, tout en indiquant l'attitude restrictive au sujet des publications; attitude qui ne fera que se solidifier avec les années:

> Toujours cette question du pseudonyme à laquelle je suis forcé de revenir. Vous savez que je suis loin d'être libre et que j'ai beaucoup de ménagements à garder. Aussi vous prierais-je de vouloir bien ne pas faire annoncer mon volume encore... je crains fort que je ne sois obligé d'en revenir à ma première idée, c'est-à-dire de faire un tirage sans nom d'éditeur, et à un nombre plus restreint d'exemplaires [11].

Mais le document le plus important de l'année est sans doute la longue lettre que, le 23 octobre 1889, le poète adresse à Léonce de Larmandie [12].

---

[9] *Lettres inédites de Verlaine à Cazals* (Genève: Droz, 1957), p. 116.
[10] Verlaine, *Correspondance* (Paris: Messein), tome III, p. 102.
[11] "Germain Nouveau à un Éditeur", Paris le 12 mai 1889 (874).
[12] Nous avons cru utile d'en citer le texte intégralement dans notre "Appendice II".
Il est remarquable que ce document n'a pas été beaucoup exploité par la critique et qu'on se fait sur son compte parfois de fausses idées. Dans le *Cahier Germain Nouveau*, Louis Forestier (CGN 103-116) nous présente le texte comme "Lettre inédite de G. Nouveau à Léonce de Larmandie". Dans son commentaire, d'ailleurs, extrêmement brillant et perspicace, Louis Forestier affirme: "La lettre que nous publions fait partie de la collection Bottin. Nous remercions l'heureux possesseur de ce manuscrit de nous avoir donné l'autorisation de reproduire un texte si intéressant, à tous égards, pour la connaissance de Germain Nouveau. Bien qu'elles aient figuré à l'Exposition G. Nouveau, organisée en 1951 par la Bibliothèque littéraire Jacques Doucet de l'Université de Paris (n° 43 du catalogue), ces pages sont, à notre connaissance, entièrement inédites. Elles n'ont même pas été exploitées dans l'édition des *Œuvres poétiques*, parue dans la collection de la N. R. F., chez Gallimard" (CGN 109-10).
P. O. Walzer dans son édition des *Œuvres complètes* reprend les termes de Forestier. On semble donc passer sous silence le fait que F. R. Smith dans sa thèse d'Oxford "The Life and Works of Germain Nouveau" a

Louis Forestier a résumé ainsi l'importance de cette lettre:

> Telle qu'elle se présente, cette lettre nous paraît offrir quatre sujets d'intérêt: elle nous éclaire sur un moment de la vie de Nouveau en 1889; elle nous renseigne sur les rapports du poète avec Léonce de Larmandie; elle jette, enfin une assez vive lueur et sur le caractère et sur le goût d'Humilis. (CGN 110)

Il faut ajouter à cela que ce texte contient l'ébauche d'une critique, d'une théorie littéraire et ceci peut nous aider à mieux comprendre l'œuvre du poète [13]. Par-delà tous les commentaires que l'on pourrait faire au sujet de cette lettre, qui d'ailleurs parle d'elle-même, il faut noter la lucidité de Nouveau concernant la vocation de l'écrivain. En demandant à Larmandie: "Que vous importe le jugement de ceux pour lesquels vous ne vous souciez pas d'écrire, bien qu'ils n'aient rien à reprendre, si l'on les mettait au pied du mur?" (879), le poète a-t-il compris que cette remarque s'appliquera sans doute autant à sa propre vie qu'à l'œuvre de son ami? En effet la crise qui va bientôt saisir Nouveau n'a-t-elle pas pour origine cette attitude?

Nouveau ne semble plus capable de remplir ses fonctions. Le 9 janvier 1890, il quitte son poste de suppléant au lycée Janson-

---

tout de même apprécié l'importance de ce document. En effet l'érudit anglais cite une partie du texte (SMI 186) et reproduit toute la lettre dans son "Appendix C" (SMI 361-5). F. R. Smith dans une note affirme: "Signora Gommellini quoted most of the letter in a thesis for Leghorn [sic] University, 1955, and reproduced a photograph of the manuscript" (SMI 361).

Mais la thèse de Lilia Aurili Gommellini, "L'Opera poetica di Germain Nouveau", fut soutenue à la fin de l'année académique 1955-56 à l'Université de Pise sous la direction d'Arnaldo Pizzorusso. Il est cependant exact que Signora Gommellini a souligné l'importance de cette lettre dès 1955.

[13] Louis Forestier fait en général des remarques très pertinentes au sujet de cette lettre. Cependant lorsqu'il fait allusion au livre de Larmandie, *La Traînée de sang*, il affirme: "Il n'est pas sans intérêt de voir que Nouveau est appelé à juger une œuvre poétique encore inédite. Un tel choix, de la part de Larmandie, marque tout autant la confiance admirative que la reconnaissance d'un talent incontestable et d'un jugement sûr" (CGN 113). Louis Forestier semble donc oublier que *La Traînée de sang* avait paru en 1880 (313) et que Nouveau base son analyse sur une œuvre de Larmandie qu'il connaît depuis longtemps.

de-Sailly pour raison de santé. Le 10 mars de la même année il retourne à son travail (320). Le 11 juin 1890 le rapport de l'Inspecteur de l'enseignement du dessin est loin d'être favorable (1035). On reproche au poète de ne pas s'en tenir aux programmes officiels, de ne pas être régulier dans son enseignement collectif et de ne pas corriger les dessins avec assez d'application. L'Inspecteur accuse d'ailleurs Nouveau de suivre les erreurs "de son chef hiérarchique" (1035). Enfin en juillet on refuse au poète sa nomination définitive et ce n'est que le 6 décembre 1890 qu'il est admis, par la Direction de l'Enseignement secondaire, comme suppléant (1035). On peut facilement comprendre comment tous ces échecs dépriment Nouveau et l'acheminent vers un état instable.

Ainsi en 1891, l'année de la mort de Rimbaud, Germain Nouveau traverse la crise la plus grave de sa vie. Il faut ici entendre le mot crise dans son sens étymologique car après 1891 le poète s'appliquera à imiter saint Benoît Labre. Il va donc incarner le changement radical qu'il avait recherché depuis 1866 lorsqu'il participa en tant que jeune collégien à la retraite réservée aux élèves qui se destinaient à la prêtrise.

Au sujet de cette crise, dont chaque critique fait le récit à sa manière pour ensuite se lancer dans l'interprétation et trancher la question de la folie [14], nous remarquons qu'il est difficile de s'en tenir aux faits. Il faut pourtant commencer par là. Le 14 mai

---

[14] On ne peut automatiquement accepter la thèse de la folie. Rappelons tout d'abord ceux qui la soutiennent avec plus ou moins de conviction: "La follia, quella vera, che stava in agguato da sempre, si manifestò d'improvviso mentre si trovava in classe ad insegnare disegno" (Guido Saba, "La Poesia di Germain Nouveau", *Ausonia,* Anno X, n. 5 [settembre-ottobre 1955], pp. 9-13). "It is true that the medical reports seem to treat his request to attend mass and to make confessions as symptoms of derangement, but even the most enlightened societies lock up people who kneel and pray in the street if they block traffic" (SPA 266). Mais les critiques qui s'opposent à la thèse de la folie ne manquent pas. Giorgio Sozzi fait remarquer que dès qu'un individu s'éloigne des habitudes religieuses "normales" il est considéré comme fou. Mais ne serait-il pas un exemple gênant pour une société bien pensante? (SOZ 31). Par ailleurs André Breton avait déjà affirmé: "Je me refuse à admettre que Nouveau devient fou en 1891" ("Rimbaud, Verlaine, Germain Nouveau, d'après des documents inédits", *Les Nouvelles Littéraires* [23 août 1924], p. 1). Quant à Jules Mouquet dans son introduction au *Calepin du mendiant,* il affirme: "Nouveau était un mystique chrétien. Il avait la folie de la Croix. Mais les mystiques ne sont pas des aliénés".

1891, au lycée Janson-de-Sailly, Germain Nouveau donne "des signes manifestes d'aliénation mentale" [15] : il se déchausse "en plein cours devant ses élèves... mettant sa canne en travers de sa bouche" [16] puis sortant du lycée il fait "des génuflexions extravagantes sur la voie publique... fait par terre des signes de croix avec sa langue" [17]. Ces faits entraînent l'arrestation puis l'internement du poète.

Reprenons ces gestes qui, à première vue, semblent insensés, car nous croyons qu'ils contiennent en profondeur une orientation symbolique dont les manifestations auraient une signification au-delà d'un superficiel rationalisme. Le poète se déchausse en plein cours devant ses élèves; son geste, bien que professionnellement inadmissible a, certes, une valeur spirituelle incontestable que la tradition judéo-chrétienne fait remonter à l'Exode. Lorsque Moïse s'avance vers le buisson ardent, Yahvé lui dit: "N'approche pas d'ici. Ôte tes sandales de tes pieds, car le lieu que tu foules est une terre sainte" (Exode 3, 5) [18]. Nouveau avait certainement vu, sinon pratiqué ce rite pendant son voyage au Moyen Orient. Il avait donc assimilé la signification de ce geste, purification symbolique qui précède la prière. Ainsi son exaltation est lucide dans le sens qu'elle ne manifeste pas un simple désordre mais s'oriente vers un mysticisme qui, toujours présent dans l'âme du poète, fait ici surface de la manière la plus explicite qui soit. Quant au geste qui consiste à faire des signes de croix par terre avec sa langue, Giorgio P. Sozzi nous rappelle que Nouveau ne l'avait guère inventé et qu'il est encore aujourd'hui pratiqué par certains chrétiens des pays orientaux [19].

Nouveau fut donc interné pour des gestes qui au Moyen-Orient constitueraient des pratiques religieuses courantes. Sa folie ne serait relative qu'à certaines sociétés. Certes, celle de la France

---

[15] Rapport du vice-recteur Liard (1036).
[16] Ibid.
[17] Rapport du Docteur A. Legros au poste de police de la Muette, 14 mai 1891 (1036).
[18] *La Sainte Bible:* traduite en français sous la direction de l'École Biblique de Jérusalem (Paris: Éditions du Cerf, 1961), p. 63.
[19] "Vorremmo ricordare il soggiorno di Nouveau in Oriente dove i fedeli di quelle chiese fanno dei segni di croce con la lingua sul suolo!" (SOZ 29).

laïque et anticléricale du XIX⁰ siècle n'aurait pas su agréer une telle conduite de la part d'un professeur de lycée. Il nous faut toutefois reconnaître que l'insensé chez Nouveau établit une dialectique. Cette dernière s'articule entre l'ici et l'ailleurs où ses signes, ses gestes, croyons-nous, s'organisent d'une manière cohérente au-delà du *hic et nunc*, indiquant d'autres espaces à l'image des domaines mystiques et constituant une langue étrangère à la réalité immédiate.

Pour P. O. Walzer la folie n'est qu'une moindre menace puisqu'il croit que l'alcoolisme est à la source de la crise de Nouveau (322). Il faut rappeler cet aspect de la question tout en considérant qu'au niveau de l'être psychologique, l'alcoolisme ne peut être vu que comme un symptôme, une indication qui peut parfois élucider la situation de l'individu. Comme beaucoup d'autres symbolistes et décadents, Nouveau était porté vers la boisson [20] et une lettre de Madame Delannoy, amie de la famille à Laurence Manuel, sœur du poète, nous montre cet autre aspect de Germain Nouveau :

> M. Nouveau a passé un mauvais hiver.... Le médecin dit qu'il a eu un accès de delirium tremens causé par l'abus des liqueurs et surtout de l'absinthe. J'avais bien remarqué qu'il "se rafraîchissait" souvent avec de l'absinthe. (883)

Mais la crise se manifeste le matin du 14 mai 1891 (1036). Nouveau aurait difficilement pu boire en classe devant ses élèves. Il ne faudrait alors pas donner trop de poids au témoignage de Madame Delannoy, sans doute une femme bien-pensante, aimant un peu les commérages et exagérant peut-être la tendance que Nouveau avait pour la boisson. Enfin le poète semble bien se passer de vin pendant son internement.

La crise a lieu le 14 mai 1891, comme l'indique le rapport de police et celui du vice-recteur, et le 15 mai 1891 Nouveau est à

---

[20] Un exemple suffira pour évoquer la question. On trouve dans la lettre du 27 avril 1875 à Jean Richepin ce passage que nous avons déjà cité: "J'ai fait la connaissance d'un Russe, à qui je vendais des sonnets qu'il ne m'a jamais payés qu'en théâtres et en absinthes beurrées. L'absinthe beurrée (ainsi nommée par deux soulots à toi connus) est un mélange d'absinthe, de bière, de genièvre et d'eau-de-vie proprement dite. C'est radical et cela parachève un homme, que tu n'as qu'à en essayer" (820-21).

Sainte-Anne. Il n'arrive à Bicêtre que le 16 mai 1891. Comment donc le docteur G. Dury peut-il affirmer que Nouveau demande à se confesser tous les samedis et à communier tous les dimanches? Base-t-il son expérience sur un seul jour? [21] Enfin tous les rapports médicaux semblent être beaucoup plus des interprétations que des descriptions de faits. L'expression "idées mystiques" revient dans chaque diagnostic et c'est surtout cela que l'on reproche à Nouveau. [22] Pourtant la crise proprement dite ne semble pas durer longtemps puisque le 28 mai 1891 Laurence Manuel reçoit de Bicêtre le bulletin médical suivant:

> À son entrée, ce malade était atteint de délire mélancolique avec idées mystiques; il répondait à peine aux questions et ne paraissait désirer que voir un prêtre et se confesser. Actuellement, il va beaucoup mieux; il peut se rendre compte des faits qui ont motivé son interne-

---

[21] On peut, bien sûr, comprendre la phrase du docteur Dury comme indiquant que Nouveau a fait ces demandes (communion, confession) en entrant à Bicêtre et qu'il a exprimé ces désirs pour l'avenir, le reste du temps qu'il resterait à l'asile. Alors il faudrait souligner qu'il n'y a absolument rien d'insensé dans un tel désir. Mais le docteur Dury semble se contredire un peu quand le 28 mai il écrit: "À son entrée, ce malade était atteint de délire mélancolique avec idées mystiques; il répondait à peine aux questions et ne paraissait désirer que voir un prêtre et se confesser" (1037). Le rapport du 16 mai, lui, précisait: "Atteint de dépression mélancolique et ne répond pas aux questions" (1037).

[22] C'est pour cette raison que l'on peut se demander si un internement si long est justifiable. Encore aujourd'hui dans les pays plus ou moins civilisés on arrête les gens qui bloquent la circulation "sur la voie publique". Cependant le rapport du docteur A. Legros n'insiste pas trop sur la question de l'intérêt public. Ce qui frappe plutôt c'est l'expression: "Idées mystiques: récit continu de prières" (1036).

Aussi le docteur conclut-il: "Ce malade est dans un état mental qui exige son placement dans un asile d'aliénés". Cela semble une décision bien sévère si l'on se rend compte que l'ordre public de Paris au XIXe siècle était sans doute troublé tous les jours par des incidents dont l'ampleur dépassait souvent le cas de celui causé par Nouveau. Il est aussi difficile de croire que les responsables de tels incidents étaient si facilement internés. Pourtant dès le 15 mai 1891, lendemain de la crise, le poète est à l'asile de Sainte Anne. On trouve dans le rapport du médecin une fois de plus le terme "Idées mystiques" (1036).

Enfin le 16 mai le docteur G. Dury, médecin-chef de l'asile de Bicêtre, écrit: "Idées mystiques: marmotte des prières toute la journée; demande à se confesser tous les samedis et à communier tous les dimanches" (1037). Il semble que les docteurs aient quelques préjugés vis-à-vis des sentiments religieux du poète.

ment; sa physionomie, qui respirait la tristesse et le découragement, est aujourd'hui très satisfaisante et sa santé physique ne laisse rien à désirer. Il est permis d'espérer que dans quelques jours M. Nouveau pourra être mis en liberté. (1037)

Malgré l'optimisme de ce bulletin médical, Germain Nouveau devra attendre cinq mois avant d'être libéré. Il semble donc qu'il ait vraiment été victime d'une injustice puisque la lettre que Léon Dierx écrit le 3 juin 1891 à Laurence Manuel nous révèle un Germain Nouveau en pleine possession de ses moyens intellectuels et physiques. La seule chose qui étonne Léon Dierx c'est la résignation avec laquelle le poète de Pourrières semble accepter sa malheureuse condition [23]. Ce n'est, en effet, que le 10 octobre 1891 que Nouveau pourra quitter Bicêtre grâce à l'intervention de M et Mme Delannoy (321).

C'est aussi pendant son internement à Bicêtre qu'il compose "Aux Saints", un de ses plus beaux poèmes :

> Si, tous les matins de nos fêtes,
> Nous chantions tous avec amour
> Sur les harpes des saints prophètes
> Nos prières qui sont parfaites,
> Je ne serais pas dans la cour. (678)

"Aux Saints" est un document qui nous renseigne sur l'état d'esprit de son auteur pendant son internement. Cette pièce nous révèle avant tout la grande humilité et le désir d'expiation dont fait preuve le poète. Nous sommes d'ailleurs en présence d'un homme qui a une conscience aiguë du mal ; puisqu'il pense avoir mérité sa punition, qu'il ne décrit point, qu'il se contente de nommer avec de simples phrases comme : "Je ne serais pas dans la cour". Avec ce poème Germain Nouveau commence à devenir Humilis. Il écrase toute sa fougue, tout son orgueil de méridional

---

[23] Voici quelques-unes des affirmations de cette lettre : "Je vous disais que j'avais été la veille à Bicêtre et que j'avais trouvé votre frère beaucoup moins malade que le disait le premier bulletin médical.... En somme la seule chose qui me parût anormale dans l'état mental de mon pauvre ami était cette résignation à cet internement dans un pareil lieu qu'il reconnaissait très bien... et j'ai obtenu qu'on lui donnât des livres, qu'il demandait" (881).

pour s'abandonner à la prière qui lui rendra: "l'humble foi du pêcheur d'éponges". Enfin pour éviter le mal il nous dit qu'il suffit de faire "le devoir dicté par son prêtre".

Cette humilité de Germain Nouveau n'est point une simple notion poétique; elle commence à se manifester de plus en plus pendant son internement à Bicêtre et ne fera que croître jusqu'à sa mort. Un fait illustre clairement cette attitude. L'auteur de ce beau poème, après avoir prouvé sa lucidité, interdira la publication de ses œuvres et ordonnera la destruction du manuscrit des *Valentines* [24]. Les efforts des amis du poèt qui, sous la direction de Camille de Sainte-Croix, mèneront une campagne dans la presse pour attirer l'attention sur l'œuvre d'Humilis, s'avéreront donc inutiles [25].

Le 11 octobre 1891 Germain Nouveau est à Charenton-le-Pont chez des amis de la famille grâce auxquels il est maintenant en liberté [26]. Il reste chez les Delannoy une semaine [27]. Pendant cette

---

[24] "[I]nterdit à Vanier [auprès de qui Sainte-Croix et Louis Denise sont intervenus] de rien publier sans son assentiment et ordonne à son imprimeur [Jouve] de détruire la composition des *Valentines*" (321).

[25] Il s'agit en particulier des articles suivants: Camille de Sainte-Croix, "Mœurs Littéraires: Germain Nouveau", *La Bataille: supplément artistique et littéraire* (26 mai 1891); Camille de Sainte-Croix, "Mœurs Littéraires: Manuscrit", *La Bataille: supplément artistique et littéraire* (14 juillet 1891); Louis Denise, "Germain Nouveau et les *Valentines*", *Mercure de France*, t. III, No. 21 (septembre 1891); Louis Denise, "Germain Nouveau et les *Valentines*", *La Bataille* (1er septembre 1891).

[26] Le poète fait preuve d'une grande lucidité. On peut en juger par la lettre qu'il adresse à sa sœur:

Charenton-le-Pont, 11 octobre 1891.

Ma chère sœur, mon cher beau-frère, réjouissez-vous avec Mr Delannoy et Mme Delannoy et moi dans cette heureuse conjoncture. Surtout remercions Dieu. Nos excellents amis se sont conduits envers nous et particulièrement envers moi dans cette circonstance comme de bons parents, bien bons, comme un frère aîné, comme un père se serait conduit envers son fils, son enfant. Dieu ne peut oublier une aussi bonne action. Nous ne l'oublierons pas non plus, et nous nous efforcerons de leur prouver en toute occasion tout notre respect et notre entière reconnaissance bien amicale.

Donnez-moi de vos bonnes nouvelles. Embrassez mes nièces pour moi.

Je vous embrasse du fond du cœur,

Germain. (884-85)

[27] Ces renseignements comme les suivants sont résumés par P. O. Walzer (321) qui les a tirés pour la plupart de la correspondance du poète (885-93).

courte période il hésite entre un certain nombre de routes à suivre. Tout d'abord il pense faire un noviciat dans une maison religieuse. On ne peut guère s'étonner de ce projet car il évoque dans la lettre à sa sœur, le 18 octobre 1891, le triste souvenir de son internement à Bicêtre où la foi seulement semble l'avoir soutenu :

> Je ne t'ai pas donné de détails sur ma sortie de la triste maison de Bicêtre. Je te dirai seulement qu'il se rencontre bien peu d'amis comme Mr et Mme Delannoy qui aient la pensée de réclamer un fou, et qui réussissent de premier coup à le tirer de ce "lugubre séjour". Lugubre n'est pas trop fort. Sans les consolations chrétiennes qui ne m'ont pas tout-à-fait manqué puisque je pouvais me confesser et communier, que serais-je devenu ? Le médecin n'a pas fait d'opposition. (885)

Le ton de plus en plus humble et religieux de ces lettres peut aussi expliquer pourquoi, pendant un certain temps, Germain Nouveau songe à participer à une mission du cardinal Lavigerie en Afrique du Nord. Mais le poète décide enfin de loger près du Val-de-Grâce à l'Hôtel Nicole (19, rue Nicole). Pourtant le 25 novembre c'est de Bruxelles qu'il écrit à sa sœur :

> Tu me demandes comment je passe mon temps. Je me couche de bonne heure, et me lève de même. Je m'arrange pour faire une visite à l'Église, sinon pour la messe entière. Je finis de dire mes prières, qui [sont] assez longues, dont j'ai composé quelques-unes. Si je n'ai pas de courses à faire, et si je ne dessine pas (mais je dessine beaucoup), je lis toujours les mêmes livres (ni journaux, ni rien), que la Bible et l'Évangile. On peut les relire continuellement, c'est comme si on les lisait pour la première fois, tant il y a de choses qu'on n'avait pas remarquées. En as-tu un d'Évangile ? Si tu en as un, tu as tout ce qu'il te faut, et si tu ne le lis pas, tu es privée de toute espèce de choses sur cette terre. (890)

Dans la même lettre il annonce à sa sœur son départ pour Londres.

Ainsi commence une période religieuse et errante. Aussi le poète continue à faire tout son possible pour empêcher la publication de ses œuvres; cette préoccupation l'accompagnera jusqu'à sa mort [28].

* * *

Peut-on se prononcer sur la crise de 1891? Peut-on cerner cette notion de "folie" et entrevoir la possibilité d'un état psychopathologique du poète? Sans vouloir trancher la question on peut confronter notre opinion aux traces que Bicêtre a laissé dans l'œuvre ultérieure de Germain Nouveau.

Dans *Le Maron travesti* Nouveau s'en donne à cœur joie avec une longue suite de plaisanteries au sujet des pots de chambre. D'ailleurs dès les premiers vers du *Maron*, le ton dans ce domaine est établi:

>Qui donc serait si pot sous le règne où nous sommes
>De Mons Diafoirus, le plus sage des hommes,
>Que d'aller sans le pot de nos vents implorer...
>Courons vite au sujet soit dit sans rien serrer. (741)

Les jeux de mots du *Maron* n'ont pas été mis en évidence, bien que certains d'entre eux prouvent la subtilité linguistique de Nouveau. Le nom Diafoirus évoque par exemple à la fois Molière et l'argot "foirer". Pourquoi ces plaisanteries purgatives? Il faut tout d'abord se rendre compte que les tranquillisants n'existaient pas encore quand Nouveau fut interné à Bicêtre. Dans les asiles de l'époque, on tenait les malades dans un état plus ou moins calme en leur administrant des laxatifs et des lavements d'une manière constante. Au-delà des plaisanteries, *Le Maron* évoque un état douloureux.

---

[28] Il écrit par exemple, le 19 octobre 1891, à Camille de Sainte-Croix: "Je t'y priais de faire tout ton possible pour qu'il ne paraisse rien des vers de moi qui traînent chez Jouve probablement où je vais les retirer ces jours-ci. J'ai aussi envoyé chez Vannier [sic] dont la réponse m'a pleinement rassuré. Il me dit que c'est en effet chez lui que Camille de Sainte-Croix et Denise eussent voulu que les Valentines [sic] parussent, mais qu'il n'a jamais consenti à rien publier sans l'assentiment de l'auteur; que ma lettre lui donnait raison, que mes amis agissaient pour le plus louable motif. Je le crois aussi et je les en remercie d'autant plus chaleureusement, que le danger est passé" (888).

F. R. Smith a voulu lire un niveau symbolique des plus nobles dans *Le Maron* (SMI 307-9). L'érudit anglais nous dit que, puisque la quatrième églogue peut être lue comme une prophétie annonçant la venue du Sauveur, alors "Poisson", le héros du poème de Nouveau, peut être considéré comme le symbole du Christ. P. O. Walzer indique que cette interprétation "prouve surtout la bonne volonté de l'interprète" (737). Pour nous aussi cette interprétation est peu valable, car "Poisson" et "Diafoirus", étant les deux noms du directeur de l'asile, ne peuvent qu'indiquer l'ennemi de l'amour chrétien, celui-là même qui ne permet pas à Nouveau d'agir selon les principes de sa religion. L'aspect grossier du *Maron* est pour Nouveau une façon d'accepter l'humiliation et la souffrance:

>   . . .
>   Tout cela se guérit en acceptant asile,
>   En te mettant au pot d'une façon civile,
>   En écoutant ton cul sonner l'enterrement,
>   En prenant ton tombeau philosophiquement. (748)

C'est donc l'image de l'aliéné en tant que martyre de la société moderne que nous présente Nouveau. Comment aurait-il pu évoquer cette image sans parler de la triste expérience du pot?

D'autres allusions à Bicêtre semblent bien plus sérieuses et indiquent que la crise a provoqué un retour aux sources de sa foi chrétienne.

La langue archaïque de certains de ses poèmes marque ce désir de retourner aux valeurs du Moyen Âge, l'époque où sa foi ardente aurait pu s'exprimer avec plus de liberté. C'est ainsi que, dans la profession de foi exprimée par "Memento", il a jeté sa vie dans la balance:

>   Oui, j'ai fait vœu, sous l'âpre bouche
>   Du fort de Bicêtre qui dort,
>   D'expirer sur ma Foi farouche,
>   Comme le registre et la souche,
>   Aux doigts des anges de la Mort. (680)

Si l'on compare le Nouveau de la crise avec l'auteur de "Aux Saints" et de "Memento" on se rend compte du fait que "la folie" du poète ou son état psycho-pathologique s'ils existent peuvent être réduits à un seul mot: l'excès. S'il est vrai que tout artiste est un homme des situations extrêmes, alors la faute de Nouveau n'est autre que cet élan qui le pousse au-delà de la commune mesure. Qu'il s'agisse du vin, du geste ou de la prière on peut du moins affirmer que Nouveau n'est pas un modéré. Ainsi, lorsque le poète devient conscient de ses anciennes fautes, il s'impose non pas de petites mortifications mais l'hyperbole de la pénitence même. Humilis est l'un des premiers modèles de l'être marginal du monde moderne: il va de l'asile d'aliénés à la vie du mendiant. Comment alors définir sa folie? Ne faudrait-il plutôt pas accepter l'idée que sa démence est un mystère étroitement lié à l'ardeur de sa foi? Dans la tradition catholique Dieu est encore le Dieu de Job, le père qui consume son fils dans l'ultime épreuve.

VI. AVANT LE RETOUR À POURRIÈRES

De 1892 à 1896 on peut suivre l'itinéraire de Nouveau grâce à sa correspondance. Celle-ci se révèle d'ailleurs comme un ensemble de documents confus et incomplet sur l'état physique et moral du poète. C'est donc parmi un grand nombre de contradictions qui apparaissent à la surface de l'être qu'il faut dégager le sens de l'évolution de Germain Nouveau. Quant aux écrits du poète datant de cette période on ne connaît que ses projets dont on a aujourd'hui perdu toute trace.

En 1892 le poète a quarante et un ans. Il est toujours à Londres dans une situation précaire. Du 44, Warner Street le 18 janvier il écrit à sa sœur une lettre qu'il signe Bernard-Marie Nouveau (894-95). Il y est question d'une publication éventuelle de *La Doctrine de l'Amour* chez Vanier, du projet d'un livre qui aurait pour titre *Religious Life,* ainsi que d' "un tout petit traité de dessin et de peinture". Le poète souligne également l'importance de la musique dans l'instruction des enfants, car "rien n'est aussi près de la religion que la musique". Malgré l'éloignement, Germain Nouveau s'intéresse au sort de ses parents, de M. et Mme Delannoy, ainsi qu'à la situation des hommes de lettres qu'il connaît. Parmi ces derniers il fait allusion à Maupassant qui vient d'être interné à la maison de santé du docteur Blanche à Passy et à Verlaine qui est de nouveau à l'hôpital Broussais. Le poète semble également s'étonner de recevoir une indemnité littéraire du ministère: "À qui dois-je ce secours? Qui faudra-t-il remercier?"[1]

---

[1] (OC 894-95). Il s'agit sans doute de la première "indemnité de cent cinquante francs à titre éventuel, sur le crédit des Encouragements aux sciences et aux lettres" que le poète vient de toucher. Selon Louis Forestier

De retour à Bruxelles il exprime le désir de vouloir entrer en religion. Il écrit en effet le 21 avril 1892 à sa sœur:

> Tout mon désir est d'entrer en religion, ne serait-ce que comme frère lai, si je ne suis pas trop vieux et si l'on veut de moi. (904)

Pendant l'été de la même année il fait un pèlerinage à Rome. Imitant saint Benoît Labre il s'y rend à pied. Il est cependant expulsé de la ville éternelle pour mendicité. Léon Vérane nous donne une version quelque peu romancée du séjour romain du poète [2]. Ce dernier aurait vécu dans une grotte non loin du Colisée. Il ne se serait pas lavé et aurait mangé comme un animal ce que les passants lui auraient jeté, amusés par ses prêches. Ce qui est certain c'est qu'au retour il s'arrête à Rousset chez sa sœur et que le 29 décembre il reçoit une nouvelle indemnité de 150 francs (323).

On est très peu renseigné sur les activités du poète en 1893. On ne peut en effet que constater avec P. O. Walzer: "Pendant près d'un an, on perd la trace de Nouveau" (323). Cependant le 8 septembre 1893 il adresse la lettre suivante au ministre de l'instruction publique et des beaux-arts:

> Marseille, 8 septembre 1893.
> Monsieur le Ministre,
> J'ai l'honneur de m'adresser à votre haute bienveillance à l'effet d'attirer votre attention sur ma situation actuelle.
> À la suite d'un séjour de cinq mois à l'asile de Bicêtre, j'ai dû demeurer un temps assez long en inactivité (plus de deux ans), pour me permettre de retrouver le calme et la présence d'esprit nécessaires à l'exercice du professorat.

---

l'indemnité en question avait été accordée par le ministère le 2 février 1891 (CGN 88-90). La lenteur du procédé est également expliquée par Louis Forestier: "C'était une subvention que le Ministère accordait, après examen, aux artistes qui en faisaient la demande justifiée. Le plus souvent, il s'agissait là d'une forme déguisée de la charité. Il existait deux sortes d'indemnités au titre des sciences et des lettres. La première, annuelle, revenait à une manière de pension; la seconde, éventuelle, ne pouvait intervenir qu'occasionnellement, en cas de besoin pressant d'argent, après sollicitation de l'intéressé qui, souvent, appuyait sa lettre de recommandations politiques. Ces dernières indemnités étaient faibles, aléatoires, décrétées un peu au hasard et, dans tous les cas ordonnancées fort tardivement" (Op. cit., pp. 88-89).

[2] *Humilis: poète errant* (Paris: Grasset, 1929), pp. 176-81.

Je serais heureux aujourd'hui de pouvoir rentrer en fonctions.

Malheureusement, je ne le pourrai que dans de certaines conditions.

Comme le témoigne le certificat ci-joint, un rhumatisme des extrémités cruellement tenace me fait une nécessité de demander le climat de l'Algérie ou des colonies.

Il pourrait se faire que dans ces conditions mon vœu ne pût se réaliser dès cette rentrée des classes.

Au cas où il ne se trouverait point de poste vacant hors du climat de France, mon intérêt immédiat, les prévisions du médecin, et mes craintes personnelles me feront une nécessité de me mettre à l'abri, avant l'hiver prochain, d'attaques de rhumatisme qui menaceraient mon avenir de professeur de dessin.

Dans cette cruelle prévision, j'aurai l'honneur, Monsieur le Ministre, de solliciter de votre haute bienveillance un congé, dont je ne fixe pas la limite, avec des appointements d'inactivité, qui permettent de vivre honorablement, n'ayant d'autre part aucune ressource personnelle.

Mais plus heureux serais-je de pouvoir reprendre, dès la rentrée, mon service dans l'enseignement!

Dans l'espoir que vous voudrez bien accueillir favorablement ma demande,

Veuillez agréer,

Monsieur le Ministre,

l'expression des sentiments de respect avec lesquels j'ai l'honneur d'être

> Votre dévoué serviteur
> G. Nouveau.
>
> Ancien répétiteur au lycée de Marseille, ex-employé à l'Administration du ministère de l'Instruction publique, professeur de dessin en congé, officier d'Académie. 59, rue des Grands-Carmes, Marseille. (906-7)

Cette lettre est un exemple qui illustre la perception sociale du monde professionnel qu'a Nouveau. À cette époque, malgré tous ses déboires, il espère encore être réintégré dans l'enseignement. Il désire cette vie bien rangée qui a sans doute pour lui le même attrait qu'elle avait avant 1891 lorsqu'il préparait ses examens pour être titulaire. Une grande partie de ses actions, comme le séjour en Angleterre de 1892, souligne l'attitude d'un homme qui désire trouver un travail stable. On ne peut songer à rien de plus légitime chez un individu de quarante-deux ans sans ressources matérielles et avec une santé précaire. Nouveau n'obtiendra pas le poste désiré, mais il se rendra tout de même à Alger d'où, le 12 décembre, il adressera une lettre à Rimbaud, mort depuis deux ans :

> Mon cher Rimbaud,
> Ayant entendu dire à Paris que tu habitais Aden depuis pas mal de temps, je t'écris à Aden à tout hasard et pour plus de sûreté je me permets de recommander ma lettre au consul de France à Aden.
> Je serais heureux d'avoir de tes nouvelles directement, très heureux.
> Quant à moi, voici : c'est simple. Je suis à Alger, en qualité de professeur de dessin en congé, avec un éthique [sic] traitement, et en train de soigner (mal) mes rhumatismes.
> Il m'est venu une idée que je crois bonne. Je vais avoir en ma possession bientôt une certaine somme, et voudrais ouvrir une modeste boutique de peintre décorateur.
> Il y a peu à faire à Alger, ville tuante ; j'ai pensé à l'Égypte, que j'ai déjà habitée plusieurs mois il y a sept ans ; puis enfin à Aden, comme étant une ville plus neuve, et où il y aurait plus de ressources, à mon point de vue, s'entend.
> Je te serais reconnaissant de me dire ce que vaut cette idée et de bourrer ta bonne lettre d'une floppée de renseignements.
> N'ai pas vu Verlompe depuis bientôt deux ans, non plus que Delahuppe. L'un est célèbre, et l'autre est au Ministère de l'Instruction publique commis-rédacteur ce que tu sais peut-être aussi bien que moi.
> J'attends pour couvrir mon épistole de bavardages plus longs, que tu m'aies fait réponse.
> Ton vieux copain d'antan bien cordial,
> G. Nouveau.
> 11, rue Porte-Neuve, Alger.
>
> Je suis en train d'apprendre l'arabe, sais l'anglais, et l'italien ; ne peut qu'être utile à Aden. (907-8)

Cette lettre souligne de nouveau l'angoisse du poète créée par le manque de stabilité financière. Entre cette réalité et ses aspirations mystiques il n'y a pas de contradiction; bien au contraire, l'image de Germain Nouveau nous rappelle ici celle de Baudelaire. C'est que les poètes mystiques et les écrivains qui contemplent les profondeurs de l'esprit n'ont en général aucune aptitude financière. On commence par délabrer l'héritage, puis on souffre les longues mortifications qui dérivent de tant de difficultés matérielles. Baudelaire tente de vivre de sa plume et emprunte, Nouveau mendie des indemnités et choisit la pauvreté. Si l'argent est la question centrale de la correspondance il faut néanmoins admettre que la spiritualité domine dans l'œuvre. Nouveau est en cela semblable à l'auteur des *Fleurs du Mal*. Ce paradoxe semble se retrouver chez Dostoïevsky, Balzac et Bernanos.

Au mois de mars 1894, pour soigner ses rhumatismes, le poète doit être hospitalisé. C'est l'Académie d'Alger qui fait les frais de son séjour à la station thermale d'Hammam-R'Hira. Aussi, en août et en septembre il reçoit deux nouvelles indemnités de 150 francs du ministère. Le 30 août 1894 le poète écrit une longue lettre à Roëhn [3]. Il demande à ce dernier un poste à Tunis:

> Je ne cesserai d'avoir Tunis pour objectif jusqu'au dernier moment. C'est si bien le poste qui me conviendrait! pour les raisons que vous savez, sans parler des raisons artistiques, car Tunis est une ville pour professeur artiste. (910)

De plus le poète ajoute qu'au cas où Tunis lui échapperait il se contenterait soit de Marseille soit de l'Algérie; mais une fois encore ses vœux ne seront pas exaucés. Aussi, Nouveau est loin de se douter qu'à la mort de Leconte de Lisle son nom est proposé par Larmandie pour les honneurs offerts au Prince des Poètes qui devait être élu par *La Plume* [4]. Une lettre datée le 5 octobre 1895, adressée à Léon Dierx, en dit long sur la situation de Nouveau qui est toujours à Alger où il attend inutilement les secours de ses amis du ministère: "je resterai rhumatisant tout le reste de ma vie, mais je souffre aussi d'une maladie cruelle qui s'appelle la misère" (912).

---

[3] Nouveau semble ici être ironique. En août 1893 il avait reçu une indemnité de 150 francs (FOR 89). Aucune source à notre connaissance ne précise le montant de "l'éthique traitement".

[4] Léonce de Larmandie, "Réponse à l'enquête de *La Plume*", *La Plume*, No. 132 (15 octobre 1894).

Le 8 janvier 1896, à sept heures du soir, Verlaine meurt d'une congestion pulmonaire. Peu après le comte Léonce de Larmandie répond à une autre enquête de *La Plume* où il répète son opinion:

> Quant à sa succession [Verlaine était "Prince des Poètes"] elle me paraît dévolue à Germain Nouveau. Il serait digne du zèle littéraire de *La Plume*, de procurer la publication de son manuscrit vraiment sublime, connu seulement d'une vingtaine de poètes [5].

Pendant ce temps Nouveau qui vient de rentrer à Marseille semble avoir des préoccupations bien différentes de celles de Larmandie. Le poète tâche tout d'abord de survivre matériellement. C'est ainsi que le 22 février il remercie Roëhn d'avance pour une indemnité de 200 francs qu'il touche le 27 du même mois:

> Mon cher Roëhn,
> Il me reste 4 francs en poche, que je dois à la libéralité de notre ami Dierx.
> Donc, avec un empressement que vous comprendrez, je vous dis: Mille mercis d'avance.
> Votre bien cordial et tout dévoué
> G. Nouveau
> 14, rue Fortia. (913)

Le 9 mai il reçoit en deux termes une autre indemnité de 800 francs. Mais Germain Nouveau souffre sans doute de sa situation de parasite à laquelle il est réduit malgré lui. Ce que le poète veut c'est avant tout gagner sa vie honnêtement. C'est pour cette raison qu'il s'obstine à réclamer un poste à Roëhn:

> Marseille, 24 novembre 1896.
> Mon cher Roëhn,
> Je vous aurais écrit plus tôt, si je n'avais été souffrant.
> Je vois que le temps des nominations se passe, sans rien m'apporter encore cette année-ci.

---

[5] Léonce de Larmandie, "Réponse à l'enquête de *La Plume*", *La Plume*, No. 163 (1er février 1896).

J'ai prié notre ami Dierx de vous voir, à mon sujet.
Que faire?
Votre toujours bien dévoué et bien cordial
Nouveau,
14, rue Fortia.

Faut-il retourner en Algérie? (915)

Une autre idée fixe du poète c'est la récupération des manuscrits de *La Doctrine de l'Amour,* car il se doute que certains de ses anciens amis pourraient publier le texte contre sa volonté. Cependant ses soupçons semblent se diriger en 1896 uniquement vers Camille de Sainte-Croix, ce qui prouverait que Nouveau n'est pas au courant des écrits de Larmandie dans *La Plume.* Ceci paraît normal puisque le poète s'est retiré de la vie littéraire parisienne dès sa sortie de Bicêtre [6].

* * *

De 1897 à 1910 Nouveau mènera une existence vagabonde, mendiant la plupart du temps sur les routes de l'Europe méridionale. Il imitera ainsi pendant plus de douze ans son modèle saint Benoît Labre. Le 16 août 1897 nous trouvons le poète à Aix-en-Provence. Il habite 15, rue des Marseillais. De là il adresse une nouvelle demande de réintégration au ministre de l'instruction

---

[6] Germain Nouveau semble vraiment insister sur cette question: a) Le 21 mai 1896 il écrit à Camille de Sainte-Croix: "Veuille avoir la bonté, me faire l'amitié de rechercher mon manuscrit, dont j'ai besoin, et de le faire tenir à notre ami Mr Léon Dierx qui aura la bonté de me le faire parvenir, qui veut bien s'en charger" (913). b) Le 12 octobre 1896 Léon Dierx écrit à Camille de Sainte-Croix: "Nouveau ne cesse de m'écrire au sujet de son manuscrit que vous possédez et qu'il voudrait ravoir. Une fois déjà, vous m'avez répondu que vous me porteriez cette copie. Ne vous voyant pas venir, je vous ai adressé une deuxième réclamation, aux bureaux du *Paris,* journal où vous chroniquez. Cette deuxième lettre est restée sans effet; peut-être ne vous est-elle pas parvenue. J'ai écrit à Bergerat pour avoir votre adresse, mais vainement aussi. Un ami vient de me la donner. Nouveau m'envoie une nouvelle prière d'en finir avec cette affaire de manuscrit. Je vous serais très reconnaissant, mon cher Sainte-Croix, si vous vouliez bien mettre fin à mes démarches renouvelées, soit en me faisant tenir le cahier en question, soit en l'expédiant directement à Nouveau, qui habite à Marseille, 14 rue Fortia" (914).

publique et des beaux-arts (915-17). Cette fois-ci il semble être moins rigide qu'avant:

> [J]'ai cru pouvoir indiquer mes préférences, mais j'ai toujours ajouté, dans toutes mes demandes, qu'au pis aller j'étais disposé à accepter le poste que l'on jugerait à propos de me désigner. (916)

Le même jour il adresse la note suivante à Roëhn:

Aix, 16 août 1897.

Mon cher Roëhn,
Vous devez recevoir en même temps que ce mot ma demande au ministre.
Vous voyez que je suis vos conseils.
J'ai dû faire allusion dans cette demande au manque de fixité que mes amis me reprochent. Vous voyez, par mon voyage à Paris qui n'a pas eu d'autre but, et par la suite de mes démarches, que je ne demande qu'à me fixer. J'espère, mon cher Roëhn, que vous voudrez bien m'y aider de tout votre puissant et précieux concours. *Cela dépend de vous*. Si vous ne me replacez pas, vous me désespérez.
Votre reconnaissant toujours et toujours cordial et tout dévoué

Nouveau

15, rue des Marseillais,
jusqu'au 1er octobre,
et 13, rue Aude,
à partir de cette date. (917)

Cette note ne fait que confirmer ce "manque de fixité" qui semble de plus en plus caractériser Nouveau. Par décret ministériel du 13 octobre 1897 le poète est nommé professeur de dessin à Falaise (Calvados)[7]. Sans doute déçu par le choix du ministre (qui semble

---

[7] P. O. Walzer dans sa chronologie donne pour la nomination en question la date du 13 octobre (324). Le rapport du recteur de l'Académie de Caen au ministre daté du 9 novembre 1897 ne s'accorde pas avec P. O. Walzer sur cette question: "Monsieur Nouveau, Professeur de dessin en congé, nommé par décision du 30 octobre professeur de dessin au Collège de Falaise" (1038). Cependant le 16 octobre Nouveau écrit au ministre au sujet de sa nomination (918). La date du 30 octobre est donc une imprécision du recteur de l'Académie de Caen.

vouloir envoyer un "rhumatisant" dans un pays très humide) Nouveau refuse poliment :

> J'ai l'honneur de vous accuser réception de la note ministérielle portant ma nomination de professeur de Dessin au collège de Falaise. Des raisons de famille m'empêchent au dernier moment de mettre à profit la faveur dont la haute bienveillance de Monsieur le Ministre de l'Instruction publique et des Beaux-Arts a bien voulu m'honorer. (918)

Cependant, après cette première réaction, le 21 octobre il finit par accepter le poste :

> [TÉLÉGRAMME. Marseille, 21 octobre 1897, 6 h 10 du soir.]
> Roëhn. Ministère Instruction Publique, Paris.
> Accepte poste.
> Nouveau. (918)

Le 1er novembre il s'installe à Falaise. Une semaine plus tard il quitte son poste, ce qui met un point final à sa carrière de professeur [8]. Deux lettres que le poète adresse à Delahaye et le rapport du Recteur de l'Académie de Caen au Ministre nous fournissent les raisons pour lesquelles il abandonne son poste à Falaise [9]. Nouveau résume lui-même la situation : "Je ne pouvais tomber sur un pays plus froid, plus cher, avec de plus maigres appointements" (920). Le poète passe le reste de l'année à Marseille où il semble renouer avec les activités littéraires. Il adresse en effet à Ernest Delahaye un texte :

> Il serait bon que j'aie publié si peu que ce soit, (bien que cette traduction m'ait coûté beaucoup de peine, de soin et de lectures, j'appelle cela ainsi). (921)

---

[8] Ces dates sont données par le rapport du recteur de l'Académie de Caen (1038-39). P. O. Walzer précise : "au bout d'une semaine il envoya sa démission" (324). Quant à Nouveau il écrit à Delahaye : "Il faut être resté huit jours à Falaise pour savoir combien cette localité est archichère !" (919).
[9] (OC 919-22) et (OC 1038-39).

Il s'agit probablement du *Maron travesti*, une parodie de la quatrième églogue de Virgile mise en vers burlesques par "Monsieur La Guerrière", qui est un autre pseudonyme de Nouveau [10].

En 1898 commence pour le poète la véritable existence vagabonde. Il ne se fatiguera guère de parcourir les routes du Midi, de faire de grands pèlerinages à pied en Italie et en Espagne et de retourner de temps à autre à Paris. Le 5 février 1898 Germain Nouveau est à Aix qui restera pendant plus de dix ans sa base entre deux pèlerinages. Il habite 13, rue Aude d'où il écrit à Delahaye lui demandant d'intercéder en sa faveur auprès du ministère. Le poète décrit sa situation : il met huit jours à se procurer de simples objets comme le nécessaire à sa correspondance, ses vêtements commencent "à crier misère par toutes les coutures" et il a "toutes les peines du monde à ne pas mourir de faim". Par dessus le marché, bien qu'il soit malade, il n'a "pas de feu" pour chauffer sa demeure [11]. On trouve chez Nouveau, qui dès sa jeunesse avait été touché par la vue des mendiants [12], une résignation presque totale à sa condition :

> Les gens heureux et raisonnables
> Laissent dire les misérables.
> Ce qui veut dire que si j'éclatais en imprécations, malédictions, injures, on ne laisserait pas que d'être indulgent. Je n'en fais rien ; mais qui appréciera la modération de mon langage? (924)

Aussi, suivant l'exemple de saint Benoît Labre, une partie de son être comprend sans doute la force rédemptrice de sa misère, de sa souffrance expiatrice. Cette vie de mendiant, Nouveau la choisit. Il s'agit pour lui de souffrir en silence.

Dans les quelques lignes que nous venons de citer, il semble se révolter contre sa condition, mais contrairement à Job il ne s'en prend pas à Dieu qui seul aurait pu apprécier la modération du langage du poète. C'est ainsi que, malgré ses tendances na-

---

[10] Cette découverte est encore de P. O. Walzer qui suggère la chose sans l'affirmer (324). *Le Maron travesti* n'est même pas inclus dans les *Œuvres poétiques* éditées par Jules Mouquet et Jacques Brenner.

[11] Les faits que nous venons d'évoquer sont décrits dans la lettre à Delahaye du 5 février 1898 (923-24).

[12] Voir en particulier le beau poème "Mendiants" (380).

turelles à l'orgueil et à la fierté, Nouveau accepte toutes les mortifications qu'implique l'humble vie qu'il veut mener. Un autre détail qui n'a été soulevé par aucun critique et qui souligne l'extrême pauvreté de Nouveau est que la lettre à Delahaye suit de quatre jours une indemnité de 100 francs accordée par le ministère au poète qui en avait fait la demande à Roëhn le 25 janvier (922-24). C'est également en 1898 qu'il aurait adressé au directeur de Bicêtre le poème "Memento" [13] :

29 octobre 1898.
Monsieur le Directeur,
Permettez-moi de vous adresser quelques vers. Peut-être vous intéresseront-ils. Vous pourrez les joindre à ceux que quelques-uns de vos pensionnaires vous donnent de temps en temps. Ce sera un faible souvenir de mon passage à l'asile et un bien faible retour des bontés que vous avez bien voulu m'y témoigner.

N... (925)

C'est à partir de 1898 que Germain Nouveau aurait mendié son pain sous le porche de Saint-Sauveur. À ce sujet on raconte que Cézanne, en sortant de la grand-messe, aurait donné un écu chaque

---

[13] Il y a cependant des doutes sur cette date. P. O. Walzer a fait de son mieux pour clarifier la question : "Lettre d'accompagnement du poème *Memento*, adressée au directeur de Bicêtre, et publiée pour la première fois, avec le poème, par Charles Fegdal dans un chapitre consacré à Nouveau dans son ouvrage *Dans notre vieux Paris* (Stock, 1934). Signalé par Pascal Pia, 'Du nouveau sur Nouveau', *La Quinzaine Littéraire*, n° 47, 15-31 mars 1968. Fegdal précisant que la missive fut 'mise à la poste dans une petite ville de Normandie', Pascal Pia suppose que la date de 1898 est erronée, et qu'il vaudrait mieux admettre 1897, ce qui correspondrait alors avec le bref passage du poète à Falaise. Mais la biographie de Nouveau en 1898 est trop mal connue pour exclure la possibilité d'un déplacement en Normandie. D'ailleurs il y a une erreur manifeste dans la présentation de Charles Fegdal, qui admet que la lettre en question parvint au directeur le 30 octobre 1898, soit 'quelques jours après' que le poète fut sorti de Bicêtre. Or Nouveau est sorti de Bicêtre le 10 octobre 1891. Ou bien l'enveloppe de la poste, que Fegdal semble avoir en main, porte bien 1898, et alors le présentateur se trompe sur la date de la sortie de Bicêtre. Ou bien la date de 1898 est une simple coquille, pour 1891, et il faudrait supposer un voyage de Nouveau en Normandie entre le 29 et le 30 octobre, ce qui n'est guère vraisemblable étant donné que, dès le 1er novembre, le poète séjourne à Bruxelles" (1320).

dimanche à son ancien compagnon du Salon de Nina et du café de la Nouvelle Athènes [14].

Après 1898 et jusqu'en 1904 on a très peu de renseignements au sujet de Nouveau [15]. Pourtant nous savons que le 8 février 1899 le poète est à Aix mais à une nouvelle adresse: 8, rue Annonerie vieille. C'est de là qu'il écrit au ministre pour obtenir une nouvelle indemnité. On lui accorde 100 francs (926). Cette lettre au ministre prouve une fois de plus la situation précaire et douloureuse du poète:

> Je devrais plutôt avoir l'honneur de vous écrire pour vous remercier de l'indemnité que vous m'accordâtes l'an dernier, que pour vous en demander une nouvelle; mais la nécessité m'oblige à avoir de nouveau recours à votre haute bienveillance, vu que depuis l'année dernière ma situation n'a fait qu'empirer; et les leçons se font toujours vainement attendre. Peut-être penserez-vous qu'il est surprenant de ne pas trouver des leçons à donner dans une ville d'études comme est Aix. Je dis ce qui est. Depuis l'année dernière, je n'ai pas trouvé une heure de leçons; et rien qui me rémunère de mon travail et de ma peine, car il faut ne pas rester inactif si l'on ne veut pas laisser perdre les connaissances acquises. (926)

L'année suivante, le 27 janvier il est à Aix d'où il fait une nouvelle demande d'indemnité au ministre. Le ton de la lettre nous révèle que Nouveau se considère comme membre de "la profession religieuse":

---

[14] Sur l'authenticité de ce détail on a beaucoup écrit. Il y a tout d'abord les premiers témoins qui ne semblent pas avoir de doutes à ce sujet: Léo Larguier, "Avant le déluge... La prière de Cézanne et l'aumône à Humilis", *Les Nouvelles Littéraires* (17 décembre 1927), p. 11; Marcel Provence, "Souvenirs sur Humilis, poète de la Vierge et pèlerin mendiant", *Les Lettres*, 1re année (avril 1924), p. 512. Des articles relativement récents suivent le même point de vue: Claude Nerisse, "Un ami de Verlaine et de Rimbaud: Germain Nouveau", *Arcadie* (janvier 1961), p. 47. Il y a aussi ceux qui nient la possibilité de cet événement: Jean Duché, "À la découverte de Germain Nouveau", *Le Figaro Littéraire* (27 octobre 1951), p. 3. P. O. Walzer considère l'épisode comme légendaire (324). Mais à ce sujet rien n'est encore prouvé.

[15] Les biographes en général passent cette période sous silence. Même la chronologie de P. O. Walzer saute quelques anneés: la date qui suit 1898 est 1903 (325).

> J'ai l'honneur de recommander la présente supplique à votre bienveillante attention et à votre haute sollicitude la situation de quelqu'un qui est dans la nécessité de recourir aux sentiments charitables d'autrui, faute de leçons et même besogne quelconque, que sa profession religieuse, loin de la lui interdire, lui paraît plutôt un devoir d'accepter à n'importe quelles conditions. (927)

De nouveau on accorde au poète une indemnité de 100 francs.

Un autre détail remarquable est que la lettre soit signée "G. Nouveau (en religion Bénédict)". D'une part Humilis n'appartient à aucun ordre religieux, de l'autre une telle signature pouvait difficilement être à son avantage cinq ans avant la Séparation de l'Église et de l'État! On ne peut donc attribuer les motifs de cette signature qu'à la sincérité de Nouveau qui a déjà pensé entrer en religion en 1892. La vocation religieuse du poète, dont les premiers signes s'étaient manifestés en 1866 au petit séminaire Saint-Stanislas, est donc un élément constant dans son âme; élément qui laisse voir une certaine cohérence de l'être.

De 1900 à 1903 rien n'est connu du poète vagabond. On peut supposer que l'été il erre sur les routes de Provence, faisant le portrait de village en village ou chantant en s'accompagnant de la guitare qu'il a lui-même fabriquée. L'hiver il passe sans doute des heures à la bibliothèque Méjanes où il consulte des ouvrages religieux [16]. C'est aussi en 1903 que Nouveau recopie *Le Maron travesti ou la Quatrième Églogue de Virgile mise en vers burlesques par M. La Guerrière* [17].

En 1904 Larmandie publie *Savoir aimer* de G.-N. Humilis à l'insu de Nouveau [18]. On ne respecte pas ainsi la volonté du poète et l'expression de Larmandie, "je fus aussi loyal que l'on doit être avec un esprit égaré", n'est là que pour prouver ce fait.

---

[16] Ces faits sont résumés par P. O. Walzer (325). Vérane (VER 169-216) nous en donne des versions plus longues et plus romancées. Cette atmosphère est aussi décrite poétiquement par Lopez (LOP 123-53).

[17] "Si l'on en croit la date portée sur le manuscrit autographe" (325).

[18] G.-N. Humilis, *Savoir aimer* (Paris: Publié par les amis de l'auteur, sous les auspices de la société des poètes français, 1904). Un volume in-12 de 107 pages sur papier commun. Couverture imprimée sur papier vert-bleu. Imprimé par A. Mellottée à Châteauroux. *Savoir aimer* est la première publication de *La Doctrine de l'Amour*. Voici l'ordre des poèmes que Larmandie avait choisi :

On trouve cette formule cavalière dans "Histoire de J.-G.-N. dit Humilis" par Léonce de Larmandie. Il s'agit de la postface à l'édition de 1910 des poèmes d'Humilis (pp. 163-88). La sincérité de Larmandie peut être mise en doute plus d'une fois. Toujours selon le texte en question, Larmandie aurait fait trente-deux copies de *La Doctrine de l'Amour*. Il les aurait toutes rendues à Nouveau ou détruites. Larmandie aurait ensuite appris le livre par cœur et retenu son contenu pendant deux ans au bout desquels Nouveau aurait donné sa permission à son ami de publier l'œuvre en question:

> —Je consens enfin... si vous trouvez toujours la chose à propos, me dit-il, d'une voix sourde, la tête baissée, comme un homme faisant un aveu honteux de faiblesse et de pusillanimité, je consens à la publication du fameux livre que vous aimez. (1050)

Nous verrons plus tard que ceci ne peut être que pur mensonge. Que penser alors du reste de Larmandie? Dit-il parfois la vérité? D'ailleurs quand on connaît Larmandie comme l'auteur d'une cinquantaine de volumes, quand on connaît sa vanité, il est difficile de croire qu'il aurait appris le livre d'un autre par cœur. Il est probable qu'il posséda toujours au moins une copie de *La Doctrine* qu'il ne rendit jamais à Nouveau. Enfin on peut considérer que Larmandie — étant honnêtement convaincu que Nouveau était fou — ait pensé devoir se charger du patrimoine littéraire de son ami. Il est presque certain que de 1904 à 1907 Nouveau habita à

I Invocation
II Prologue:
"Fraternité", "Hymne" et "À l'homme"
III Amour de soi-même:
"Les Mains" et "Le Corps et l'âme"
IV Amour de Dieu et des choses:
"Immensité", "Dieu", "Musées", "Les Temples" et "Mors et vita"
V Amour des vertus:
"Cantique à la reine", "L'Humilité", "Pauvreté", "Charité" et "Chasteté"
VI Les Dieux:
"Volupté", "Aux femmes", "Union céleste", "Race future", "Ex deo nati" et "Aimez"
VII Epilogue.

Paris : au sixième étage du n° 5 de la rue de Varenne [19]. C'est de 1904 que datent certains témoignages qui peuvent nous renseigner sur le genre de vie menée par le poète à cette époque. Tout d'abord son aspect physique et sa présentation devaient être assez semblables à ceux du saint qui depuis des années il s'efforçait d'imiter. Il arrivait en effet qu'un "concierge, bien dressé, se refusait absolument à laisser monter un mendiant" qui avait une si "douteuse mine" [20]. Parfois aussi ses anciens amis le surprenaient "cherchant, crochet en main, sa nourriture dans les poubelles" (325). On le voyait également faire la queue "devant l'hospice de la rue Perronnet, attendant la distribution de soupe" (325). C'est aussi en 1904 que ses amis font porter un lit au grenier où vit le poète. Nouveau qui veut faire pénitence vend le lit chez un brocanteur et continue à coucher sur un sac [21]. Ses amis lui font porter un deuxième lit. De nouveau le poète se débarrasse d'un confort qui l'empêcherait de mener la vie pénitente qu'il a choisie. Un troisième lit enfin reste dans la chambre mais le poète continue à coucher sur son sac. Il n'est d'ailleurs chez lui que de minuit

---

[19] P. O. Walzer se contente d'affirmer : "Nouveau revient régulièrement à Paris où on le rencontrera assez souvent jusqu'en 1907" (325). Nous avons deux points à souligner qui auraient tendance à prouver que Nouveau habita Paris ou du moins ne quitta pas la région parisienne de 1904 à 1907 :

a) Le témoignage d'Ernest Delahaye :

> Pendant la période de 1904 à 1907, passée à Paris après des séjours à Alger, Marseille, Aix et autres lieux de Provence, il habita quelques temps au 6ᵉ étage du N° 5 de la rue de Varenne (Ernest Delahaye. "Les Lits de Germain Nouveau", *Le Beffroi d'Arras* [22 mai 1925]).

b) De cette période (1904-7) sept lettres nous sont parvenues. Cinq de ces lettres sont justement adressées à Ernest Delahaye. Elles tendent toutes à prouver, soit par leur contenu, soit par leurs dates, que Nouveau était à Paris le 9 janvier 1904, le 18 mars 1904, le 13 septembre 1904, le 4 juin 1906. Il semble d'ailleurs, d'après ces lettres, que Delahaye ait bien fréquenté le poète pendant cette période.

[20] Postface aux *Poèmes d'Humilis* (1910). Il s'agit donc du témoignage de Larmandie. Texte repris dans (OC 1049).

[21] L'épisode en question est tiré de l'article d'Ernest Delahaye : "Les Lits de Germain Nouveau", *Le Beffroi d'Arras* (22 mai 1925). P. O. Walzer semble avoir changé quelques infimes détails de l'épisode. Il affirme en particulier que le poète vend le lit "au marché aux puces" (325) alors qu'on lit dans *Le Beffroi d'Arras* : "et comme il y avait en bas un brocanteur, lui vendit le lit-cage... pour quarante sous environ".

à cinq heures du matin et il passe le reste du temps soit dans les rues de la capitale soit dans les bibliothèques [22]. Quant à ses difficultés financières, il tente toujours de les résoudre avec l'aide de ses amis du ministère [23] auxquels il adresse de temps à autre des vers de circonstance. [24] Il leur offre aussi parfois certains de ses livres. C'est le cas du *"Tacite complet* d'Ablancourt" qu'il envoie à Delahaye:

> Je l'avais volontiers; mais, déjà trop chargé de livres, vu que je suis tantôt ici tantôt là, j'ai pensé qu'à l'égarer ou à le vendre, mieux valait le mettre entre bonnes mains. (929)

Peu de renseignements nous sont parvenus au sujet du poète en ce qui concerne l'année 1905. Le 28 mars Laurence sa sœur meurt à une époque où elle avait fini par rompre toute relation avec lui. À ce sujet la nièce du poète porte son témoignage que

---

[22] C'est ainsi que le 9 janvier 1904 il écrit à Delahaye: "Viens quand tu voudras, de jour ou de nuit (de minuit à cinq heures du matin préférablement). Car c'est l'heure où l'on me trouve sûrement, l'hiver!" (928).
[23] On trouve dans la lettre du 9 janvier 1904: "Je remercie Mr Aubert. Et toi aussi. Quant au m[inistre?] j'attendrai... puisqu'il le faut. Mais si j'avais la lettre d'avis, je pourrais la montrer à mon Écossais ou à son cerbère" (928).
[24] Par exemple la carte postale suivante:

GERMAIN NOUVEAU À ERNEST DELAHAYE

             Mars, 18 [1904].

  J'ignorais que ta maison
  Était en infirmerie
  Changée en toute saison.
  Je te demande pardon.
  Et je ne m'étonne mie,
Sinon de vous savoir encore tous en vie!
  Et j'en ai l'âme réjouie
  Au moins autant que ton docteur,
Qui ne saurait manquer à te faire un malheur!
Car de deux choses l'une: on vous met sur la paille,
Ou vous force d'aller où faut que chacun aille.

           Ton
         La Guerrière. (928-29)

Aussi Camille de Sainte-Croix écrit: "De temps à autre, nous recevions (Larmandie, Delahaye, Dierx ou moi) quelques brefs billets donnant de ses nouvelles et signés: G.N., ou La Guerrière" (*Paris-Journal*, 51e année [nouvelle série], No. 779 [23 novembre 1910]).

l'on doit considérer avec réserve, car la famille de Nouveau paraît toujours lui donner tort. Il semble d'autre part que les parents ne veulent pas passer pour coupables aux yeux du public, maintenant que le poète de Pourrières n'est plus un inconnu :

> [E]t toutes les larmes qu'il avait fait verser à ma mère, ne nous incitèrent pas à le recevoir après la mort de celle-ci.
>
> Elle avait, en effet, beaucoup souffert par lui; nous nous trouvions un jour dans la rue de la Grand-Horloge, à Aix-en-Provence, quand ma mère, entendant un pas qui lui avait été familier, se retourne et me dit dans une émotion intense: "Marie-Louise, Germain!" Je la vois si bouleversée que je la fais entrer dans le premier magasin proche, c'était une boulangerie; elle feint de demander du pain, mais à la marchande étonnée, je dis : "Non, Madame, ma mère ne veut rien, laissez-la se remettre un moment"; elle ne pouvait plus se tenir debout. Et quand elle fut légèrement mieux, nous sortîmes, Germain était déjà loin.
>
> De même, le jour où, son bâton à la main et son sac sur l'épaule, il passa sous nos fenêtres, ma mère se rejeta dans le fond de la pièce, avec la même émotion indescriptible. Il a toujours été le tourment de sa vie, mais s'il faut en croire l'éditeur, c'est que nous ne l'avons pas compris. Devant la douleur de ma mère, alors qu'il menait sa vie errante, une vieille tante me disait quelquefois, dans ma jeunesse: "Si le Bon Dieu pouvait venir le chercher!"[25]

---

[25] Lettre datée le 30 juillet 1945 de Marie-Louise Hart de Keating, nièce du poète, à Jules Mouquet, reproduite dans (DGN 134). Dans une autre lettre datée le 11 octobre 1948 et aussi adressée à Jules Mouquet, la nièce du poète développe le même thème: "Quand Messein nous a demandé la permission (en 19 ou 20) de publier les œuvres de notre oncle, ma sœur, Mme Paulet, s'y est formellement opposée: "Il a trop fait souffrir maman, me disait-elle, qu'il reste dans l'ombre". J'ai été d'un avis différent, je lui ai dit: "Ce sera justement la revanche de notre mère, et sa récompense". Mon avis a prévalu. Mais alors je demande que son rôle soit bien défini, et qu'elle ne passe pas pour avoir abandonné son frère, ce qui est *inexact;* il a fait chez nous, comme je vous l'ai dit, de fréquents et longs séjours, et ne croyez pas que c'était un temps de repos pour nous; il se fâchait pour un rien; je me souviens qu'un jour, à table, maman lui dit: "Veux-tu reprendre de ce plat!" Alors, lui répondit-il en colère, "je pourrais ne pas en reprendre!" Il sortit, le repas inachevé, alla à la gare, prit le train pour Marseille, et de trois jours nous ne le vîmes plus; mes

La famille ne parle pas des belles lettres que Germain écrivit à sa sœur à diverses reprises pendant sa vie; par exemple celles relatives à la crise de Bicêtre après 1891. Ce qu'il y a de remarquable c'est que les parents sont des gens "normaux" qui essaient d'améliorer leurs conditions en arrangeant des mariages avec des familles de notaires et même avec la noblesse anglaise. C'est alors qu'on a honte, qu'on essaie de renier le mendiant de la "tribu", même si ce mendiant est un poète ou un saint au caractère incommode. Mais en 1905, sans documents, il est difficile de dire quelle est la réaction de celui qui avait dédié en 1876 un de ses plus beaux poèmes à cette sœur qui vient de mourir [26].

En 1906 Nouveau accomplit un pèlerinage à Saint-Jacques-de-Compostelle [27]. Certains critiques, en suivant la légende, affirment que le poète-mendiant aurait fait ce voyage pour tenter d'expier les fautes commises en Algérie [28]. Il est également possible qu'il

---

parents étaient très anxieux: "Est-il dans un bois? Ne va-t-il pas se suicider?" Car on ne savait jamais s'il rentrerait le soir. Une autre fois, ma mère étant seule, il lui serra le cou en lui disant: "Tu vois, si je t'étranglais, on ne me ferait rien, on dirait que je suis fou". Ma mère et mon père étaient restés très effrayés, se demandant si le séjour à Bicêtre ne lui avait pas fait plus de mal que de bien. Je vous cite cela au hasard, mais tant d'autres choses!!

Il est donc venu chez nous jusqu'au moment où il prit sa vie errante, et jusque-là ma mère l'a aidé selon ses ressources, car avant les 5 francs du cousin, il a pas mal reçu de ma mère, et même de M. Collard de l'Église (alors M. Delannoy) qui l'avait vêtu de neuf en sortant de Bicêtre et s'était le plus possible occupé de lui, sur la prière de ma mère.

Quand il prit sa vie errante, cela coïncida avec la maladie de ma mère; elle venait de perdre une fille, et elle ne s'en remettait pas; ce qui, peu à peu, avec de fortes douleurs de tête, l'a emportée dans une demi-inconscience. Ce n'était pas le moment d'introduire chez nous un être de ce genre et de cette malpropreté.

Mais tant qu'elle l'a pu, ma mère s'est occupée de lui, et mon père a été assez bon pour ne pas l'en empêcher, car il fallait du mérite pour l'introduire chez nous avec cette maladie, dont il pouvait tous nous empoisonner" (DGN 141-42).

[26] Il s'agit de "La Maison: à ma sœur Laurence" (393-96) long poème de 130 vers écrit sans doute à l'occasion du mariage de Laurence (17 octobre 1876).

[27] Comme le signale P. O. Walzer la date de ce pèlerinage est incertaine (325).

[28] C'est ce qu'affirme Giorgio P. Sozzi (SOZ 36). Il reprend ainsi les arguments de Vérane (VER 188-210). Quant à Lopez il consacre un paragraphe seulement à ce pèlerinage tout en faisant passer Nouveau par de nombreux lieux saints où le poète ne mit probablement jamais les pieds:

ait été tenté par le désir de voir des pays nouveaux; mais c'est surtout sa foi qui le poussa à prendre cette décision, car il savait que depuis le Moyen Âge le pèlerinage à Saint-Jacques-de-Compostelle était considéré comme un acte de dévotion pour bien des chrétiens. À ce sujet Delahaye semble amusé par le fait que Nouveau se plaigne de ce que les mendiants étaient trop bien traités de force en Espagne, que la police les abritait parfois contre leur gré dans des hospices très confortables et leur servait de bons mets — tout ceci contredisant le désir du poète qui voulait faire pénitence comme saint Benoît Labre (DGN 61-62).

Pendant que Germain Nouveau arpente ainsi les routes d'Europe il ne se doute point que Maurice Saint-Chamarand fait publier chaque mois dans *La Poétique* une section de *Savoir Aimer*[29]. Le poète continue à avoir une correspondance amicale avec Ernest Delahaye et à faire preuve d'humour[30].

"Tout au moins, il essayera de gagner St. Jacques de Compostelle par le chemin des écoliers, en passant par la Normandie, la Bretagne, la Vendée, les Landes; il visitera les pèlerinages [sic] de Manrèze, de Montserrat, de Notre Dame du Pilier à Saragosse, et du Crucifix miraculeux de Burgos" (LOP 124).

[29] "Un Chef-d'œuvre inconnu: Savoir Aimer G. N. Humilis", *La Poétique* (décembre 1905, janvier, février, mars, avril, mai, octobre, novembre 1906). L'histoire rendra justice à Humilis car Saint-Chamarand sera vivement critiqué par Henri Sales dans: "Un poète ne veut pas qu'on publie ses vers. Le testament de Germain Nouveau" (*Le Figaro Littéraire* (8 novembre 1952], pp. 1 et 5).

[30] Cela arrive par exemple dans la fin de la lettre suivante, bassée sur une vieille plaisanterie. En effet Nouveau voulait que Delahaye eût signé son nom "M. de la Haye" mais ce dernier refusait en pensant que son épicier lui vendrait tout trois fois plus cher (1322). Les trois anecdotes suivantes inventées par Nouveau, chacune signée d'une version différente de "Delahaye" illustrent ce point:

> "Qu'est-ce encore que cela?
> —Monsieur, c'est trois bâtons de sucre d'orge que j'ai confectionnés exprès pour Mlle votre dernière...
> —Et combien vos bâtons?
> —15 francs 95!
> —Vous êtes fou, épicier!
> —Non, monsieur le connétable!
> —Tirez, tirez-moi ces bâtons!"
>   M. de la Haye

> "Qu'est-ce encore que cela?
> —Monsieur, ce sont des sucres d'orge que j'ai confectionnés...
> —Très bien, très bien, et combien vos sucres d'orge?
> —Il y en a vingt-cinq à 3 fr. 95 pièce, cela fait...

Remarquons ici que tant que Nouveau ignore que l'on est en train de publier ses œuvres il est le plus charmant des hommes. Il n'est pas aliéné puisqu'il a volontairement choisi cette vie de mendiant, cette vie d'humilité, pour des raisons religieuses. Il ferait plutôt ici figure de sage. Mais 1907 est encore une de ces années mystérieuses. Toujours à la recherche de ses manuscrits qu'il veut détruire il adresse la lettre suivante à un inconnu :

> Monsieur,
> Il vous souvient que je laissai autrefois entre vos mains les ÉPREUVES d'un ouvrage, les VALENTINES, comme papiers sans valeur, le livre devant paraître quelques jours après ; il n'en fut rien, et il se trouve que vous êtes aujourd'hui le seul détenteur de ces papiers.
> J'ose espérer, ou plutôt je ne doute pas que vous êtes trop galant homme pour ne pas me faire retourner ce petit écrit qui me semble beaucoup plus ma propriété littéraire que la vôtre.
> Dans l'espoir que vous voudrez bien faire à cette lettre la réponse qu'elle, etc... (934) [31]

> —Très bien ! très bien ! mon ami, revenez l'année prochaine, pour la foire des Moulineaux si nous allons sur les chevaux de bois ! "
>   M. de Lahaye
>
> "Qu'est-ce encore que cela ?
> —Monsieur, ce n'est rien, c'est tout simplement un peu de sucre et d'orge, dont je fais cadeau à mes clients (clients !) à l'occasion de la seconde statue qu'on inaugure sous mes fenêtres...
> —Très bien, Monsieur, donnez-vous la peine d'entrer.
> —(à part) Cadeau ! hum ! j'ai payé parfois un peu cher les cadeaux qu'on m'a faits... Enfin ! cet électeur est si poli !..."
>   M. Delahaye (930-32)

Le poète pense donc que la vie est plus chère pour les aristocrates.

[31] P. O. Walzer a tenté d'identifier cet inconnu. Nous nous devons de citer en entier ses hypothèses :

> Dossier Mouquet.
> Brouillon sans date, au crayon. En tête, une note précise : "Ce projet devait être destiné à l'éditeur".
> Il s'agit d'une des nombreuses tentatives faites par Nouveau pour récupérer, afin de les détruire, les épreuves subsistant du premier essai de publication des *Valentines*.
> La destinataire n'est pas facile à identifier. Sur sa copie, Mouquet propose d'abord Vanier, qu'il biffe, puis Messein, qu'il biffe, puis Camille de Sainte-Croix et Larmandie, qu'il biffe également, pour revenir finalement à Albert Messein, se fiant probablement à la note : "Destiné à l'éditeur". Or cette note est

En septembre il habite 66, rue de Grenelle d'où il envoie un "manuscrit" à la Société des Gens de Lettres. Daniel Riche lui répond que le texte en question n'est jamais parvenu à sa destination [32].

Dès l'été 1908 Nouveau est en Italie d'où il correspond avec son cousin Léopold Silvy. Cette correspondance nous tient plus ou moins au courant des activités d'Humilis pendant l'année, mais elle nous renseigne surtout sur ses idées, ses croyances. Tentons

---

vraisemblablement de Léopold Silvy, qui a peut-être commis une erreur.

En effet il ne peut s'agir de l'éditeur, inconnu, avec lequel Nouveau avait traité, puisque le livre doit "paraître quelques jours après"; cet éditeur possédait donc le matériel et il n'y avait aucun sens à lui remettre un jeu d'épreuves. Il ne peut s'agir de Vanier, puisque Vanier a reçu probablement un jeu d'épreuves de Camille de Sainte-Croix et Louis Denise. Ce n'est donc pas le poète qui a laissé "entre [ses] mains" les épreuves en question. Messein ne saurait entrer en ligne de compte, puisque l'événement se passe au moment où Nouveau croit encore que son livre va paraître, en 1885, donc une bonne quinzaine d'années avant que Messein ne succède à Vanier. Larmandie alors? S'il est vrai, ainsi que le poète l'affirme catégoriquement dans la lettre à Larmandie du 6 juin 1909 (p. 958), qu'il ne subsiste à ce moment qu'un seul jeu d'épreuves des *Valentines*, et que ces épreuves sont celles qui se trouvent entre les mains de Larmandie, ce n'est qu'à Larmandie qu'il pourrait les réclamer, et c'est ce qu'il ferait par la présente lettre. On peut même supposer que Larmandie, fatigué de cette correspondance monotone, fit répondre par le délégué du Comité de la Société des Gens de lettres, Daniel Riche, que la Société n'avait jamais reçu le "manuscrit" dont Nouveau parle dans sa lettre du 6 courant (voir la lettre de Daniel Riche adressée à Germain Nouveau, le 10 septembre 1907, p. 934). Cette lettre du 6 septembre est peut-être celle dont nous avons ici le brouillon. Jules Mouquet date la lettre (avec un point interrogatif) de juin 1909, ce qui n'a rien d'impossible. Ce serait alors la simple réduplication, sur un ton plus sec ("Mon cher ami" devenant "Monsieur") de la lettre à Léonce de Larmandie du 6 juin 1909.

Mais ce qui empêche tout de même d'accepter Larmandie comme destinataire de cette lettre, c'est le fait que les épreuves lui sont remises "quelques jours" avant la publication du livre. Or on se rappelle (voir la notice des *Valentines*, p. 551) que Nouveau a demandé à Larmandie d'écrire une préface pour ce recueil et que Larmandie s'est exécuté. Par conséquent il a eu les épreuves en main plus de "quelques jours" avant la mise au jour du volume.

Reste Camille de Sainte-Croix. Mais Nouveau ne traiterait pas ce vieil ami d'un sec "Monsieur".

Reste un inconnu... (1323-24)

Malgré tout la question reste indéterminée.

[32] Voir note précédente. Aussi (OC 325) et OC (934-35).

d'abord d'établir son itinéraire [33]. En mai 1908 il quitte la maison de son cousin Léopold Silvy à Saint-Raphaël, puis à Gênes il visite "une église toute dorée" (935) d'où il écrit aux parents de Saint-Raphaël. Le 20 juin il est à Rome chez un certain Cola Pietro, rue Marforio au deuxième étage du numéro 69. Il reste dans la ville éternelle jusqu'au 27 octobre. Puis il part vers Florence, mais arrivé à Acqua Pendente il pense revenir sur ses pas à cause du froid. Voulant aller à Orti il se trompe et passe par Orvieto, qu'il qualifie de "bijou artistique" (947), pour enfin retourner à Rome. De là il fait le projet de descendre jusqu'en Sicile, mais s'arrêtant à Policastro il revient sur Naples le 18 novembre 1908. Il quitte cette ville le 1er décembre et le 7 du même mois il est de nouveau à Rome où il habite Albergo della Corrucina, Via Cremona, 5.

Cet itinéraire, qui à première vue peut paraître quelque peu fantaisiste, est en réalité dicté par le désir que le poète a pour une vie plus tranquille. Il semble en effet qu'il songe à épargner, grâce à ses talents de peintre, la somme nécessaire qui lui permettrait de se retirer dans son village natal: "Une dizaine de portraits de hauts personnages, à mille francs seulement, et je rachète ma maisonnette de Pourrières (!)" (952). Ce séjour en Italie est, en effet, un voyage d'étude pour Germain Nouveau. Le peintre en lui prend cette activité très au sérieux, car au-delà des labeurs il y a l'espoir de la retraite provençale:

> [J]e vais me mettre à bûcher comme un nègre, afin de faire de grands progrès en peinture et me créer quelques petites ressources personnelles avec des tableautins que je pourrais peut-être envoyer en France, ou vendre ici aux membres de la colonie, afin d'avoir plus tôt le plaisir de revoir, de temps à autre, et mes chers parents et ma chère Provence! (935)

La peinture devient en 1908 pour Nouveau très importante. Il travaille "la nature morte de l'ours, du falcon et du timbre"

---

[33] Personne à notre connaissance ne s'est penché sur cette question qui n'est pourtant pas difficile à résoudre. Pour établir l'itinéraire en question il suffit de consulter la correspondance du poète avec Léopold Silvy (935-52) et quelques autres documents d'ailleurs reproduits par P. O. Walzer (1328). Nous sommes toujours à la recherche d'autres documents qui pourraient préciser les traces de Nouveau en Italie. Puisque nous venons d'indiquer nos sources nous n'alourdirons pas le texte avec d'autres références.

(935) et pense peindre les intérieurs des églises. Il s'occupe également de travaux de copie à Naples dans la sacristie de l'église de Saint-Philippe mais surtout à Rome à l'Académie Saint-Luc [34]. En ce qui concerne la possibilité de gagner sa vie en "faisant le portrait", le poète déclare:

> Avec tant de cordes à mon arc, il me paraît difficile de coucher à la belle étoile partout où, comme dans la forêt du petit Poucet, je verrai luire une lumière. (950)

Il pourrait en effet vendre sept genres de portraits:

1. Portrait peint à l'huile (profil).
2. Portrait à l'estompe, genre photographie, de face ou de trois quarts.
3. De face et de profil (petit format).
4. De profil (plus petit format).
5. Caricatures.
6. Silhouettes.
7. À quoi j'ajoute (mais j'espère n'avoir jamais à en user) le portrait de mémoire, avec quête dans l'honorable société! (950)

---

[34] L'Académie Saint-Luc, au n° 44 de la Via Bonella, avait été fondée en 1577 pour l'enseignement des beaux-arts, et Federiggo Zuccaro en fut le premier directeur. Elle a été transformée en 1874. Sa galerie de peinture est une collection du second ordre (Rubens, Van Dyck, Vernet, Jules Romain, Le Guide, Claude Lorrain, Poussin, etc., et surtout quelques Raphaël, dont *Saint-Luc faisant le portrait de la Vierge*).

Le tableau que copie Nouveau à l'Académie est l'*Hannibal* de Nytens. Dans la collection du Dr Heitz figure l'autorisation officielle que le poète avait dû demander; il s'agit d'une formule imprimée, complétée à la main:

REALE INSIGNE
ACCADEMIA DI SAN LUCA
ROMA

E permesso al Sig^{or} Bernard La Guerrière di copiare la seguente opera, situata nella sala Van Dyck
(Autore) Nytens
(Soggetto) Annibale
dal 7 Dicembre 1908 al 7 Febbraio 1909
Il Soprintendente, alla Galleria
P. Joris
Il sottoscritto dichiara di aver preso cognizione del Regolamento et si obliga di osservarlo.
(Nome e Cognome) Bernardo La Guerrière
(Domicilio) Albergo della Corrucina. Via Cremona. (1328)

Germain Nouveau a aussi d'autres plans pour gagner sa vie. Il songe une fois de plus à devenir professeur de dessin. Quelqu'un qui pourrait l'aider à trouver un poste, c'est le père Baffie qui est un ami de la famille. Le poète tente plusieurs fois de le rencontrer mais sans succès:

> J'en sors, de la rue Vittorino da Feltre, n° 2, (c'est un collège), où il m'a été dit, par un portier des plus frustes, que le père Baffie était absent jusqu'au mois de septembre. C'est accravant! (940)

Germain Nouveau songe également à devenir le répétiteur de son neveu Paul. C'est en pensant à cela qu'il exprime à Léopold Silvy ses idées sur l'instruction des enfants:

> À quoi sert ce grand nombre d'années qu'on passe (en général) sur les bancs d'un collège? ces neuvièmes et même ces dixièmes...?
> À faire dépenser de l'argent aux parents, et souvent inutilement.
> Je me charge de vous rendre Paul au bout d'un an capable de sauter trois ou quatre classes; pouvant lire le latin et le grec dans le texte, comme moi-même; fort en lettres; ayant la clef (ou clé) des sciences, et même plus que cela; et, chose presque incroyable, fort à l'escrime!... l'esprit orné, comme on dit, d'une foule de connaissances. Il n'aura qu'à me venir avec *ses programmes*; c'est cela que nous piocherons.
> Quand je dis: que nous piocherons, je me trompe, ou plutôt je vous trompe: je lui rendrai tout *simple, aisé, facile*! (941-42)

Ailleurs, méditant sur sa condition de mendiant qui va à pied d'un village à un autre, il s'érige contre l'injustice de la loi de vagabondage. En effet, "l'article 269 du Code pénal de 1810 déclare que 'le vagabondage est un délit', puni, quand le défaut d'habitation est prouvé, et selon les circonstances, de trois mois à cinq ans d'emprisonnement" (1327). Mais le poète ne peut avoir que du mépris pour cette loi:

> Il est vrai qu'avec leur infâme loi de Mendicité, et leur infâme loi de Vagabondage, avec lesquelles ils ont atteint notre sainte Religion au cœur, et qui est l'œuvre des

> arithméticiens de la Convention (dans "leur ardent amour de l'humanité", c'est un comble!) ils me déshonorent, (comme tant d'autres) et me ridiculisent aux yeux de mes parents, me rendent le jouet de mes amis (et de leurs bonnes), me tiennent toujours à la disposition de leurs mesquines vengeances; mais je préfère ma place, si mauvaise qu'elle soit, à la leur. (944)

Ainsi se passe une année pendant laquelle Nouveau arrive à survivre grâce aux mandats que son cousin, le notaire Léopold Silvy, lui envoie de temps en temps.

En janvier 1909 le poète retourne en France. Il fait un bref séjour à Saint-Raphaël, mais le 12 du même mois il est à Alger d'où il écrit à Delahaye:

> Tout ce que je peux faire en ce moment, c'est de te rappeler ce que je t'ai dit sur cette théorie de la Vierge-Mère d'Auguste Comte, que Larmandie prend pour du catholicisme. À propos des madrigaux ou épigrammes en question, dis-lui bien que, d'après la doctrine de Saint Thomas d'Aquin, universellement suivie par nous, les catholiques, Amour est le nom qui convient seul par excellence à la troisième personne de la Sainte Trinité; que par conséquent Amour ne peut pas remplacer le nom Dieu, et lui être, comme on dit, adéquat. Que si par hasard Larmandie voulait prendre sur lui mes erreurs et mes fautes de goût, je ne saurais l'en empêcher. Tout ce que je peux faire, c'est de lui défendre, comme à tout autre, d'éditer jamais ce qui n'est pas sien. (953)

Ceci nous montre que le vieux conflit entre Nouveau et Larmandie est loin d'être résolu. Il semble que dans tous les domaines le poète reproche à l'ancien camarade son manque de scrupules. Ce problème préoccupe Nouveau surtout au niveau théologique. En effet on dit que, parmi les poèmes qui n'ont pas été conservés, un certain nombre évoquaient la Doctrine de la Vierge-Mère d'Auguste Comte (1329). Il est clair que cette théorie était considérée comme hérétique. Cette raison parmi d'autres nous fait comprendre pourquoi Nouveau s'oppose à la publication de *La Doctrine de l'Amour*.

C'est toujours avec cette idée en tête que le 18 janvier il écrit une longue lettre à Léopold Silvy (954-58) lui dictant la conduite à tenir pendant l'entretien que le notaire allait avoir avec Larmandie de la part du poète. Cette lettre nous le révèle comme un diplomate subtil et un connaisseur de la psychologie pratique. Nouveau qui veut récupérer ses manuscrits (épreuves et copies) recommande au cousin Léopold d'être poli et même flatteur. Des expressions comme "mise en scène", "faire mes sincères compliments", "mille invitations" et "présentera l'hommage de mes plus respectueuses sympathies" sillonnent le texte montrant combien le poète tient à la restitution de ses biens. Un fou n'aurait jamais pu être capable d'écrire une lettre semblable et même les personnes éclairées font rarement la preuve d'une si rigoureuse cohérence.

Le 6 juin de la même année Germain Nouveau commence à se fâcher avec Larmandie. Il lui envoie la lettre suivante:

> Comment se reconnaître dans le fatras de vers que vous avez enfin envoyés à mon parent? Il nous faudrait le manuscrit pour contrôler ou collationner, et il y a quinze ou vingt ans que je l'ai détruit après l'avoir retiré des mains de M. de Sainte-Croix, par l'entremise de M. D... Vous me faites dire ce que vous voulez là-dedans! Sans parler de vos interprétations fantaisistes. Par exemple, si c'est moi qui ai dit :
>
> *Car il porte dans l'ombre*
> *Un masque étincelant sur un visage sombre*
>
> pourquoi voulez-vous que ce soit de Jésus-Christ que j'ai voulu parler? Jésus-Christ ne porte point de masque.
> Quant aux épreuves des *Valentines* que vous retenez, les seules!... ce sont les seules qui soient restées d'un projet d'impression d'un ordre tout privé, (elles ne devaient par être mises dans le commerce), j'en ai eu entre les mains l'attestation écrite de mon imprimeur qui n'était pas Mr Vanier, ou le successeur de Mr Vanier comme vous l'inventez maladroitement; quant aux E. des V^{nes}, nous comprenons enfin que vous ne les rendrez ni communiquerez jamais! Vous ne consultez dans toutes ces questions que votre seul intérêt. C'est dommage, car en *changeant le titre de l'ouvrage, en supprimant certaines pièces, en en corrigeant certaines autres* cela aurait pu faire une plaquette dont la publication eût pu m'être utile. Vous me privez de mon travail. (958-59)

Pendant la même année il entretient une correspondance amicale avec Ernest Delahaye qui continue à lui faire tenir des mandats du ministère [35]. Quelques lettres écrites à Léopold Silvy montrent que malgré ses vicissitudes Nouveau continue à s'intéresser au bien-être de sa famille [36]. Il est difficile de se faire une idée, soit de l'itinéraire du poète, soit du genre de vie qu'il mène à Alger où il est assez souvent. Cependant de sa correspondance on peut déduire qu'il y est le 12 janvier 1909 et le 18 il est déjà de retour à Saint-Raphaël. Il reste probablement dans le Midi jusqu'à l'été, car le 11 juin il est encore à Aix. Puis il fait "la navette" et nous savons qu'il est à Alger le 27 août, le 20 septembre ainsi que du 12 au 14 octobre. Il explique à Delahaye qu'il est en Afrique du Nord toujours pour des raisons de santé :

> [C]ar moi, ça ne va pas non plus de ce côté ; affligé que suis-je de rheumétismes, qu'à cause de leur force, il faut prononcer à l'anglaise. Guère moyen de les soigner comme ils le mériteraient bien. Et par là-dessus, d'autres maux qui s'y viennent ajouter, et greffer, comme il arrive sur le seuil de *tristis senectus*. (962)

Enfin P. O. Walzer nous rappelle :

> En rentrant d'Italie, en janvier, Nouveau s'arrête à Saint-Raphaël, chez son cousin, le notaire Léopold Silvy. En été, s'installe à Alger où il passera une demi-année. Il aurait même fait plusieurs passages comme gardien de troupeaux sur les bateaux entre Alger et Marseille, ou comme "bouffon du bord" sur les paquebots où il était admis par charité, envoyant de temps à autre une carte ou un billet aux vieux amis, Camille de Sainte-Croix, Larmandie, Dierx ou Delahaye. (326)

Mais rien n'est sûr à ce sujet, car Nouveau ne parle pas de cela dans sa correspondance. De plus les sources de tels renseignements se trouvent dans des biographies quelque peu romancées [37]. En décembre il tente d'entrer en religion au Couvent Notre-Dame-des-Prés qui est en Espagne dans la province de Lérida. On déduit

---

[35] OC, 961 ; 962-63 ; 964-65 ; 965-66 ; 967.
[36] OC, 959-61 ; 961-62.
[37] Beaucoup d'articles reprennent ce que raconte Vérane (Ver 182-97).

d'une lettre que le poète ne put s'adapter à la vie cistercienne [38].

Le 16 janvier 1910 Germain Nouveau écrit une lettre importante à son cousin Léopold Silvy. Le poète qui est encore une fois à Alger commence par faire des remarques sur l'escrime et sur sa valeur éducative. Il ajoute ensuite:

> Je ne vous reverrai plus. Quelque chose me dit que je ne vous reverrai plus. (Je désire me tromper.) Conservez-moi l'idée d'un homme qui eût voulu ne vous laisser que d'agréables souvenirs. Cela du fond du cœur. (971)

Avec la lettre le poète inclut "Le Testament d'Alger", une pièce que le cousin doit garder:

---

[38]

FRÈRE MARIE-BERNARD À
GERMAIN NOUVEAU

Monsieur B. La Guerrière N.D. des Prés,
Professeur de Dessin 13 janvier 1910.
19, rue Michelet,
Alger (Algérie)

†
J. M. J.

Mon cher ami,
Dès réception de votre lettre, je me suis empressé d'écrire à notre Révérendissime selon votre désir, et afin que ce que je lui disais à votre intention réussît mieux, j'ai joint votre excellente lettre à la mienne.
Dans sa réponse que je reçois à l'instant, il me dit:
"Ce bon Mr La Guerrière se trompe en croyant qu'il a été renvoyé pour une *faute*. Le vrai motif pour lequel nous l'avons prié de se retirer est que nous avons estimé qu'il n'était point fait pour notre genre de vie.
Il n'y a donc pas lieu à miséricorde là où il n'y a pas eu de culpabilité."
Cher ami, que votre sortie de chez nous ne soit donc pas une cause d'inquiétude et de regrets. Tout le monde n'est point appelé à suivre la même voie; chacun a la sienne lui permettant d'arriver sûrement au ciel.
Le Saint Curé d'Ars, à plusieurs reprises, a tenté de se faire religieux. Toujours la divine Providence montra que telle n'était pas sa volonté.
Comme lui, quoique restant parmi les dangers et les ennuis du monde, vous pouvez devenir un grand saint, et je suis convaincu que vous le deviendrez. Je vous promets de continuer de bien prier à votre intention: de votre côté, veuillez ne pas m'oublier dans vos bonnes prières.
Toujours bien fraternellement à vous en N.S. et en N. Im. M.

Fr. Marie-Bernard,
O.I.C. (967-68)

Pour M. Silvy, notaire à Saint-Raphaël. (À conserver.)

Si les pauvres faisaient des testaments, je dirai[s] ceci est mon testament. Ce ne sont que mes dernières volontés. J'adjure mes parents (sur le conseil de mes confesseurs et pour question de goût et éviter le ridicule), quelque pression qu'on puisse faire sur eux, de s'opposer de tout leur pouvoir, et au besoin procès et autres moyens dont la loi met en possession, à la publication d'aucun vers de moi.

Je veux que mon cousin Léopold Silvy, qui a des brouillons de vers de moi non définitifs, les détruisent [sic] lui ou ses descendants aussitôt qu'ils apprendront mon décès.

Je recommande (comme il est de mon devoir religieux) à leur bonne volonté tant pour l'honneur du nom de Silvy que pour l'honneur du nom de Nouveau les dettes suivantes :

Cent cinquante francs à M. Richepin, 66, rue Notre-Dame-des-Champs, Paris ;

Cent trente-sept francs à M. Léon Dierx, homme de lettres, 24, rue Boursault à Paris ;

Quarante francs à M. de Sainte-Croix, homme de lettres et rédacteur à "La Petite République", 32, rue du Vieux-Colombier, à Paris ;

Deux cents francs à M. Élias Monassa, commissionnaire en marchandises, 40, rue Condorcet, Paris.

Et si l'on veut bien les acquitter, ne pas tolérer de refus.

Je meurs ou veux mourir dans la religion catholique, apostolique et romaine comme on meurt dans ma famille.

Fait à Alger, le 16 janvier 1910.

B. Nouveau (Laguerrière).

Vu que mon aïeul paternel et parrain Bernard avait la prétention d'appartenir à la famille de Jacques de Vèze et des seigneurs des Baux de Provence.

B. Nouveau (Laguerrière). (971-72)

Ce texte prouve une fois de plus l'intégrité de Nouveau. Sa fierté ne se situe plus au niveau personnel mais il a le sens d'appartenir à une grande famille. On sait que selon le poète cette aristocratie serait remontée à l'un des rois Mages, donc à l'origine même des traditions chrétiennes [39]. C'est ainsi que, toujours en suivant ses idées religieuses, il tente en janvier 1910 d'entrer à la Trappe (326). Dès le début de février il débarque à Marseille. De là, le 7 du même mois, il écrit à Delahaye et lui avoue son échec :

> Un essai de vie religieuse à la Trappe ayant échoué, je viens tout récemment d'être rejeté dans la vie dépouillé de tout ce que j'avais cru devoir quitter avant d'entrer au couvent. (973)

Dans la même lettre on voit que Nouveau compte toujours sur Delahaye en ce qui concerne les secours matériels. Mais ce que l'on souligne moins c'est que le poète s'intéresse toujours à la peinture. Ainsi, dans la lettre du 7 février, il est question de deux dessins qu'il a envoyés à son ami [40]. Germain Nouveau en profite pour affirmer :

> J'ai attrapé une méthode pour la peinture, dont je pourrai tirer parti (encore plus et mieux encore, sans me trop vanter; mais où est le peintre modeste?) *mais je ne suis pas encouragé.* Ce n'est pas ta faute, mon bon Delahaye, ceci ne figure ici qu'à titre d'inventaire et pour me soulager la bile. (973)

Déçu, sans doute par le fait que la chance ne lui sourit pas en peinture, le poète retourne à Aix où il habite 7, rue l'École. De là il entretient une correspondance assez suivie avec Delahaye qui tâche toujours d'aider le pauvre poète financièrement. Ces lettres nous apprennent aussi quelques détails qui éclairent un peu les activités de Nouveau pendant l'année 1910. Par exemple le 27 août le poète écrit à son ancien camarade de bureau qu'il a dû vendre ses "instruments de dessin et de peinture" (977). Nouveau semble alors faire des lectures. Il réclame à plusieurs reprises l'ouvrage *Devoirs d'histoire de France* écrit par Ernest Delahaye [41].

---

[39] Voir aussi sur cette question (LOP 5-7). Quant à Nouveau c'est la seule fois, à notre connaissance, qu'il fait allusion à ce fait. C'est d'autant plus marquant puisqu'il s'agit de son "testament".
[40] Il s'agit d'une copie de "L'Amiral" de Hytens et d'une reproduction de "Bianca Capello" de Titien (973).
[41] Il s'agit de l'ouvrage suivant: Ernest Delahaye, *Devoirs d'histoire de France: Cours d'histoire secondaire* (Paris: Delagrave, 1892). Le 27

Il demande aussi plus d'une fois du matériel à Léopold Silvy. Ce dernier note en effet au bas d'une lettre:

> Lui ai adressé son Homère, un pauvre livre d'étude, et un calepin contenant quelques pages écrites au crayon et à peu près illisibles. (985)

De la lecture à l'écriture il n'y a qu'un pas. C'est ainsi que malgré "Le Testament d'Alger" Nouveau se livre à des travaux littéraires. Le 11 octobre 1910 le poète avoue à Delahaye: "Je prépare un traité d'Orthographe; mais qui voudra éditer ça?" (978). Le 30 novembre dans sa lettre à Léopold Silvy il fait allusion à une pièce en trois actes (980). Rien n'est resté de ces œuvres tandis que le *"Placet rimé"* est parvenu jusqu'à nous:

> [A]ussi je ne viens aujourd'hui que te prier d'une petite démarche auprès de notre oncle ou cousin, mon très cher et très affectionné Sidore (malgré le silence qu'il garde), et de lui demander s'il veut bien faire les frais d'une très légère plaquette, soixante-dix à quatre-vingts petits vers, avec une lettre à un personnage de Paris, et quelques notes, etc.... dont rien ne tomberait dans ma poche, dont je n'ai d'ailleurs nul besoin; par conséquent il n'aurait pas à redouter d'être transformé en oncle ridicule par un neveu de commédie. (980)

C'est bien là la description du *Placet rimé* que Nouveau commença sans doute en 1906 et révisa jusqu'en 1918 [42].

Mais l'événement le plus important, ou peut-être le plus spectaculaire de l'année survient en décembre quand le poète se rend compte qu'on a publié ses vers contre sa propre volonté: "Larmandie viendrait de faire éditer à mon insu (et j'ajoute tu sais si

---

août 1910 Nouveau écrit: "Je ne serais pas fâché de repasser un peu: non pas ton livre, mais *l'histoire de France,* dans ton livre; quant à ton livre lui-même, il a et aura toujours pour moi un double intérêt" (977). Le 11 octobre il revient sur la question: "Toutefois, après de si bonnes nouvelles, tu pourrais t'en tenir à donner seulement à cet importun l'adresse de Delagrave, au cas où le dit [sic] libraire aurait encore en magasin les *Histoire raisonnée*" (978). Le 13 novembre il revient à la charge dans le post scriptum: *"D'un probe historien* j'attends toujours: *ouvrage"* (979).

[42] La pièce en question fut publiée pour la première fois posthumement par Jules Mouquet dans *Le Calepin du mendiant* (1949). Le poème est repris et commenté par P. O. Walzer (759-74).

c'est malgré moi!) mes vers..." (983)⁴³. Nouveau se fâche et, fidèle cette fois-ci au "Testament d'Alger", il décide de porter plainte et de demander l'assistance judiciaire. Le 8 décembre 1910 Léopold Silvy écrit au poète:

> [J]e tiens à te déclarer que j'ai été abasourdi d'apprendre que tu avais porté plainte contre de Larmandie, un excellent ami à toi, qui n'a jamais cessé de s'intéresser à ton sort de toute façon. Il m'apprend cela, ce soir, par un mot, et je suis désolé de la peine que tu causes à un homme qui t'est dévoué, attaché extraordinairement, que j'ai vu à Paris et avec lequel j'ai échangé de nombreuses lettres à ton sujet, lettres pleines de cœur et d'un véritable ami pour toi, enthousiaste de ton talent poétique, de ton caractère. S'il a appris par cœur tes vers et les a redits, peux-tu réellement lui en vouloir? D'autant mieux qu'en glorifiant tes œuvres, il se préoccupait de transmettre ton nom à la fois, heureux si un jour il pouvait te venir en aide.
>
> Tu es très chrétien, très bon, et le pardon doit être au fond de toi-même. Et puis, dans notre famille, tu le sais, on n'est pas méchant. Donc, tu vas écrire à qui il faut et retirer ta plainte au plus tôt, alléguant que tu l'avais déposée dans un moment d'humeur, et que, sur explication, tu la retires purement et simplement.
>
> J'y compte, pour de Larmandie, pour toi surtout, n'est-ce pas?
>
> De tout cœur.
>
> Léopold. (983-84)

Germain Nouveau, sans doute pour éviter l'embarras de la situation, nie simplement le fait. Il répond en effet le 12 décembre à son cousin: "On n'a pas porté plainte contre Larmandie; tu es mal informé" (985). Ernest Delahaye et Léonce de Larmandie écrivent aussi au poète pour qu'il retire sa plainte (984-85). Cependant Germain Nouveau ne cède pas. Enfin, quand l'affaire vint devant le parquet d'Aix, on s'informa sur l'identité de la victime.

---

[43] La découverte du poète comme nous le rappelle P. O. Walzer est incomplète: "Pour tenter d'amadouer l'irascible poète, Larmandie lui fait tenir, non l'édition nouvelle de *La Poétique*, mais un exemplaire de *Savoir aimer* de 1904 (exemplaire que Nouveau conserva jusqu'à sa mort et auquel, nous apprend M. Lovichi, il apporta quelques modifications)" (326).

Ayant su qu'il s'agissait de Germain Nouveau le parquet d'Aix refusa de donner suite à l'affaire (326). C'est ainsi que dès 1910 Humilis commence à constater que cette société qui l'a mis "en marge" ne lui accorde même pas le privilège de l'obscurité.

À partir de ce moment, à la souffrance physique vient s'ajouter un nouveau fardeau moral sur les épaules d'Humilis: la gloire dans la misère — dernière étape de son chemin de la Croix. Si le poète veut effacer son œuvre, c'est qu'il a honte de ne pas avoir chanté uniquement la gloire de Dieu. Mais il se sent également coupable d'avoir traité dans *La Doctrine de l'Amour* des questions théologiques avec trop de légèreté. Pour que le saint chez Nouveau s'affirme, il faut que le poète se taise.

VII. LES DERNIÈRES ANNÉES

Les dix dernières années de sa vie (1911-20) Humilis les passe dans son village natal: Pourrières. Le 10 janvier 1911 le poète est encore à Aix où il reçoit les vœux de son cousin de Saint-Raphaël, Léopold Silvy, et Camille de Sainte-Croix (987-88). Le 14 du même mois son cousin se rend à Aix où il essaie vainement de voir le poète à plusieurs reprises:

> Une affaire importante m'a appelé à Marseille l'autre jour, et j'en ai profité pour faire un crochet jusqu'à Aix, embrasser les miens au galop et serrer la main au doux poète. Je suis allé trois fois chez toi, à une heure et demie, à trois heures, à quatre heures. Après, il me fallait prendre le train, et j'ai été désolé de quitter Aix sans t'avoir revu.
> Il paraît, m'a dit ta propriétaire, que tu ne sors jamais, ou si peu, que j'aurais dû te trouver à trois heures ou quatre heures. Mais l'impitoyable guigne s'est jouée de ton vieux notaire et tabellion! (988)

Quant à Larmandie, il tente toujours de regagner l'amitié et la confiance du poète. C'est ainsi que le Comte adresse une lettre à l'ancien camarade:

> Comment! c'est donc vrai que vous avez déposé une plainte, chrétien contre chrétien, parce que j'ai eu un culte trop grand pour votre œuvre! Si péché il y a il me semble véniel. Vous n'avez jamais eu un pareil admirateur de vos vers mystiques. Vous exposez à de gros ennuis un vieil ami de trente-cinq ans!
> Voyez donc cette petite sœur de Lisieux, est-ce qu'elle conseille la rigueur? Voyons, mon cher, désistez-vous, il en est temps encore. Bien à vous
>
> *de amicis* (989)

Mais Nouveau ne répond à personne et semble s'acheminer de plus en plus vers un silence total. Léopold Silvy s'inquiète. Il envoie un télégramme à son cousin: "Prière répondre mes lettres. Ton silence reste incompréhensible pour moi. Silvy" (989). Le poète ne répond toujours pas. Le 20 janvier 1911 le notaire utilise le même procédé: "Une dernière fois te supplie répondre mes lettres aujourd'hui" (990). On perd ainsi la trace du poète jusqu'en septembre 1911. C'est alors qu'il retourne s'installer à Pourrières où il demeurera jusqu'à sa mort le 4 avril 1920.

Toujours en septembre 1911, il correspond avec Delahaye au sujet d'une autre *"demande de secours* au Ministère" (990). Il habite chez Monsieur Augustin Moutte, Receveur Buraliste à Pourrières. Le 30 du même mois il adresse sa demande au ministre qui lui accorde un secours de 200 francs (992). Le 22 novembre 1911 il achète sa demeure définitive à Pourrières:

> '[U]ne maison de bas en haut située dans l'enceinte de la commune de Pourrières rue de la Baraque, en très mauvais état', qu'il paie 70 francs et qu'il baptise la 'Tour Gombert', parce qu'elle aurait appartenu à un certain Gombert. Il se procure quelques ressources en faisant des portraits, mais vit le plus souvent de charités [1].

En 1912 il continue à correspondre avec Delahaye. Ses lettres prouvent qu'il s'intéresse toujours à la littérature en général et à l'œuvre de Rimbaud en particulier:

> (Il n'y a pas d'offense) Aurais-tu l'obligeance de m'envoyer copie d'*Ophélia* du Shakespeare français (c'est ainsi qu'il fut nommé) pour un de mes amis que les trois seules stances de cette pièce que je sache de mémoire ravissent et enchantent.
> Merci d'avance. (994)

Puis il fait imprimer ce que nous considérons son testament poétique et spirituel:

---

[1] (OC 327). Lopez signale un détail marquant au sujet de cet achat: "Afin de lui éviter des droits d'achat, on lui conseilla de mettre sur l'acte que la maison était en ruine. Il refusa énergiquement" (LOP 183).

En juin, il fait imprimer à Aix, chez E. Tournel ("l'imprimeur radical-socialiste de la sous-préfecture", fait remarquer Marcel Provence), la seule plaquette qu'il ait jamais fait paraître, *Ave Maris Stella, paraphrase rimée (première version)*. Il vint un jour déposer sa plaquette sur le bureau de l'imprimeur de la petite revue *Les Quatre Dauphins*, que dirigeaient Marcel Provence et le poète Faubreton, puis reparut quelques jours plus tard, mais avec un exemplaire corrigé et *ne varietur*. (327)

Sans doute convaincu de la valeur de l'*Ave Maris Stella* le poète écrit le 12 août 1912 à Delahaye:

> Je ne demande pas mieux, moi, que d'être votre cher ami; eh bien! cher ami, rendez-moi un service personnel, c'est le seul qui coûte,... mais celui-ci ne va rien te coûter: Vois si tu as assez d'influence dans les milieux littéraires pour me faire imprimer mon "joli petit poème" (il n'est pas long en effet) *en son entier* (condition *sine qua non*) dans quelque Revue.
> Si par hasard c'était *oui*, je t'enverrai *mes dernières corrections*, sur exemplaire E. Tournel. (995)

Cette belle et profonde pièce qui laisse voir la lucidité mystique de son auteur rompt ainsi le silence poétique de Germain Nouveau. Dans *Ave Maris Stella*, une prière à la Vierge qui "conduit la voile au Port" (758), Nouveau exprime une dernière fois sa dévotion à la "Bonne mère de Dieu", dévotion déjà affirmée avec "Le Cantique à la Reine" de *La Doctrine de l'Amour* (486-91).

Le 23 août il écrit à Delahaye une lettre indiquant quelques changements à faire dans le texte de l'*Ave Maris Stella*. Il demande toujours à son ami de faire publier son poème mais il y met la réserve suivante:

> À MOINS QUE, cher Semi-Disparu du catalogue Delagrave (se reporter au dit catalogue) (très drôle! très amusant!), TU NE RISQUES EN TOUS CES SOINS DE TE FAIRE TRAITER À TON BUREAU DE "SALE CLÉRICAL", OU D'"AFFREUX RÉACTIONNAIRE"; EN CE CAS, JE SERAIS LE PREMIER À TE PRIER DE NE RIEN FAIRE. (998)

La note précédente montre la sensibilité et la remarquable lucidité du poète. Encore une fois Germain Nouveau prouve qu'il a conscience de son état ainsi que de la position des autres. Les fous ne prennent pas de telles précautions. Puis, le 1er septembre il change définitivement d'avis : "Arrêtons les frais pour l'*Ave*" (998).

Dès le début de 1913 il reprend le procès contre ceux qui, en 1904, l'éditèrent malgré lui. Le 11 janvier il signale sa décision à Ernest Delahaye :

> Je t'apprends que je viens de déposer une plainte contre *Société des Poètes Français, en détournement d'écrit, abus de confiance, publication d'imprimé.*
> Il y va de la prison, sans compter le reste. C'est grave. Aussi, je n'ai pas cru inopportun de te dire que si tu avais des amis dans la dessus dite Société, qui en eussent fait partie à l'époque de cette publication, tu peux leur dire que nous n'avons "soif" de la condamnation de personne, qu'on entendrait à un arrangement [sic] aux termes du code. Je peux toujours retirer ma plainte, la dernière formalité n'étant pas accomplie ; mais il faudrait se hâter.
>
> *Sentiments dévoués.*
> La Guerrière. (999)

Le même jour il écrit à son cousin Léopold Silvy une lettre semblable dans laquelle on remarque cette phrase : "Comme ton ami Larmandie est un des principaux impliqués dans cette affaire" (1000). De ceci on peut déduire la raison du silence de Nouveau qui avait dû finir par penser que son cousin l'avait trahi avec Larmandie. Quoiqu'il en soit la question est traitée en janvier-février, par l'assistance judiciaire de Brignoles (Var) et par celle de la Seine. Le 22 février elle aboutit à un non-lieu (327). Le 10 mars, le poète, déçu et sans doute en colère, écrit la lettre suivante au procureur de la Seine :

> De ce qu'il n'y a pas "lieu de m'accorder l'assistance judiciaire", il ne s'ensuit pas que vous ne deviez me communiquer le dossier, (dont vous semblez me menacer!...) D'ailleurs, c'est plutôt le contraire.
> Prière donc de nous communiquer le dossier ; et puisque vous avez l'honneur [sic] de m'écrire,
> Recevez aussi nos salutations
>
> La Guerrière. (1000)

Il écrit toujours à Delahaye. Ses lettres dévoilent un caractère complexe. C'est ainsi que, tout en se plaignant du coût de la vie (1001), il refuse les secours qu'il avait l'habitude de demander:

> Tu me proposes 200 francs par an, du Ministère, par ton canal d'abord, et celui de gens que je connais aussi...
> À cela nous répondons franchement: non! (1002)

Il invoque à ce sujet des scrupules politiques et personnels, pas toujours très compréhensibles. Il semble pourtant que le poète veuille revoir son ami: "Tiens, c'est fou ce que je vais te dire, mais: Viens plutôt nous voir!" (1002). Aussi le 9 décembre il écrit à Delahaye une lettre où se manifeste encore une fois le désir d'une dernière rencontre:

> J'attends que le *open door*, dont s'est occupé dans ses livres *notre sénateur*, Mr Clemenceau, soit en vigueur chez nous pour demander à faire à Bicêtre une cure de quelques mois; et alors, poussant jusqu'à Vaux, nous causerons-ibus.
> Vive la République!
> Riez, Nymphes de Vaux! n'effeuillez plus bouquet
>   Aux mânes de Fouquet;
> Mais sablez les chemins, et fleurissez les haies
>   Au plus joyeux des Delahayes! (1003-4)

En décembre 1913 Nouveau songe à lancer une revue mensuelle dont il serait le seul rédacteur. Le périodique en question ne verra jamais le jour, mais il reste de cette aventure quelques cartes postales adressées aux anciens amis pour annoncer le lancement de la *Presse du pauvre*. Le 31 décembre 1913 il envoie la première de ces cartes à Ernest Delahaye:

> Monsieur Ernest Delahaye, Homme de lettres, 250 Grande rue, Vaux-sur-Seine (Seine-et-Oise).
>   PRESSE DU PAUVRE
>   Son curieux numéro
>   du 1er janvier 1914.
> Volera tous les mois vers des lieux différents
> Comme tous les matins journaux petits et grands,
> À travers, par dessous, et par dessus la ville;
> MAIS DES MIENS, SOUS LA NUE, IL N'EN PLANE
>   QUE MILLE.
>   1000 abonnés me faut!

> *Chanson nouvelle*
> Pour paraître le 1ᵉʳ février.
> François Laguerrière.
>
> Les Bureaux seront à Paris.
> Nous envoyons notre supplément sen[sa]tionnel du 1ᵉʳ janvier, à toute personne qui en ferait la demande accompagnée d'un envoi de 0.50 (cinquante centimes) à Laguerrière, Pourrières (Var). (1004)

De 1913 à 1918 nous entrons une fois de plus en pleine légende [2]. Tâchons cependant d'éclaircir cette question. En 1914 Nouveau écrit au moins cinq cartes postales dont quatre font de la réclame pour la *Presse du pauvre*. On passe en général cette question sous silence. Ce sont pourtant les derniers mots qui nous restent du poète et il nous semble qu'il vaudrait mieux les analyser avant d'aborder le domaine de l'incertain. Le 17 janvier 1914 Nouveau adresse la première carte à Ernest Delahaye :

> Pour monter jusqu'aux Dieux, ou piquer une tête,
> Qui pourrait dans les airs égaler un poète ? (1005)

Ces vers, qui ne sont pas d'une grande originalité, montrent que Nouveau est encore imbibé de la tradition romantique qui se solidifia dans *L'Albatros* de Baudelaire. A ce sujet P. O. Walzer note :

> La première carte postale de la *Presse du pauvre* (p. 1004) avait également été adressée à l'ancien ami Jean Richepin — devenu entre-temps une célébrité — qui répondit le 14 janvier 1914 par le couplet suivant (autographe coll. docteur Heitz) :
>
> > Ben ! c'en est deux, moi, que j'voudrais !
> > Deux suppléments, deux vrais, deux frais,
> > Deux qu'ont d'avanc' tout's mes estimes !
> > Et c'est pourquoi qu'j'envoie esprès,
> > Pour double servic' doubles frais,
> > Ci-joint deux fois cinquant' centimes.
> >
> > Et bon an, vieux copain !
> >
> > > Jean Richepin,
> > > 8, villa Guibert (XVIᵉ).

---

[2] La chronologie de P. O. Walzer ne dit rien pour 1914, 1915, 1916, 1917.

Mais cette demande, venant d'un "radical" irrite notre poète, qui répond par cette deuxième carte postale. (1346):

1ᵉʳ février 1914.

PRESSE DU PAUVRE

Il y a combat engagé à l'Institut, entre Richepin et nous, au sujet de notre supplément de janvier. Nous disons dans notre 1ᵉʳ distique (il y en a 5):

I

À vous, deux suppléments? qui fîtes ce beau coup
De nous tuer les Dieux? Un, c'est déjà beaucoup!

II

Mais les tuâtes-vous?..............................
Les réponses seraient insérées.

Prix d'entrée permanente: 7 francs, ou 2 francs la séance. Le premier couplet de notre chanson: *Un abonné un faut*, prix: 2 francs.

Fᵒⁱˢ Laguerrière. (1005-6)

Cette carte montre que le vieux conflit entre Nouveau et Richepin sur la question de l'athéisme n'est pas oublié. Le 3 mars 1914 il envoie une autre carte à Delahaye. Cette fois-ci il s'agit de pure réclame:

"Exige" NOTRE BUT *spécial pour poètes*; ou le NUMÉRO AFFICHE, le premier contenant une surprise plutôt agréable, prix 0.65 centimes. Prix unique de toutes nos postales à l'avenir! et précédentes. (1006)

Puis il adresse un poème aux cousins de Marseille M. et Mme Moutte:

Allo! Allo! Vu donc la Concurrence,
Allo, Allo! ne nous oyez-vous pas?
Que s'entre-font dedans le genre bas
Tant de rimeurs que nous sommes en France
Nous ferons des rabais! et nous aurons un prix
Unique pour tous nos articles!
—Ne chaussez déjà vos bicycles
Tous les précédents y compris.
Ce ne sont Nouveautés de Haute Fantaisie!
Plutôt petits objects [sic] de poésie. (1006)

Dans cette note, comme dans les précédentes, le poète ne manque pas d'humour et d'humilité. C'est un Germain Nouveau qui accepte sa situation qui nous est révélé ici. Aussi on comprend qu'il écrive aux cousins de Marseille car ceux-ci affirment que le poète a vécu pendant de courtes périodes dans cette ville de 1914 à 1918[3]. Les vers "Ne chaussez déjà vos bicycles / Tous les précédents y compris" auraient tendance à prouver que M. et Mme Moutte furent en contact avec le poète pendant ses dernières années.

En mars la *Presse du pauvre* change de nom et devient la *Presse du hère*. L'entreprise commence à tourner au jeu comme on le voit dans la carte suivante qu'il écrit à Delahaye:

[4ᵉ carte postale, 28 mars 1914.]
(du 1ᵉʳ mars 1914) [sic]

      PRESSE DU HÈRE   Iʳᵉ année.
Notre but.
UNION DES ENFANTS TOUS GÂTÉS DE VICTOIRE
    Il s'agit d'épuiser les rimes en "oire" sans sortir du sujet. Chaque correspondant n'a droit qu'à l'insertion d'un seul alexandrin. (1007)

Enfin le 1ᵉʳ avril il semble que l'aventure finisse avec une réclame qu'il envoie à Delahaye:

      PRESSE DU HÈRE   Iʳᵉ année.
Nos Postales
ou
Petit poème de l'abonnement
en vue
de l'Union de tous les Français
(facile à faire en vers)
    Présenté à l'Académie Française, pour le prix Montyon, par François Laguerrière le......19...
    Le prix de nos postales (nombreux suppléments) est de 0.65 centimes chaque [sic].

---

[3] Sozzi fait allusion à ce fait (SOZ 40). On trouve cette affirmation dans l'article de Pierre Ripert: "En marge du symbolisme: Rimbaud, Verlaine, Germain Nouveau et Marseille" (*Marseille, Revue Municipale*, 3ᵉ série, N° 18 [juillet-septembre 1952], p. 57).

Notre "Numéro-Affiche" en vers est envoyé gratuitement à toute personne qui nous en fait la demande. (1007-8)

On peut maintenant essayer de décrire le genre de vie menée par le poète à Pourrières de 1915 à 1918 en faisant une synthèse raisonnable des quelques sources à notre disposition [4]. La Société des Gens de Lettres envoie de temps à autre un mandat au poète. Quand l'argent n'est pas adressé au nom de La Guerrière, Nouveau refuse le don. Le libertin de jadis, l'ancien compagnon de Verlaine et Rimbaud, vit maintenant en ascète. Il s'administre la discipline, mange très peu, passe ses nuits en prière et médite les Saintes Écritures. Il va chercher ses fagots de bois dans la campagne environnante. Quant à sa soupe et son pain, il l'obtient de l'hôpital des sœurs. Aussi, affirme-t-il, "dans les ordures ménagères, il y a de quoi nourrir des familles entières" (DGN 115). Presque tous les membres de sa famille ont honte de lui. Seul son cousin Silvy, le tailleur, semble le recevoir de temps à autre. Parfois on le rencontre aussi à la menuiserie dans la grand-rue où se réunissent quelques hommes, mais même là il parle peu. L'abbé Roubert, le curé de Pourrières, semble s'entendre avec le poète mendiant qui passe des heures immobile dans un coin de l'église.

Le 9 avril 1918 il reçoit sa dernière "indemnité, à titre éventuel, sur le crédit des encouragements aux sciences et aux lettres" (1008). Pour remercier le Ministre il met au point le *Placet rimé au grand maître de l'Université,* un texte auquel il travaillait depuis 1906 (759-74). En novembre le manuscrit est prêt. On ignore si le poète l'envoya au Ministre [5]. C'est aussi en 1918 qu'il aurait détruit un certain nombre de ses manuscrits [6]. Ce geste souligne encore l'humilité du poète qui, au fond, a toujours préféré le silence à la parole. Germain Nouveau serait donc resté fidèle au testament d'Alger. Du moins aucun manuscrit n'a été trouvé en sa possession au moment de sa mort. L'abbé Roubert qui quitta Pourrières en 1919 nous a laissé ce témoignage dont la force se passe de commentaires:

---

[4] OP, 61; VER, 235-42; LOP, 176-99; DGN, 125-44.
[5] P. O. Walzer est à peu près certain du contraire (328).
[6] On trouve cette information dans les biographies romancées mais aussi dans la chronologie de Louis Forestier (FOR 165).

[1926]

Jamais Mr. Nouveau n'a fait de grimaces à l'église. Modestement il se tenait au bas de l'église, et en dernier lieu aux anciens fonts baptismaux. Il a peut-être, au moment où il se croyait seul, prié Notre Dame de Miséricorde, les bras en croix; je ne vois pas quel mal il peut y avoir dans ce geste, expression de sa vive confiance en N.D. de Miséricorde. Jamais Mr. Nouveau ne m'a dit le propos qu'on lui prête : "Je n'ai pas de plus grands ennemis que les prêtres"; je crois du reste qu'il était trop poli et trop bien élevé pour m'adresser de tels propos...

Non, je n'ai pas vu en Germain Nouveau un déséquilibré et un hypocrite, mais un homme sincère dans ses convictions et sa manière d'agir. Certainement j'avais de la vénération pour cet homme instruit, poète estimé qui, renonçant à toutes ses aises, à un avenir de gloire, venait s'ensevelir dans un village où il serait incompris, traité de fou et d'halluciné. Je ne vous cacherai pas cependant que cette existence de reclus me paraissait un peu originale, mais peut-être, aux yeux de Dieu, elle était plus méritoire. Du reste, qui sommes-nous pour la juger? (1010)

Germain Nouveau mourut le dimanche de Pâques, 4 avril 1920 (329). Sa mort a été racontée maintes fois et P. O. Walzer en résume sobrement les circonstances :

Attentif à tous les jeûnes de l'Église, il avait tendance à les exagérer, ne se nourrissant que très légèrement un jour sur trois. En 1920, après quarante jours de ce régime, ses forces l'abandonnèrent et il mourut d'inanition entre le vendredi saint et le jour de Pâques. Étonnés de son absence aux offices de la Semaine sainte et de Pâques, les voisins alertèrent les autorités; le garde champêtre, monté sur une échelle, enfonça la fenêtre du premier étage de la "tour Gombert", le mercredi matin, 7 avril, et l'on trouva le cadavre décharné du pauvre Nouveau pelotonné sur son affreux grabat plein de vermine. L'acte de décès fait remonter la mort au dimanche de Pâques, 4 avril 1920, à 11 heures du matin. Il fut enterré dans la fosse commune du cimetière de Pourrières. (328-29)

Ainsi s'accomplit la volonté du poète qui, dans sa cohérente et lucide folie, avait en 1887 prédit dans son "Dernier Madrigal":

Quand je mourrai, ce soir peut-être,
Je n'ai pas de jour préféré,
Si je voulais, je suis le maître,
Mais... ce serait mal me connaître,
N'importe, enfin, quand je mourrai.

Mes chers amis, qu'on me promette
De laisser le bois... au lapin,
Et, s'il vous plaît, qu'on ne me mette
Pas, comme une simple allumette,
Dans une boîte de sapin;

Ni, comme un hareng, dans sa tonne;
Ne me couchez pas tout du long,
Pour le coup de fusil qui tonne,
Dans la bière qu'on capitonne
Sous sa couverture de plomb.

Car, je ne veux rien, je vous jure;
Pas de cercueil; quant au tombeau,
J'y ferais mauvaise figure,
Je suis peu fait pour la sculpture,
Je le refuse, fût-il beau.

. . .

Je ne veux pas que l'on m'enferre
Ni qu'on m'enmarbre, non, je veux
Tout simplement que l'on m'enterre,
En faisant un trou... dans ma Mère,
C'est le plus ardent de mes vœux.

Moi, l'enterrement qui m'enlève,
C'est un enterrement d'un sou,
Je trouve ça chic! Oui, mon rêve,
C'est de pourrir, comme une fève;
Et, maintenant, je vais dire où.

Eh! pardieu! c'est au cimetière
Près d'un ruisseau (prononcez l'Ar),
Du beau village de Pourrières
De qui j'implore une prière,
Oui, c'est bien à Pourrières, Var.

. . .

Pas de suaire en toile bise...
Tiens! c'est presque un vers de Gautier;

> Pas de linceul, pas de chemise ;
> Puisqu'il faut que je vous le dise,
> Nu, tout nu, mais nu tout entier.
>
> Comme sans fourreau la rapière,
> Comme sans gant du tout la main,
> Nu comme un ver sous ma paupière,
> Et qu'on ne grave sur leur pierre,
> Qu'un nom, un mot, un seul, GERMAIN.
>
> Fou de corps, fou d'esprit, fou d'âme,
> De cœur, si l'on veut de cerveau,
> J'ai fait mon testament, Madame ;
> Qu'il reste entre vos mains de femme,
> Dûment signé : GERMAIN NOUVEAU. (670-73)

* * *

Voilà donc précisés l'espace et le temps d'une vie où l'œuvre de Germain Nouveau s'est élaborée. Cette vie (1851-1920) inclut le cadre historique d'une période pendant laquelle l'essentiel du destin de l'Europe se joue. Il s'agit de La Belle Époque coincée entre deux guerres : celle de 1870 et celle de 1914. Ce nom trompeur, ce court demi siècle, n'est que le moment qui marque la décadence rapide du monde occidental. Ainsi aux fatalités extérieures s'ajoutent pour le poète les épreuves personnelles. Ces coïncidences s'articulent à partir de quelques événements marquants.

En 1864, lorsqu'il devient élève interne au petit séminaire Saint-Stanislas, Nouveau est orphelin : souffrance et formation religieuse à l'intérieur, *Première Internationale* et publication d'*Hérodiade* au dehors. En 1867 il a déjà manifesté une foi des plus ardentes. La genèse de sa vocation coïncide avec la mort de Baudelaire et la publication du premier volume du *Capital*. Vers la fin de 1872 sa montée à Paris est marquée par la fuite en Belgique de Verlaine et Rimbaud. Quand il achève *La Doctrine de l'Amour* (1881) Mac-Mahon s'est soumis devant la nouvelle majorité républicaine et anticléricale, et la Dissolution de la Compagnie de Jésus (1880) vient d'être effectuée. L'œuvre religieuse de Nouveau, qui s'inspire de la canonisation de Benoît-Joseph Labre, se définit ainsi contre le courant majoritaire. Enfin la crise de Bicêtre (1891) est marquée par la mort de Rimbaud.

Malgré les changements du monde extérieur, Nouveau reste fidèle à son idéal chrétien. La cohérence de sa pensée peut se voir dans la constance de ses actions. Son désir de sainteté, basé sur l'imitation de saint Benoît Labre, domine dans sa vie. Ses tentatives d'entrée en religion sont également récurrentes: 1866, 1891, 1892, 1909 et 1910. Quant à la peinture et à la poésie, il les cultive toujours. Il reste aussi fidèle à ses amis et n'abandonne ni Rimbaud ni Verlaine, lorsque ces derniers sont mis en quarantaine par le reste du monde littéraire parisien à cause de leur conduite insolite. Il tâche aussi, dans la mesure du possible, d'entretenir avec sa famille et ses supérieurs des rapports cordiaux. Il ne coupe les ponts que quand les autres tentent de le distraire de son idéal d'humilité. Dans ce sens, la colère qu'il manifeste, lorsqu'il apprend qu'on publie ses œuvres contre sa volonté, est tout à fait justifiée.

Ces quelques traits parmi d'autres montrent que Germain Nouveau a de la suite dans les idées. C'est ainsi qu'ils nous faut conclure avec Louis Forestier:

> Vie étrange que celle d'Humilis? Oui, au regard d'habitudes bourgeoises. Elle prend toute sa logique et son sens pour qui se place au point de vue de la poésie et de la liberté. C'est alors que l'errance devient une longue marche vers un ultime refuge, que les productions littéraires diverses apparaissent comme une tentative de retrouver l'unité de l'être. (LFGN 155)

Entre le Vendredi Saint et la Résurrection, Germain Nouveau atteint ainsi le salut, l'ultime heure de grâce. L'histoire de ses souffrances finit avec le plus sublime élan vers celle qui a montré au poète la voie de l'éternité et qu'il a célébrée dans l'*Ave Maris Stella*:

> À genoux sous ma voile,
> Je te salue, Étoile.
> Étoile de la mer,
> ...
> Dans notre nuit profonde,
> Voguant au gré de l'onde,
> ÉTOILE DE LA MER,
> Sur les écueils du monde
> Garde-nous d'abîmer. (755)

CONCLUSION

Entre l'élève interne au petit séminaire Saint-Stanislas, qui participe en 1866 à la retraite réservée à ceux qui se destinent à la prêtrise, et Humilis le mendiant couvert de poux, qui en 1912 dépose sur le bureau de l'imprimeur E. Tournel le manuscrit de l'*Ave Maris Stella,* que s'est-il passé? La foi de l'orphelin qui se prive de nourriture au point de s'évanouir pendant les prières dans la chapelle du petit séminaire et celle du mendiant périssant sur un grabat plein de vermine le dimanche de Pâques en 1920 après le plus long et le plus sévère des jeûnes, n'ont-elles pas une même force, une même origine? Une vie et une œuvre suivent un chemin qui commence avec l'influence d'un univers religieux et finit avec le désir de sainteté. Ce chemin ne serait-il pas un cercle?

Nous avons ici et là signalé une profonde cohérence au-delà de l'agitation des surfaces. Entre "L'Époux infernal" et "La Vierge folle" Nouveau découvre l'amertume du vice. Avec humour, comme dans "La Chanson de mon Adonis" (707-8) ou avec rage, comme dans "Mendiants", il évoque les souffrances spirituelles associées avec cette étape de sa vie:

> ...
> Immense trilogie amère aux cœurs noyés,
> Un goût m'est revenu de nos plus forts genièvres,
> ...
> Il ne devait rester qu'une ironie immonde,
> Une langueur des yeux détournés sans effort. (380)

Pourtant Nouveau visitera Verlaine à Broussais vers la fin de septembre 1887, et l'auteur de *Sagesse* dédiera un poème à Humilis en 1889. D'autre part le 12 décembre 1893 il écrit à Rimbaud, ignorant que ce dernier est mort depuis deux ans. De plus, en 1912 il réclame à Delahaye une copie de "L'Ophélie" de Rimbaud, gardant ainsi un bon souvenir de l'ancien compagnon jusqu'à la fin. Encore une fois sommes-nous ici en présence d'une contradiction?

Il faut comprendre Nouveau. Son intuition et son assimilation profonde de la tradition catholique lui font voir le vice comme regrettable, mais il se garde bien de condamner le pécheur. C'est en compagnie de Verlaine qu'en septembre 1877 il visite la maison de saint Benoît Labre à Amettes. Ainsi, malgré leurs faiblesses, Verlaine et Nouveau semblent souvent s'encourager mutuellement sur la voie de la vertu et de la religion. Mais au-delà de Verlaine et Rimbaud, le futur Humilis subit des influences moins salutaires du point de vue spirituel comme au point de vue matériel. Richepin, Bouchor et d'autres l'entraînent vers l'alcoolisme et la fréquentation des femmes faciles. Comme Charles Cros et quelques autres familiers du salon de Nina, Nouveau semble parfois être une victime des circonstances.

La formation poétique et humaine semble naître du conflit entre les traditions chrétiennes de son enfance et l'influence du milieu symboliste dans le sens général du terme. Cette lutte s'opère sur deux plans: celui de la littérature et celui de la vie. Aussi remarque-t-on que le triomphe du bien au niveau de l'écriture se manifeste très tôt. En effet, les premiers écrits de Nouveau et même les *Valentines,* au-delà de leur surface, s'affirment comme des poèmes dont la valeur métaphysique est loin d'être négligeable.

Tout se passe donc comme si l'évolution de l'œuvre anticipe celle de l'homme. En général on s'attend au contraire. Ceci demande une explication. C'est que les valeurs religieuses sont toujours présentes chez Nouveau. Dans les moments d'agitation leur voix est tellement couverte par les cris du monde que leur aspect est des plus implicites, mais on ne saurait nier leur existence. Le chemin spirituel de Nouveau est un cercle. Quand il écrit l'*Ave Maris Stella,* il ne devient que ce qu'il est: l'enfant à la foi ardente, l'élève de petit séminaire Saint-Stanislas.

Dans la permanence de l'être la formation est toujours doublée d'une évolution; chez Nouveau cette dernière va de la parole à l'esthétique du silence. En effet, l'évolution de Nouveau ressemble à celle de Rimbaud. Une différence capitale existe pourtant entre ces deux frères littéraires : *Une Saison en enfer* est un cri de souffrance où se lit parfois un désespoir des plus noirs, tandis que l'*Ave Maris Stella* est une prière des plus pures et des plus confiantes. Le point commun serait donc la route vers le silence qui implique tout un état d'esprit et de corps, comme nous l'indiquent ces vers que Nouveau griffonna parmi d'autres sur *Le Calepin du mendiant* :

> Sans amis, sans parents, sans emploi, sans fortune,
> Je n'ai que la prison pour y passer la nuit.
> Je n'ai rien à manger que du gâteau mal cuit,
> Et rien pour me vêtir que déjeuners de lune.
>
> Personne je ne suis, personne ne me suit,
> Que la grosse tsé-tsé, ma foi! fort importune;
> Et si je veux chanter sur les bords de la Tune
> Un ami vient me dire : Il ne faut pas de bruit!
>
> Nous regardons vos mains qui sont pures et nettes,
> Car on sait, troun de l'air! que vous êtes honnêtes,
> De peur que quelque don ne me vienne guérir.
>
> Mais je ne suis icy pour y faire d'envie,
> Mais bien pour y mourir, disons pour y pourrir;
> Et la mort que j'attends n'ôte rien que la vie! (707)

Ainsi quand "un ami" dit au poète : "il ne faut pas de bruit", on nous a déjà révélé que le silence doit être accompagné de pauvreté, de faim, de froid et de souffrance. Il faut attendre la mort après avoir accepté de n'être rien. Mais il n'y a pas d'amertume dans ce poème où Nouveau conclut que la mort "n'ôte rien que la vie". Si la vie est secondaire, c'est qu'il y a une autre vie.

Mais au-delà de sa valeur textuelle, ce poème illustre une situation qui met en relief la notion de silence. En effet il exprime une expérience personnelle et douloureuse. À l'époque où Nouveau se met en route sur les grands chemins, la mendicité est un crime puni par la prison en France, par l'expulsion en Italie et par l'hospitalisation obligatoire en Espagne. Ainsi après la crise de 1891 et jusqu'à sa mort en 1920, Nouveau vit certaines périodes de son existence dans une situation illégale. La prison a donc dû être une expérience familière du poète.

CONCLUSION

Il se plaint d'ailleurs un certain nombre de fois à ce sujet: les lois l'empêchent de suivre sa vocation de mendiant. Sans domicile fixe, sous l'anonymat de ses multiples pseudonymes, le poète souffre humblement une double torture: celle impliquée directement par la mendicité et celle de la société qui rend illégale la voie qu'il a choisie. Tout ceci se passe au moment même où les hommes, en particulier ceux de *La Plume* et ceux de *La Poétique*, ne demandent qu'à lui offrir la gloire. En refusant une vie facile et célèbre Nouveau suit une éthique du silence, comme, en faisant tout son possible pour détruire son œuvre, il suit aussi une esthétique du silence.

D'ailleurs, dès la première étape de sa formation, Nouveau manifeste sa stabilité en reconnaissant très vite les voies qui ne sont point pour lui. Toujours comme Baudelaire, il ne tarde pas à condamner le Parnasse qu'il qualifie, dans une lettre à Verlaine du 20 octobre 1875, de "milieu détestable et d'écœurance générale" (834) et il ajoute qu'il n'a qu'un désir: "arriver à ne plus saluer aucun Blémont d'aucune poésie et d'aucun républicanisme" (834). À ce sujet Michael Pakenham paraît s'étonner de l'attitude de Nouveau dans laquelle il semble lire de l'ingratitude: "Voilà son dernier mot sur l'ancien rédacteur en chef de la *Renaissance littéraire et artistique*, journal dans lequel il s'était vu imprimer pour la première fois!" (CGN 33). Mais pour Nouveau, se dissocier du Parnasse fut une question d'intégrité idéologique. Les valeurs humaines et morales sont, en effet, capitales pour Humilis qui ne peut donc pas accepter "l'art pour l'art".

* * *

Au-delà de l'*Ave Maris Stella* toute conclusion serait un jeu académique, car Germain Nouveau retourne vers la pureté de son enfance, vers son Créateur.

L'évolution poétique et spirituelle de Germain Nouveau souligne la cohérence de sa folie qui consiste en une recherche absolue et continue de l'intimité. Ce chemin mène Humilis loin des sentiers battus des conventions sociales. Avec les années il se défait petit à petit du paraître pour produire à la fin de sa vie le poème de l'être — un devenir au-delà du temps, un paradis et une enfance où l'attend l'amour d'une mère infinie... Là l'idée de la Mère tend vers la Sainte Trinité, vers ce Dieu dont il a recherché l'intimité depuis son enfance.

APPENDICE I

ŒUVRES EN PROSE SIGNÉES GERMAIN NOUVEAU ET ÉDITÉES PAR P. O. WALZER

TABLEAU I

Textes	Date de composition probable	Date et lieu de publication	Remarques
La Petite Baronne	hiver 72-73	19 avril 1873 *La Renaissance*	Nouvelle sans originalité. Importance du dialogue au point de vue forme.
La Sourieuse	Début 74	1ᵉʳ avril 1874 *La Revue du Monde Nouveau*	Imitation de Charles Cros "La Distrayeuse". Dialogue réduit au minimum, importance de la narration.
Notes parisiennes	74-75	1922 dans *Valentines et autres vers*	Textes semblables aux *Illuminations*. Influence de Rimbaud.
Le Manouvrier	78	11 août 1878 *La Lune rousse*	
Notes d'un réserviste	78	29 septembre 1878 *La Lune rousse*	Semblable à Charles Cros et Alphonse Allais.
Au Père-Lachaise	été 82	1ᵉʳ octobre 1882 *Le Réveil*	Ici commence "Le Chroniqueur parisien". On se réfère à l'ensemble de ces textes sous le titre général "Petits tableaux parisiens" numérotés de I à IX.
L'Hôtel de ville	été 82	1ᵉʳ octobre 1882 *Le Réveil*	
Les Tuileries	été 82	1ᵉʳ octobre 1882 *Le Réveil*	

Textes	Date de composition probable	Date et lieu de publication	Remarques
Le Square des Batignolles	82	15 octobre 1882 *La Nouvelle Lune*	
La Rue de la Gaîté	82	22 octobre 1882 *La Nouvelle Lune*	
La Rue de la Paix	82	29 octobre 1882 *La Nouvelle Lune*	
Avenue de l'Observatoire	82	12 novembre 1882 *La Nouvelle Lune*	
Le Bois de Boulogne	82	26 novembre 1882 *La Nouvelle Lune*	
Les Grands Boulevards	82	4 février 1883 *La Nouvelle Lune*	

ŒUVRES ATTRIBUÉES A G. N. PAR F. R. SMITH ET SIGNÉES GARDÉNIAC

TABLEAU II

	Texte	Date	Remarques
1	L'Art et la mode	22 février 1882	Titre général de la rubrique: "Petits poèmes parisiens".
2	La Tristesse du remisier	25 février 1882	Préoccupation: Les métiers; voir Le Manouvrier, Tableau I.
3	Trottoir et triport	28 février 1882	
4	Dans une baignoire	3 mars 1882	
5	Mort fou?	7 mars 1882	Folie et amour, thèmes fondamentaux dans l'œuvre de Nouveau. La structure de la pièce comporte des analogies avec "La petite Baronne" et "La Sourieuse". Importance de la mort. Allusion au *damnés* de Baudelaire.
6	Courrier du matin	13 mars 1882	
7	Exil volontaire	14 mars 1882	
8	Rose et gris	15 mars 1882	Inclut le texte de "Poison perdu". On retrouve une femme semblable à l'inconnue des "Notes parisiennes".
9	Bal d'Anges	18 mars 1882	
10	Un Deuil	19 mars 1882	
11	A Monsieur Christoval Gerpez	23 mars 1882	Lettre signée Bolivar Rasacoúère.

	Texte	Date	Remarques
12	Les Enfants de la duchesse	25 mars 1882	
13	Dette d'honneur	26 mars 1882	La folie et le jeu, thèmes fondamentaux. Aussi un père deshonoré par son fils...
14	A Mme la Comtesse de Fontaine-Peureuse	27 mars 1882	Lettre signée "Denise". Sur les conditions de l'art, pièce ironique.
15	Le Petit Modèle	30 mars 1882	
16	Concours Hippique	31 mars 1882	Description ironique du Dandy.
17	A M. Bonnasson	4 avril 1882	Lettre signée "Rosa de Ste. Humeur-Froide". Une locataire de qualité se plaint à son propriétaire de la conduite de sa concierge. Humour charmant.
18	Lendemain d'Hyménée	6 avril 1882	
19	La Croix de Berny	11 avril 1882	
20	Émilie Loisset	19 avril 1882	
21	Mort Subite	20 avril 1882	
22	Deux Paysages	24 avril 1882	Sorte de rêverie, d'invitation au voyage dans les paysages des autres...
23	Un Fait divers	25 avril 1882	

24	Le Bal des Canotiers	18 juillet 1882	Sens remarquable du rythme [1].
25	Potaches	20 juillet 1882	
26	Paulus	24 juillet 1882	On retrouve le charme des "café-concerts" si chers à Nouveau. Le style est bien celui d'un peintre [2].
27	La Dîneuse des Ambassadeurs	27 juillet 1882	Semblable à l'inconnue des "Notes parisiennes" (voir Tableau I).
28	Assomption	16 août 1882	"Petits Poèmes villageois". Le refrain est *Ave, maris stella*. Nouveau adoptera cette prière dans un beau poème, le seul qu'il fera imprimer de son plein gré dans ses vieux jours, le seul qu'il ne reniera pas. Dans ce texte on voit déjà la dévotion que Nouveau porte à la Sainte Vierge.

---

[1] Que l'on juge par exemple de la virtuosité de cette simple description d'une danseuse: "Elle, fière de son succès, se démène, se trémousse, se dandine, se tortille, essayant de mettre dans ses gestes lâches et tremblés un reste de provocation grossière".

[2] Que l'on juge aussi de la sorte de refrain qui ouvre le texte: "Un feu rouge qui danse au vent, au-dessus d'un chaland, amarré de l'autre côté de la rive, tremblotte, dans ce sombre et se reflète comme une tache sanglante, dans cette eau qu'on ne voit pas mais qu'on devine".

L'on peut en juger par le passage suivant: "Ce milieu étrange et attirant du café-concert, où l'on voit des femmes blanches appuyées à des architectures moresques, des lumières crues et des feuillages pâles, à peine teintés de vert, se découpant dans le noir du ciel.

AUTRES ŒUVRES EN PROSE QUE NOUS PENSONS POUVOIR ATTRIBUER A GERMAIN NOUVEAU

TABLEAU III

	Pseudonyme	Texte	Date	Publications, Remarques
1	Largillière	"Obsèques de M. Ricard"	17 mai 1876	*Le Corsaire*.
2	Largillière	"Il ne se bat plus"	18 mai 1876	*Le Corsaire*.
3	Largillière	"M. Faye"	19 mai 1876	*Le Corsaire*.
4	Largillière	"Obsèques de Michelet"	20 mai 1876	*Le Corsaire*. Cf. "Au Père-Lachaise" (Tableau I).
5	Jean de la Noce	"La Hausse des crimes"	28 mai 1876	*Le Corsaire*. Pas le style de Nouveau selon P. O. Walzer (429).
6	Jean de la Noce	"Médaillomanie"	30 mai 1876	*Le Corsaire* [3].
7	Largillière	Cr/ "La Chanson des gueux"	4 juin 1876	*Le Corsaire*. Flattant l'ami Richepin. Son article fut-il après tout accepté bien qu'à son retour il trouvât la place prise?

[3] Deux autres textes signés Jean de la Noce pourraient être de Nouveau: "Prison de malades" (10 mai 1876), "Les Allumettes" (14 mai 1876).

APPENDICES

	Pseudonyme	Texte	Date	Publications, Remarques
8	Largillière	"La Dernière Vieille"	6 juin 1876	*Le Corsaire*. Il y a d'autres textes signés Largillière.
9	"N."	"L'Homme aux lunettes"	23 septembre 1882	*Le Réveil*. Texte semblable aux "Tableaux Parisiens".
10	Don Louis	"Au Bois de Vincennes"	31 octobre 1883	*La Nouvelle Lune*.
11	Germain Sansay	"Tableau Parisien" et "Conte sec"	4 février 1885 et 11 février 1885	*Le Monde moderne*. Les titres des textes sont les titres des rubriques.
12	Germain Sansay	"Conte sec" deux textes	14 mars 1885	*Le Monde moderne*.
13	Germain Sansay	"Notes diverses"	18 mars 1885 et 8 avril 1885	*Le Monde moderne*.
14	Germain Sansay	"Vieux Souvenirs"	9 mai 1885	*Le Monde moderne*.

APPENDICE II

LETTRE DE GERMAIN NOUVEAU À LARMANDIE

Paris, 23 octobre 1889.

Mon cher Larmandie,
Pour faire une étude complète d'un poète et d'un romancier, et d'un orateur, d'un seul de ces trois hommes ou des trois ensemble s'ils se trouvent réunis chez le même homme, il faudrait le faire, les œuvres sous les yeux, de manière à noter tout ce qui est saillant, et à ne rien laisser dans l'ombre des vitrines de la pensée où sous le jour de la critique, chaque bijou de style doit accuser son relief ou jeter son étincelle. Ce projet excéderait les bornes d'une lettre; mais si un jour, ce que j'espère je fais le bouquin que j'appellerai : les *Écrivains catholiques* vous y serez, cela va de soi, et ce sera avec ce soin du détail, et cette manière de procéder que je vous étudierai sous les trois (ou deux) aspects par lesquels vous vous manifestez aux intellectuels. J'aime beaucoup cette appellation que j'emploie maintenant volontiers, que j'ai apprise de vous, qui ne la tenez, je crois, que de vous-même, et qui fera son chemin. Aujourd'hui donc, je m'en tiendrai à quelques lignes générales, à une vue d'ensemble, (Hélas! est-on professeur malgré soi!) sur votre œuvre qui commence à devenir considérable, et qui, par la nature de votre personnalité, exubérante au point de vue de la puissance de production, qui vient toujours d'un équilibre de toutes les forces de l'être, promet d'être plus touffue et plus riche encore par la suite.

Vous n'êtes pas un pur artiste et vous ne sauriez l'être. Prenons des comparaisons. Baudelaire est presqu'un [sic] artiste pur, et Hugo le serait, s'il n'y avait chez lui du sénateur depuis l'enfance la plus tendre. Chez vous cet état d'âme est contrarié par une plus noble cause, ou motif, qui est votre noblesse même d'origine. Aussi vous arrêtez-vous à cet état du vers, où il deviendrait une ciselure des doigts où la lime aurait laissé sa fine poussière. Vous m'entendez parfaitement, comme je crois qu'en ce sujet qui nous est prosodiquement cher, je pénètre dans le demi-jour de votre pensée. Toutefois venu à une époque, où les ouvriers du vers avaient fini par en faire d'extraordinaires bibelots, vous avez une certaine perfection, (dont ne se soucia jamais Lamartine, chef des Éoliens désordonnés) qui est faite pour ne point trop jurer avec les temps et mœurs du Parnasse, qui vous sont ambiants. Poussé par la même règle de race, qui ressemble le moins à un instinct, votre vers perd en pittoresque tout ce qu'il devait perdre, et il serait Racinien, c'est-à-dire le plus beau et le plus difficile de tous à faire, s'il ne vous messeyait de trop détonner. Comme tous les hommes qui ont beaucoup d'âme, vous vous laissez peu entraîner à l'extériorité des choses, et il y a dans votre poésie aussi peu et autant qu'il devait y en avoir, de ce que Joubert veut qu'il se trouve dans toute poésie, et cela un peu Chrysalement, des sons, des couleurs et des parfums. Très joli, cette pensée de Joubert. Mais bien animale. Prenons Racine, qu'il faut bien prendre, car, encore une fois, je le vois au sommet des difficultés poétiques, (en France) c'est-à-dire l'Hercule de notre Poésie française; car n'est-il pas vrai, qu'il est plus difficile de faire s'exprimer Agammemnon et Achille dans une tragédie d'une façon aussi satisfaisante qu'il l'a fait, que de dire,

> Dans l'alcôve sombre
> Près d'un humble autel
> l'enfant dort à l'ombre
> du lit maternel, etc...

et toute la série des maternalités du poète des mères (bien moins bien que Desbordes-Valmore) et si nous prenons Hugo dans ses vers sur Napoléon, il n'y est plus du tout, et ce héros chanté par cet éternel sénateur, n'est plus qu'un bonnetier du Marais qui regrette "sa femme au bras d'un autre!"

> non, l'avenir n'est à personne!
> Sire, l'avenir est à Dieu!

eh! bien! après? mais je ne perds pas le fil de ma phrase, et je réponds à Joubert, à votre propos que je vois peu de parfums dans la tragédie, peu de couleurs, (il n'en faut pas, et Racine n'en a pas mis) et quant aux sons, je ne me tromperai pas, et loin de m'emballer contre ce penser profane et charmant de Joubert, je dirai: oui, des sons, il est nécessaire qu'il y en ait et dans Racine, il n'y a que cela, de toute cette extériorité que conseillait le délicat et sensuel Joubert, bien à tort, parce que ce serait mentir à son origine, pour toute poésie, quelle qu'elle soit, de déchirer l'oreille, de la blesser, de l'offenser, de lui causer même par négligence ou étourderie le plus petit malaise. Ces vérités il semble à vous lire que vous en êtes pénétré, que ces réflexions vous les avez faites, et bien certainement vous les avez faites, puisque de la lecture de vos vers, il ressort que vous y avez pensé, ou du moins que vous les avez senties ce qui n'entraînerait pas tout autant un effort, peut-être inutile, de votre jugement; car cela ressortit de ce que Boileau appelle, l'influence secrète, très vrai, cela. C'est le poète qui fait les vers, et c'est le ciel qui leur donne la grâce. Le poète dirai-je pour me servir d'une vile comparaison, dispose et aligne des chandelles, qui restent éternellement obscures, ou que le ciel allume, en soufflant doucement sur elles, comme s'il voulait les éteindre!

Ne viens-je pas de traiter (un bien grand mot) de "la forme de vos vers"? Me prenez-vous en défaut, dites-le moi. Vous ai-je bien compris? je sens tellement ce que je vous dis, que vous-même ne me détromperez pas. Je vous crois le maître de votre instrument; puisqu'instrument [sic] il y a nécessairement, et voilà de quelle façon et pas d'une autre vous en êtes le maître: on ne peut faire de vers qu'en "le sachant", et monsieur Jourdain lui-même, ne pourrait en faire qu'en le sachant. C'est de la prose seulement qu'on fait sans le vouloir et sans le savoir. Eh bien, tout en admirant les autres versificateurs (je ne prends pas ce mot en mauvaise part) votre Muse, (expression concrète qui m'évite une recherche de mot) a fait un choix éclairé d'amateur (amator castitatis, Litanies de Jésus) et de ce choix est résulté pour l'intellectuel qui vous lit, une forme, une tenue, une élégance, aussi difficiles à sentir, et à goûter, pour le "vulgo" lecteur, que le serait la démarche de certains de votre caste, qui marchent en inclinant un peu la perpendicularité de leur ligne médiane, ou mieux leur verticalité, un peu en arrière, pour signifier que d'incontestables ailes les empêcheraient de choir sur le dos. (Ne prenez pas garde au décousu de ma phrase) elle me porte, ainsi, mieux. Telle la démarche d'anges dans les tableaux de maîtres. Résumé: le côté artistique, car c'est de l'art cela, et du vrai art, de votre talent, est une nuance (la nuance est plus élevée que la couleur), et comme toutes les nuances, elle ne compte que sur elle-même et le temps pour être [s]entie, mais elle se fout du "critique influent".

À côté de la question "forme" il y a la question je ne dirai pas "du fond" car les deux termes ont été trop souvent opposés l'un à l'autre, dans des discussions parfaitement oiseuses. On peut demander aujourd'hui: Qu'est-ce que la forme des poèmes bibliques? Qu'est-ce que la forme de Shakespeare? Qu'est-ce que celle de Dante? Ne voilà-t-il pas trois livres toujours beaux en dépit du traducteur, au point que la traduction que l'on lit paraît toujours la meilleure, s'il n'est pas plus juste de dire que la meilleure est la première que nous avons lue, car c'est la première qui nous a charmés. D'où il résulte que le génie emporte la phrase, et que là où il n'y a que la phrase, le génie est absent, j'entends par phrase, le souci du mot, du ton, de son choix plus ou moins exquis, en vue de flatter l'oreille, les yeux, (et ce je ne sais quel sixième sens littéraire qui tient du moment et de la mode, et que les décadences se donnent un mal infini à mettre seul en lumière). Mais ce raisonnement est inutile. Toute pensée trouve tout naturellement son vêtement convenable, à la condition toutefois qu'il y ait pensée. Et si l'on parcourt vos poèmes, il est clair que sur ce point, on n'a rien à reprendre à ce que vous avez fait. Un fait saute aux yeux: vous avez de l'attrait pour les presque seuls sujets épiques; et votre œuvre serait une "légende des Siècles" à la manière de Hugo et de Leconte de L'Isle, si, chez vous, il n'y avait parti pris littéraire, à choisir vos sujets toujours du même ordre, tandis qu'en les poètes précédents, leur âme étant absente, et sans croyances arrêtées, on voit traiter indifféremment les sujets les plus divers, les plus disparates, et même les plus contraires, car leur esprit et leur goût de rhéteurs s'est contenté d'y trouver un canevas pour la broderie de leur style, dont ce semble avoir été le principal souci. Leur conviction est absente, et c'est pourquoi, tout en restant pénétré de la force de leur génie, on n'est ni ému, ni véritablement "emballé", excusez le mot.

Il a pu arriver à de nos amis de vous lire sans vous comprendre: vous me l'avez dit un jour, et moi-même, en des temps plus distraits, votre intention poétique ne m'avait pas d'abord touché. Qu'est-ce à dire? Cela ne fait ni votre éloge ni votre critique. Tous les livres sont placés vis-à-vis du lecteur dans la même expectative. Toutes lectures ne sont pas de tout âge, et chaque auteur a ses âmes d'élection, qui pour le goûter doivent un peu être faites à l'image de la sienne. C'est ce que Péladan appelle: la semblabilité du lecteur. L'expression me paraîtrait un peu forte, toutefois il y a beaucoup de vrai. Mais on est aussi gagné, conquis, dompté. Et le lecteur peut se trouver compris dans l'un de ces trois termes, et voir s'éclairer une œuvre, sans qu'il y ait semblabilité. Pour ce qui est de vous, je vois clairement ou je crois voir aujourd'hui, plus clairement le côté psychique de votre œuvre. Elle demande à être lue, par d'autres que des intellectuels purs, il lui faut quelque chose de plus; car ce que je constate en elle c'est l'absence des défauts dont cette propre absence échappe au vulgaire. L'espèce de côté "irréprochable" de vos poésies, ne peut être senti que par une conscience. Ce que j'admire moi, personnellement, (mais je n'ai pas vu cela tout de suite) c'est aussi ce que vous n'y mettez pas. Je continue ma pensée, et j'espère vous montrer que je suis clair, et que je tiens bien mon idée, et cette fois la comparaison sera morale et non matérielle, comme une conversation brille par l'absence des fautes qu'on aurait pu faire et qu'on n'a pas faites. Est-ce à dire que vos qualités soient purement négatives. Loin de là! mais j'aime, j'aime beaucoup, cette qualité dont je parle, et je crois que c'est celle la plus difficile à avoir, et c'est pourquoi j'y ai insisté. Il arrivera donc pour vous le contraire de ce qui arrive pour tant d'autres poètes dont le charme est un feu de paille. En vous relisant, on sera pris davantage... Maintenant, un mot pour me résumer, je crois déjà vous l'avoir dit: en retranchant peu, mais tout ce qui n'a pas rapport direct avec le côté patricien de l'histoire, très énergiquement et bellement mis en lumière par vous, (j'en excepte la *Traînée de Sang*) vous feriez le plus vrai et le plus pur poète de caste,... il faut bien le dire puisque cela est.

Vos titres sont des sous-titres, un titre général, qui les réunira (quand ce ne serait que Poésies complètes) mettra ce que je dis en pleine vérité.

Que vous importe le jugement de ceux pour lesquels vous ne vous souciez pas d'écrire, bien qu'ils n'aient rien à reprendre, si l'on les mettait au pied du mur? Ne faites-vous pas de même pour vos romans? De même qu'il y a dans vos vers de quoi arrêter n'importe quel lecteur de vers, de même vos romans se lisent, et l'on en tourne fiévreusement les pages. Mais les aimer, c'est aimer plus haut que la vie, puisqu'ils sont pleins de cette élégance qui est elle-même comme une protestation discrète, fine, et guerrière contre la vie. Le style en est vivant, car c'est une prose d'action, et il est tel que le langage d'un Français qui s'exprimerait impeccablement, mettons parfaitement, pour être plus simple, mais alors un peu plus que dans toute la force du mot.

Vous faites des romans, et vous les faites carrément romanesques. Vous me semblez dans le vrai. Dieu sait ce qui restera de toutes ces productions hybrides qui honteuses de leur peu d'imagination et d'élévation (le romanesque en exige de l'élévation) s'intitulent *études*, et sont si généralement endormantes et... à force unique du barbouillage!... descriptif. Le grand Balzac a peint les personnages, et aujourd'hui on a l'air de continuer à leur peindre des décors. C'est embêtant. Vous décrivez peu, pour toutes sortes de bonnes raisons. Car vous avez plus fort à dire. Le monde où vous prenez vos personnages vous est connu, et vous en donnez aux lecteurs ce qui vous plaît. Vous le savez parfaitement, et ils ne le sauront jamais comme et aussi bien que vous. Les mondains de Balzac sont des ambitieux quand ils ne sont pas des imbéciles. Vous avez prouvé qu'on peut être, sans être ni l'un ni l'autre.

Comme je vous le disais, il y aura pour moi plus tard s'il plaît à Dieu, un livre ou une conférence à faire avec plus amples détails et preuves en citation. Elle aura cet avantage que le sujet aura mûri dans ma tête, et que ce sujet sera plus ample qu'il ne l'est et qu'il y aura davantage à puiser. Excusez ce griffonnage rapide, où toutefois je crois que l'originalité de votre œuvre semble ne m'avoir pas échappé. Tout ce que j'ai dit si rapidement est faible. Mais vous verrez par la suite, que j'ai de bonnes raisons pour aimer votre littérature, comme j'en ai tant de si vieilles et de si excellentes pour vous aimer vous-même.

(874-80) Germain Nouveau.

BIBLIOGRAPHIE

ŒUVRES DE GERMAIN NOUVEAU

Humilis, G.-N. *Savoir aimer.* Paris: Société des Poètes Français, 1904.
―――. *Les Poèmes d'Humilis,* avec quatre illustrations d'Auguste Rodin. Paris: La Poétique, 1910.
La Guerrière, B. N. *Ave Maris Stella.* Aix: E. Tournel, 1912.
Nouveau, Germain. *Valentines et autres vers,* préface d'Ernest Delahaye. Paris: Albert Messein, 1922.
―――. *Poésies d'Humilis et vers inédits,* préface d'Ernest Delahaye. Paris: Albert Messein, 1924.
La Guerrière, M. *Le Maron travesti: ou la quatrième églogue de Virgile mise en vers burlesques.* Paris: 1903 [sic] [1936?].
Nouveau, Germain. *Le Calepin du mendiant,* précédé d'autres poèmes, introduction, biographie et notes de Jules Mouquet. Genève: Pierre Cailler, 1949.
―――. *Œuvres poétiques.* Ed. Jules Mouquet et Jacques Brenner. 2 vols. Paris: Gallimard, 1953, 1955.
―――. *Sonnets du Liban.* Zurich: Handpresse am Predigerplatz, 1956.
―――. *La Doctrine de l'Amour suivie du Dernier madrigal,* Eaux-fortes par Henry Landier. Paris: Le Livre contemporain et les Bibliophiles franco-suisses, 1966.
―――, et Lautréamont. *Œuvres complètes.* Ed. Pierre-Olivier Walzer. "Bibliothèque de la Pléiade". Paris: Gallimard, 1970.
―――. *La Doctrine de l'Amour, Valentines.* Ed. Louis Forestier. "Poésie". Paris: Gallimard, 1981.

ŒUVRES EN COLLABORATION

Pour les collaborations de Germain Nouveau aux périodiques on se référera à notre texte et à nos notes.

Album Zutique. Ed. Pascal Pia. Paris: Cercle du Livre précieux et Jean Jacques Pauvert, 1962 (contient neuf poèmes attribués à Nouveau).
Album Richepin. Paris: *Demain* in "Toutes mes vies. Des copains. Pages d'album", avril 1925.
Dixains réalistes par divers auteurs. Paris: Librairie de l'Eauforte, 1876 (neuf dixains de Germain Nouveau).
De Villard, Nina. *Les Feuillets parisiens, Poésies.* Paris: Messager, 1885 (contient *Le Moine bleu*).

OUVRAGES CONSACRÉS ENTIÈREMENT À GERMAIN NOUVEAU

Amis des villages varois, Les. Numéro spécial consacré à Germain Nouveau "Humilis". Toulon, s.d. [1967].
Aurili Gommellini, Lilia. "L'Opera poetica di Germain Nouveau". Diss. Université de Pise, 1956.
Cahier Germain Nouveau. "Les Lettres modernes". Paris: Minard (publié par la Société des Amis de Germain Nouveau), 1967.
Forestier, Louis. *Germain Nouveau.* "Poètes d'aujourd'hui". Paris: Seghers, 1971.
Groves, Gerald. "Germain Nouveau's *Valentines:* Introduction, Translation and Commentary". Diss. University of South Carolina, 1972.
Laurenzi, Elda. "Germain Nouveau e le *Valentines*". Diss. Université de Pise, 1969.
Lopez, Albert. *La Vie étrange d'Humilis (Germain Nouveau).* Bruges: éd. Ch. Beyaert, s.d. [1928].
Lovichi, Jacques. "Germain Nouveau, précurseur du Surréalisme". Diss. Aix-en-Provence, 1962.
———. *Le Cas Germain Nouveau.* Marseille: Imprimerie Jean Charbonnier, 1964.
———, et Pierre-Olivier Walzer. *Dossier Germain Nouveau.* Neuchâtel: Editions de la Baconnière, 1971.
Saulnier, André. "Germain Nouveau, poète mystique". Diss. Université de Paris, 1958.
Smith, F. R. "The Life and Works of Germain Nouveau". Diss. Oxford University, 1965.
Sozzi, Giorgio P. *Germain Nouveau.* Urbino: Argalìa Editore, 1969.
Spackey, Gary Merle. "Pilgrimage of Love: The Poetry of Germain Nouveau (1851-1920)". Diss. Yale University, 1966.
Surette, Félix-J. "L'Inspiration religieuse de Germain Nouveau". Diss. Université Laval, 1957.
Vérane, Léon. *Humilis, poète errant.* Paris: Bernard Grasset, 1929.
Vigneault, Jacques. "La Vie et l'œuvre d'un orphelin de Pourrières (Germain Nouveau)". Diss. McGill University, 1968.

OUVRAGES CONSACRÉS PARTIELLEMENT À GERMAIN NOUVEAU

Apollinaire, Guillaume. *Le Flâneur des deux rives.* Paris: La Sirène, 1918.
Aragon, Louis. *Traité du style.* Paris: Gallimard, 1928.
Arland, Marcel. *Essais et nouveaux essais critiques.* Paris: Gallimard, 1952.
Bersaucourt, Albert de. *Au temps des Parnassiens, Nina de Villard et ses amis.* Paris: La Renaissance du Livre, s.d. [1921].
Bouillane de Lacoste, Henry de. *Rimbaud et le problème des "Illuminations".* Paris: Mercure de France, 1949.
Breton, André. *Les Pas perdus.* Paris: Gallimard, 1924.
———. *Flagrant Délit.* Paris: Thésée, 1949.
———. *La Clé des champs.* Paris: Édition du Sagittaire, 1953.
Carré, Jean-Marie. *Autour de Verlaine et Rimbaud.* Paris: Gallimard, 1949.
Delahaye, Ernest. *Souvenirs familiers à propos de Rimbaud, Verlaine, Germain Nouveau.* Paris: Albert Messein, 1925.

Delahaye, Ernest. *"Les Illuminations" et "Une Saison en Enfer" de Rimbaud*. Paris: Messein, 1927.
———. *La Part de Verlaine et de Rimbaud dans le sentiment religieux contemporain*. Paris: Messein, 1935.
Forestier, Louis. *Charles Cros, l'homme et l'œuvre*. Paris: Minard, 1969.
———. "La Revue du Monde Nouveau". Diss. Université de Paris, 1969.
Goffin, Robert. *Rimbaud vivant*. Paris: Éditions Corrêa, 1937.
———. *Fil d'Ariane pour la poésie*. Paris: Nizet, 1964.
Larguier, Léo. *Le Dimanche avec Paul Cézanne*. Paris: L'Édition, 1925.
Larmandie, Léonce de. *Du faubourg Saint-Germain en l'an de grâce 1889*. Paris: Dentu, s.d. [1889].
Lepelletier, Edmond. *Paul Verlaine, sa vie, son œuvre*. Paris: Mercure de France, 1907.
Maire, Élie. *Trois Gueux du Seigneur*. Paris: La Bonne Presse, 1937.
Matarasso, Henri et Pierre Petitfils. *Vie d'Arthur Rimbaud*. Paris: Hachette, 1962.
Mendès, Catulle. *Le Mouvement poétique français de 1867 à 1900*. Paris: Fasquelle, 1903.
Mouquet, Jules. *Rimbaud raconté par Verlaine*. Paris: Mercure de France, 1934.
Raynaud, Ernest. *La Mêlée symboliste*. 3 vols. Paris: La Renaissance du Livre, s.d. [1918 sq].
Rousseaux, André. *Le Monde classique*, tome IV. Paris: Albin Michel, 1956.
Ruff, Marcel-A. *Rimbaud*. "Connaissance des Lettres". Paris: Hatier, 1968.
Saillet, Maurice. *Sur la route de Narcisse*. Paris: Mercure de France, 1958.
Sainte-Croix, Camille de. *Mœurs littéraires, les lundis de la Bataille (1890-1891)*. Paris: A. Savine, 1891.
Sutton, Howard. *The Life and Works of Jean Richepin*. Genève: Droz; Paris: Minard, 1961.
Thomas, Henri. *La Chasse aux trésors*. Paris: Gallimard, 1961.
Underwood, V. P. *Verlaine et l'Angleterre*. Paris: Nizet, 1956.
Walzer, Pierre-Olivier. *La Révolution des sept*. Genève: Éditions de la Baconnière, 1970.

ARTICLES SUR GERMAIN NOUVEAU

Amprimoz, Alexandre L. "La Charité contre le sphinx: Germain Nouveau, écho d'une phrase rimbaldienne". *Rimbaud Vivant*, No. 14 (1978), 10-15.
Aragon, Louis. "De Baudelaire, Germain Nouveau ou Rimbaud qui est le plus grand poète?" *Les Lettres Françaises*, No. 231 (7 octobre 1948), 1-5.
Baude, Maurceley de. "La Vérité sur le salon de Nina de Villard". *Le Figaro* (2-8 avril 1929).
Bouchor, Maurice. "Souvenirs de jeunesse". *Les Annales Politiques et Littéraires* (14 octobre 1894).
Brenner, Jacques. "Une Vie ardente et fort singulière". *Arts*, No. 330 (26 octobre 1951), 8.
———. "Le Centenaire de Germain Nouveau, compagnon de Rimbaud et de Verlaine". *Arts*, No. 330 (26 octobre 1951), 8.

Brenner, Jacques. "À Propos de Germain Nouveau". *L'Observateur* (10 janvier 1952), 19-20.
———. "Germain Nouveau". *Synthèses*, No. 83 (avril 1953), 318-24.
———. "Germain Nouveau". *Preuves*, No. 29 (juillet 1953), 41-3.
———. "Les Augustines de Germain Nouveau: Vers inédits des *Valentines*". *Cahiers du Collège de Pataphysique*, No. 10 (1953), 14.
———. "Lettre à André Breton". *Les Lettres Nouvelles*, No. 10 (décembre 1953), 1349-52.
Breton, André. "Rimbaud, Verlaine, Germain Nouveau d'après des documents inédits". *Les Nouvelles Littéraires* (23 août 1924), 1.
———. "Une des plus grandes aventures". *Arts*, No. 330 (26 octobre 1951), 8.
Coulet, Henri. "La Femme aux cheveux blancs. Autour d'un poème des *Valentines*". *Le Lieu et la formule*. Neuchâtel: Éditions de la Baconnière, 1978, pp. 152-70.
Delahaye, Ernest: "Les Lits de Germain Nouveau". *Le Beffroi d'Arras*, 6ᵉ année, No. 21 (22 mai 1925).
Denise, Louis. "Germain Nouveau et les *Valentines*". *Mercure de France*, III (septembre 1891), 129-31.
Durand, Georges. "Germain Nouveau, le mendiant étincelant". *La Vie Spirituelle* (mai-juin, 1977).
Eigeldinger, Marc. "Note sur la 'Chanson du troubadour' de Germain Nouveau". *Revue d'Histoire Littéraire de la France* (avril-juin 1980).
Faubreton, Jean. "Humilis". *Le Feu* (janvier 1914), 72-76.
Fizaine, Jean-Claude. "Étude d'un poème de Germain Nouveau: 'Les Mains' ". *L'Information Littéraire*, No. 5 (1980).
Fongaro, Antoine. "Une Énigme verlainienne". *Rivista di Letterature Moderne*, 5ᵉ année, No. 3 (juillet-septembre 1954), 217-22.
Forestier, Louis. "Germain Nouveau et le mouvement décadent". *L'Esprit Créateur*, Vol. IX, No. 1 (printemps 1969), 3-8.
———. "L'Image de la mère". *Les Nouvelles Littéraires* (31 décembre 1970).
———. "Sur l'*Album zutique et le Calepin du mendiant*". *Jahrbuch für Internationale Germanistik*, Reihe A, Band 4 (1979).
Glastre, Paul-Albert. "Découverte d'un poète méconnu". *Les Nouvelles Littéraires* (31 décembre 1970).
Goffin, Robert. "Un nouveau poème de Rimbaud". *Le Journal des Poètes*, No. 6 (juin 1953), 5-6.
Graaf, Daniel A. de. "Quelques aspects du cercle des zutistes". *Revue des Langues Vivantes*, No. 6 (1961), 482-85.
———. "L'Album zutique". *Revue Belge de Philologie et d'Histoire*, Vol. 3 (1963), 800-6.
Guerrin, Eugène. "Le Calvaire de Saint-Géry, son peintre et son poète". *Le Beffroi d'Arras* (6 juin 1924), 1.
———. "Germain Nouveau". *Le Beffroi d'Arras* (25 juillet, 15 août, 19 septembre 1924), 1.
———. "À propos des poésies d'Humilis". *Le Beffroi d'Arras* (7 novembre 1924), 1.
Guyaux, André. "L'Écrivain et son scribe. Germain Nouveau copiant deux textes des *Illuminations*". *Rimbaud Vivant*, No. 10 (4ᵉ trimestre 1976).

Hammer, Jeanne-Ruth. "Germain Nouveau: a Note and Three Translations". *Wisconsin Studies in Contemporary Literature*, Vol. VI, No. 3 (Automne 1965), 346-53.
Jean-Boulan, Robert. "Sur les traces d'Humilis au Liban". *La Renaissance Provinciale* (1932).
———. "Au cœur du Liban: Sur les traces de Germain Nouveau". *Les Lettres Françaises*, No. 128 (4 octobre 1946), 5.
Le Cardonnel, Georges. "Un Poète méconnu: Germain Nouveau". *Le Journal* (13 octobre 1924), 4.
Le Dantec, Yves-Gérard. "Germain Nouveau". *Points et contrepoints* No. 67 (décembre 1963), 12-17.
Lopez, Albert. "La Pénitence de Germain Nouveau". *Revue Générale de Belgique* (août 1927), 199-211.
Lovichi, Jacques. "Germain Nouveau et les *Illuminations*". *Rimbaud Vivant*, No. 6 (1975).
Luzi, Mario. "Il poeta mendicante". *Tempo* (Milano), 17e année, No. 52 (29 décembre 1955), 63.
Matarasso, Henry, et Pierre Petitfils. "Rimbaud, Verlaine, Germain Nouveau et l'*Album zutique*". *Mercure de France*, Vol. 342 (mai-août 1961), 7-30.
Montal, Robert. "De Rimbaud à Germain Nouveau". *Nos Lettres*, Nos. 1-2 (janvier-février 1956), 19-26.
Montigny, René. "Germain Nouveau Dichter und Bettler". *Antares*, 5e année, No. 3 (mai 1957), 33-34.
Morgan, Jane. "Tristan Corbière et Germain Nouveau". *L'Avant-Siècle*. 1, Paris: Minard, 1975.
Pakenham, Michael. "Sur l'*Album zutique*". *Mercure de France*, No. 1176 (août 1961), 746-48.
Paparatti, Sandro. "Germain Nouveau poeta maladetto e credente". *L'Osservatore Romano* (4 mars 1978).
Pia, Pascal. "Du nouveau sur Nouveau". *La Quinzaine Littéraire*, No. 47 (15-31 mars 1968), 6-8.
Provence, Marcel. "Souvenirs sur Humilis, poète de la Vierge et pèlerin mendiant". *Les Lettres* (1er avril 1924), 512-33.
Richepin, Jean. "Germain Nouveau et Rimbaud: souvenirs et papiers inédits". *La Revue de France* (1er janvier 1927), 119-43.
Ripert, Pierre. "En Marge du symbolisme: Rimbaud, Verlaine, Germain Nouveau et Marseille". *Marseille: Revue Municipale*, 3e série, No. 18 (juillet-septembre 1952), 53-57.
Rolland de Renéville, André. "Inédits d'Arthur Rimbaud et de Germain Nouveau". *France-Asie*, No. 52 (juillet 1950), 253-55.
———. "Actualité de Germain Nouveau". *La Revue du Caire*, 14 année, No. 146 (janvier 1952), 163-66.
Ruff, Marcel A. "Le Fou de Pourrières". *La Vie spirituelle* (mai-juin 1977).
Saffrey, Alfred et Henry de Bouillane de Lacoste. "Verlaine et prison". *Mercure de France* (1er août 1956), 653-84.
Sainte-Croix, Camille de. "Germain Nouveau". *Paris-Journal*, 51e année (nouvelle série 1), No. 779 (23 novembre 1910), 1.
Sallese, Daniela. "Germain Nouveau e il Surrealismo". *Cristallo* (Centro di Cultura dell'Alto Adige, Bolzano), No. 1 (1977).
Sutton, Howard. "Germain Nouveau: Poet, Vagabond, and Saint". *The French Review*, Vol. 33 (February 1960), 325-33.

Underwood, V. P. "Reflets anglais dans l'œuvre de Rimbaud". *Revue de Littérature Comparée*, Vol. 34 (octobre-décembre 1960), 536-60.

―――. "Rimbaud et l'Angleterre". *Revue de Littérature Comparée*, Vol. 29 (janvier-mars 1955), 5-35.

LES AMIS DE GERMAIN NOUVEAU

Association fondée en mai 1962.

Président: Marcel A. Ruff, puis Louis Forestier.

Secrétaire: Mme Maïté Pin-Dabadie, 444b, rue Paradis, Marseille, France.

Depuis 1962 ont été organisées des "Journées Germain Nouveau". Comptes rendus dans la presse locale (*Le Provençal, Le Méridional, Le Soir*) ainsi que dans *Le Cerf-volant* (Paris) et *Cahiers du Sud*.

The Department of Romance Studies Digital Arts and Collaboration Lab at the University of North Carolina at Chapel Hill is proud to support the digitization of the North Carolina Studies in the Romance Languages and Literatures series.